U0736822

"十二五"职业教育国家规划教材修订版

国家职业教育金融专业教学资源库转型升级配套教材

icve
智慧职教

高等职业教育在线开放课程新形态一体化规划教材

浙江省普通高校"十三五"第二批新形态教材

金融服务礼仪

（第二版）

主　编　王　华
副主编　吕　虹　肖　凭

高等教育出版社·北京

内容提要

本书是"十二五"职业教育国家规划教材修订版、浙江省普通高校"十三五"第二批新形态教材，也是国家职业教育金融专业教学资源库升级改进建设项目核心课程"金融服务礼仪"的配套教材，由教学一线的骨干教师和行业、企业专家共同编写。

国家职业教育金融专业教学资源库项目是教育部、财政部为深化高职教育教学改革，加强专业与课程建设，推动优质教学资源共建共享，提高人才培养质量而启动的国家级高职教育建设项目。该项目于2016年入选教育部升级改进项目并于2018年通过了验收。

本书第二版力求凸显理实一体化的编写模式，以学习者职业能力培养为重点，以金融职业实际岗位工作任务为引领，融知识、能力、技能、素质培养为一体，强调内容的职业化、应用性和操作性。本书共有九章，涉及金融行业工作人员礼仪修养各方面的内容，正文设有引例、同步案例、同步思考、同步训练、小常识、活动设计等丰富的栏目，还提供了专业能力的训练和考核，便于学生自查和教师考评。

本书既可作为应用型本科和高职高专院校经济金融类专业素质教育和礼仪培训的教学专用教材，也可作为金融行业从业人员和社会学习者了解和掌握金融职业礼仪知识，提高职业素养的培训用书。

本书配有PPT、课后题答案、二维码等配套资源。本书使用者可通过访问"智慧职教"（www.icve.com.cn）平台上的金融专业教学资源库在线学习资源库示范课程，也可通过智慧职教MOOC学院学习配套在线开放课程，亦可按照"郑重声明"页的资源服务提示获取其他资源服务。

图书在版编目（CIP）数据

金融服务礼仪 / 王华主编. -- 2版. --北京：高等教育出版社，2019.11（2025.1重印）
ISBN 978-7-04-053027-8

Ⅰ. ①金… Ⅱ. ①王… Ⅲ. ①金融－商业服务－礼仪－高等职业教育－教材 Ⅳ. ①F830

中国版本图书馆CIP数据核字(2019)第253817号

金融服务礼仪（第二版）
JINRONG FUWU LIYI

策划编辑	贾若曦	责任编辑	贾若曦	封面设计	张 志	版式设计	于 婕	
插图绘制	邓 超	责任校对	高 歌	责任印制	刁 毅			

出版发行	高等教育出版社	网 址	http://www.hep.edu.cn
社 址	北京市西城区德外大街4号		http://www.hep.com.cn
邮政编码	100120	网上订购	http://www.hepmall.com.cn
印 刷	三河市华润印刷有限公司		http://www.hepmall.com
开 本	787mm×1092mm 1/16		http://www.hepmall.cn
印 张	18.75	版 次	2014年3月第1版
字 数	340千字		2019年11月第2版
购书热线	010-58581118	印 次	2025年1月第9次印刷
咨询电话	400-810-0598	定 价	47.20元

本书如有缺页、倒页、脱页等质量问题，请到所购图书销售部门联系调换
版权所有 侵权必究
物 料 号 53027-A0

智慧职教助力智慧课堂

◎ 调用国家资源库精品资源，
海量在线开放课程任您选择

◎ 建设整合自有资源，
快捷构建教师专属在线开放课程

◎ 全程教学掌上互动，
即时分析教学数据，
倾力打造智慧课堂

智慧职教助力智慧课堂

新形态一体化教材
book.icve.com.cn

MOOC	标准化/示范课程	SPOC	O2O教学
高职专属的MOOC平台	开放注册免费学习	一键调用或直接构建适合本校本班的个性化课程	翻转课堂助手提高教学效果
M MOOC学院	职业教育数字化学习中心	职教云	云课堂APP
mooc.icve.com.cn	www.icve.com.cn	zjy2.icve.com.cn	

开放共享学习　　　　　信息化教学深度应用

国家职业教育金融专业教学资源库配套教材共有6种数字资源标注形式，当教材中出现相应图标时，可在在线开放课程中学习该种类型的资源。

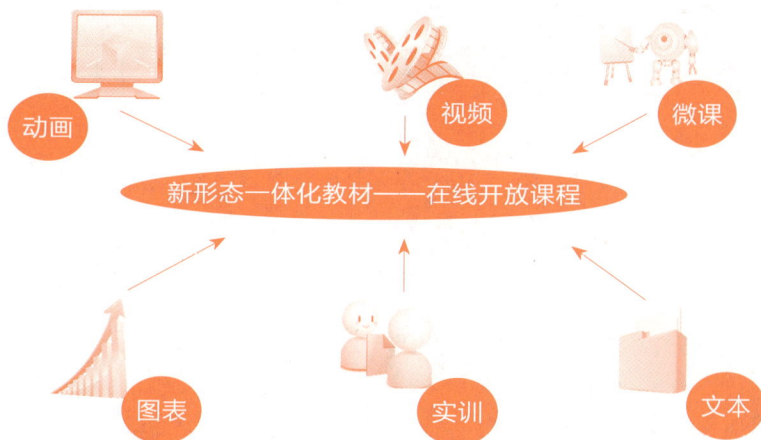

动画　　视频　　微课

新形态一体化教材——在线开放课程

图表　　实训　　文本

金融服务礼仪

主讲教师 王 华

国家职业教育金融专业教学资源库示范课程（www.icve.com.cn）

金融服务礼仪

所属项目：金融 项目来源：国家项目

所属分类：财经商贸大类 > 金融类 > 金融管理

课程性质：专业核心课　　学时：36

《金融服务礼仪》是金融管理专业核心课程，是以金融行业岗位工作任务为主线来选择教学内容，旨在培养造应金融行业发展需要，具有良好个人礼仪修养、具有娴熟待人接物技巧、掌握金融行业岗位服务标准和礼仪规范，能胜任金融行业各岗位的礼仪服务工作，且有品位、有风度、有气质的人才。

2017/9/10 243

参加学习 　 课程收藏 　 课程分享

教学大纲　　课程简介　　课程评价

课程导学

课程介绍

课程教学大纲

课程学习指南

课程考评方式与评价标准

项目一 金融行业工作人员礼仪修养的基础理论

模块一 金融服务礼仪概述

模块二 金融服务意识与礼仪修养

主讲教师

王华
教授

浙江金融职业学院

王华，教授，高级礼仪（礼宾）师，国家茶艺二级技师，经济学硕士，现任浙江金融职业学院科研师资处处长、淑女文学院院长。是教育部高职高专金融专业国家教学资源库建设项目《金融服务礼仪》课程、《礼仪展示台》总负责人，是浙江省精品在线开放课程《金融服务礼仪》和浙江省精品课程《银行服务礼仪》负责人；主编普通高等教育"十二五"国家级规划教材二本；是第十三届全国学生运动会礼仪颁奖培训导师，浙江省优秀礼仪指导教练。

智慧职教 MOOC 学院在线开放课程（mooc.icve.com.cn）

金融服务礼仪

分享到：

简介：《金融服务礼仪》是金融管理类专业核心课程，旨在培养适应金融行业发展需要，具有良好个人礼仪修养、具有娴熟待人接物技巧、掌握金融行业岗位服务标准和礼仪规范的，有修养、有品位、有风度、有气质的人才。本课程依据金融行业发展趋势、金融行业岗位工作任务和学生未来就业岗位的职业能力要求来选择教学内容，根据学习者的认知特点来组织教学。本课程注重在教学中深入贯彻"实践育人"理念，积极创设实践特色鲜明的教学情境，激发学生的学习兴趣，引导学生在自主学习、合作探究中掌握必要的知识，提升完成实际项目任务的职业能力。通过本课程的系统学习，学生不仅能胜任金融行业各岗位的礼仪服务工作，也能满足学生职...更多

课程已进行至：13/18 周　　学时：36

第 1 次开课　开课：2019年09月09日 - 2020年01月06日

MOOC 学院第一次开课 ▼　　加入课程

累计学习人次 **583**人（本期583人）　　学习数 **20**个（本期20个）　　累计互动 **106**次（本期106次）　　累计访问总数 **112169**次（本期112169次）

课程导学　　课程实施　　**课程大纲**

一　第1周：课程导学

1　1.1 课程介绍

课程导学

课程简介

2　1.2 课程教学大纲

《金融服务礼仪》课程教学大纲

3　1.3 课程学习指南

课程负责人

王华

王华，教授，浙江金融职业学院科研师资处处长、淑女文学院院长，高级礼仪（礼宾）师，国民经济管理专业（经济学硕士）。从事职业礼仪研究，是浙江省公共关系协会专家联谊成员。教育部高职高专金融专业国家教学资源库建设项目"金融服务礼仪"、"礼仪展示台"总负责人，浙江省精品...更多

契合新金融时代发展要求的金融专业 <<<<<<<<
教学资源库升级改进项目建设之路

高等职业教育金融专业教学资源库项目自 2008 年开始筹建，于 2011 年 9 月获教育部正式立项（教职成函〔2011〕7 号），2012 年 1 月正式启动建设（教职成函〔2012〕1 号）。建设之初即定位于"基于校企合作双元开发基础，融入以学生、职员、教师（培训师）、大众居民四方为主体的多元社会需求，通过教师教学改革实践平台、学生在线自主学习平台、职员业务素质提升平台、大众金融知识服务平台四大平台的整体设计，建设满足金融类高素质技能型专门人才培养需求，具有国内领先水平，体现现代金融业最新发展动态的优质教学资源库，并成为推动全国高职金融教育教学改革与建设的主要平台"。高等职业教育金融专业教学资源库项目按照《高等职业教育金融专业教学资源库项目任务书》的要求，项目建设团队根据广泛参与、共建共享的原则，历经 6 年筹备与建设期，超额实现项目建设目标，并于 2014 年顺利通过教育部验收。

伴随着互联网金融、普惠金融等新金融业态的兴起，数字化时代的到来，金融行业对金融从业人员的职业素质与能力提出了更高的要求，呼唤学校与行业、企业深度融合，利用现代信息技术和移动互联网技术，改变传统的学校主导教学资源开发的方式，合力开发优质数字化教学资源；打破静态、固化的传统教学资源应用方式，构建教学应用场景；行业、企业全方位介入专业人才培养过程，优化教学效果评价；需要进一步强化金融教育供给侧与金融产业需求侧的对接，搭建职业与教育之间的桥梁，提高学习者的互联网思维能力与金融职业素养，满足"人人皆学、处处能学、时时可学"的泛在学习需求，全面提升金融专业人才培养质量。

基于金融专业资源库前期项目建设与应用的良好基础条件，着力于新金融业态下金融专业教学资源的供给侧改革，实现优质教学资源的共建共享，该项目于 2016 年 5 月申请升级改进项目支持建设，并于 2016 年 12 月获教育部正式立项（教职成函〔2016〕15 号）。

"互联网 +"时代教育发展的趋势是"移动、开放、共享、协作"。随着技术推进教育的发展，慕课和翻转课堂的兴起与"智慧职教"平台的广泛应用，金融专业教学资源库升级改进项目按照经批复的《职业教育金融专业教学资源库升级改进项目建设方案》和《职业教育金融专业教学资源库升级改进项目任务书》要求，遵循"一体化设计、结构化课程、颗粒化资源"的逻辑，以满足用户使用需求为目标，根据金融专业特点，对知识结构、资源属性和运行平台功能等进行一体化整体设计，迁移建设新平台，重新梳理、更新原有资源。项目组会同主持院校浙江金融职业学院，以及广州番禺职业技术学院、北京财贸职业学院、辽宁金融职业学院、长春金融高等专科学校、保险职业学院、山西金融职业学院、山西省财政税务专科学校、宁夏财经职业技术学院等合作院校，在全国金融职业教育教学指导委员会、高等教育出版社以及金融行业合作企业的大力支持和指导下，历经2年时间，完成了金融专业教学资源库的升级改进项目建设任务。2018年7月，《关于公布职业教育专业教学资源库2018年验收结果的通知》(教职成司函〔2018〕91号)公布，国家职业教育金融专业教学资源库升级改进项目通过了教育部验收。

金融专业教学资源库升级改进项目在原有的10门核心课程"现代金融基础""商业银行综合柜台业务""银行会计实务""金融服务营销""金融服务礼仪""证券投资实务""保险实务""银行产品""银行授信业务""国际结算操作"建设基础上，新增加建设了"互联网金融"课程。"互联网金融"课程内容涵盖传统金融机构互联网方向业务以及新型互联网金融机构业务，体现"互联网＋"背景下金融行业最新发展业态。

金融专业教学资源库升级改进项目基于"能学、辅教"的功能定位，针对教师用户、学生用户、企业用户和社会用户的需求，提供了专业园地、课程中心、微课中心、培训中心、素材中心、特色资源六大模块。

金融专业教学资源库升级改进项目的主要特色体现在以下三个方面：

1. 充分体现"一体化设计、结构化课程、颗粒化资源"的资源建设逻辑

金融专业教学资源库升级改进项目注重知识点和技能点的提炼，在原有课程建设框架基础上重新梳理知识点和技能点、设计课程知识树架构，按照素材、积件、模块、课程等层次结构组织资源、重构资源体系，进一步优化资源质量，增加高级别资源的比重，为搭建结构化课程提供有力支撑。每门课程以知识树为框架，以微课、教学动画、PPT、习题、图片、案例等颗粒化的资源为素材，构建若干知识点、技能点等积件，由积件按照一定的逻辑组合形成学习单元模块，再由若干单元模块构成课程完整的教学内容和教学活动，最终完成结构化课程的搭建。

2. 凸显"互联网＋"背景下金融行业最新发展动态

在"互联网＋"的冲击下，金融业态已发生了新的变化，互联网金融、科技金融的兴起正在改变着传统的金融业态和金融业务。根据"互联网＋"背景下金融业发展对人才需求的变化情况，项目组新增了"互联网金融"课程资源，开发建设互联网金融实训软件，建设互联网金融企业案例教学素材库，满足互联网时代金融新业态下教学资源供给需要，充分凸显了教学资源的时代性、发展性和优质性。

3. 资源平台使用便捷，实现了能学、辅教功能

根据金融专业教学资源库升级改进项目建设平台迁移的要求，项目组将更新升级后的资源从主持院校网络平台迁移到"智慧职教"平台，完成了六大模块搭建工作。新平台上的资源内容及呈现方式让用户使用更加便捷，实现了"能学、辅教"的功能。

"能学"体现在：建好的资源平台使用便捷，在校学生以及其他学习者可以通过计算机登录职教云平台，或用手机登录云课堂应用程序，利用平台上的数字化资源时时、

处处开展学习。学生可以根据自己的薄弱点或兴趣点自主选择学习内容，进行系统化、个性化学习，在实现学习目标的同时也提高了学习的自主性。

"辅教"体现在：任课教师可以针对不同教学对象的需求在职教云平台利用颗粒化资源进行组课，对授课班级学生布置习题作业，进行测验考试，开展讨论、头脑风暴、课堂互动等。教师也可以利用资源库实施翻转课堂、线上线下混合式教学等多样化教学组织活动，辅助教学实施，更好地促进教学目标的实现。

与此同时，项目组组织各课程建设团队同步修订了金融专业教学资源库配套系列教材。新修订的教材修改完善了原有的知识体系架构，更新补充了金融业务的新知识、新内容、新制度、新规定，并依托于金融专业教学资源库升级改进项目丰富的数字化资源，以直接扫描二维码呈现与智慧职教平台展示相结合的方式为教材使用者提供各类学习资源。资源库项目升级改进建设与教材建设二者相辅相成，共同为优质的金融应用型人才培养起到积极的推进作用。

国家职业教育金融专业教学资源库建设项目组

2019 年 1 月

金融是现代经济的核心，是社会和谐发展的稳定器，对现代经济社会发展具有非常重要的意义。自改革开放以来，我国金融业得到了快速发展，对金融业从业人员提出了更高的要求。如何进一步提高我国金融从业人员，尤其是基层业务一线人员的整体素质和水平，是摆在我国高等教育，尤其是高等职业教育面前一项非常重要的课题。

2006年，教育部、财政部开始启动"国家示范性高等职业院校建设计划"，旨在引导我国高等职业教育人才培养应面向各行业企业岗位需求，向培养高素质技能型人才方向发展。高等职业教育金融专业教学资源库建设项目从2008年开始启动，2011年正式获得教育部、财政部建设立项。该项目建设是教育部门为了满足金融业迅速发展对从业人员素质提高的要求，规范金融专业人才培养模式，共享优质教学资源而做的一项重要的、开创性的工作。几年来，高等职业教育金融专业教学资源库建设项目在原教育部高职高专经济类教学指导委员会的指导下，按照教育部提出的"由国家示范高职建设院校牵头组建开发团队，吸引行业企业参与，整合社会资源，在集成该专业全国优质课程建设成果的基础上，采用整体顶层设计、先进技术支撑、开放式管理、网络运行的方法进行建设"的建设方针，确定了浙江金融职业学院、广州番禺职业技术学院、山西省财政税务专科学校等10多所院校和中国农业银行浙江省分行、浙商银行等20余家金融企业作为联合建设单位，同时以课程和项目为单位吸收全国30余所高职院校的100余名骨干教师形成了一支学校、企业、行业紧密结合的建设团队。项目建设团队以金融产业转型升级的现实需求为起点，以"六业贯通"为主线，即办好"专业"，注重"学业"，关注"就业"，鼓励"创业"，强化"职业"，成就"事业"，以学生自主学习、教师教学交流、职员业务提升、社会大众金融知识普及四大平台为支撑，以10门课程与15个资源中心为主要建设内容，以现代教育信息技术为手段，实现优质金融教育资源人人、时时、处处的共建、共用、共享。

在上述工作基础上，项目组推出了高等职业教育金融专业教学资源库系列教材，包括《金融基础》《金融服务营销》《金融服务礼仪》《商业银行会计》（第二版）《银行授信业务》《银行产品》《国际结算操作》《商业银行综合柜台业务》《证券投资实务》《保险实务》10本教材。本系列教材是"高等职业教育金融专业教学资源库"建设项目的重要成果之一，也是资源库课程开发成果的重要载体和资源整合应用的实践。2013年，本系列教材已成功立项为教育部"十二五"职业教育国家规划教材。

本系列教材装帧精美，采用四色或双色印刷，使教材的表现力更加生动、形象。另外，按照资源库建设的顶层设计要求，在本系列教材编写的同时，各门课程开发了涵盖课程大纲、教材、职业活动教学设计、电子课件、操作演示、虚拟实训、案例、动画、视频、音频、图片等在内的丰富的教学资源。这些教学资源的建设与教材编写同步进行，相携而成，是本系列教材最大的特色。同时，为了引导学习者充分使用资源，打造真正的"自主学习型"教材，本系列教材增加了辅学资源标注（具体见本书学习指南），即在教材中通过图标形象地告诉读者本处教学内容所配备的资源类型、内容和用途，从而将教材内容和教学资源有机整合起来，使之浑然一体。如果说资源库数以千计的教学资源是一颗颗散落的明珠，那么本系列教材就是将它们有序串接的珠链。

我们有理由相信，这套嵌合着数以千计的优质教学资源、凝结着数以百计的优秀教师心血的教材将成为高等职业教育金融专业教学上第一套真正意义的理实一体的数字化、自主学习型创新教材。衷心地希望国家职业教育金融专业教学资源库项目成果，能够为高等职业教育金融专业建设和人才培养起到积极重要的推动和引导作用。

国家职业教育金融专业教学资源库建设项目组

二〇一三年十月

第二版前言 <<<<<<<<

国民经济的飞速发展推动着我国金融服务业进入了一个新阶段。金融企业越来越多地以精准、周到和个性化的服务来应对新的挑战。这自然对我国金融业的服务质量提出了更高的要求，也让大众对金融企业的服务能力和水平有了更多的期待。金融服务礼仪的展示，正是体现金融业服务质量的一个重要窗口。在金融业内普及、推广金融服务礼仪的意义在于：其一，有助于提升金融企业工作人员的个人素质；其二，有助于更好体现对服务对象的尊重；其三，有助于进一步提高金融服务品质和效率；其四，有助于塑造和维护金融企业的整体形象；其五，有助于金融企业创造出更好的经济效益和社会效益。

为遵循高等职业教育教学的规律，培养高职院校学生的业务操作能力和岗位适应力，本次修订教材贯彻理论知识选取紧紧围绕职业需求适度够用的原则，精选教学内容，并采用多样的组织形式来调动学生的学习自主性，培养其岗位实践能力，提高职业能力与职业素养。本书第二版编写重点是结合金融新态势及互联网金融发展需要，在修订中删除或更新了相关教学内容，力争突出以下特色：第一，根据金融行业职业能力要求，以金融行业实际岗位工作任务为引领，以金融行业业务岗位员工在工作中运用金融服务礼仪解决实际问题的需求为依据，基于"学生、教师、企业、社会"四类主体的教学需求，融知识、能力、技能、素质培养为一体，突出"实践育人"的特色；并从高职教育的教学规律出发，让学习者在多种形式的实训中，理解金融服务礼仪的内涵，掌握好金融服务礼仪的标准化操作。第二，本次修订获得金融机构合作单位的行业一线专家的积极支持，多方协同，使新版教材设计科学系统，内容丰富，针对性强，方便实用，具有相当的示范性、普适性和操作性。第三，正文中设置了同步思考、同步训练、同步案例、小常识、活动设计等栏目，丰富了教材内容，增强了可读性。

本书由浙江金融职业学院王华教授主编并设计编写大纲，吕虹和肖凭担任副主编。各章执笔者分别为：第一章，王华；第二章，吕虹；第三章，蒋含真；第四章，徐烨；第五章，张佳、向多佳；第六章，黄夏芳、洪秋艳；第七章，王娟、李悦；第八章，叶丛丛；第九章，张佳、肖凭、费璠。各章修订稿完成之后，由王华最终统稿。

本书的编写承蒙浙江金融职业学院、湖南大众传媒职业技术学院、成都职业技术学院、江苏财经职业技术学院、黎明职业大学、辽宁金融职业学院、中国进出口银行浙江省分行、中国农业银行浙江省分行的多位领导和专家的大力指导，在编写过程中，参考了许多同行的书籍和作品。由于版面所限不能一一列出，在此一并表示感谢。

由于编写水平所限，加之时间仓促，书中仍有许多纰漏与不足，欢迎广大同行和读者批评指正。

编者

二〇一九年九月

第一版前言 <<<<<<<<

国民经济的飞速发展推动着我国金融服务业进入了一个以消费服务为特征的新阶段。金融企业越来越多地以精准、周到和个性化的服务来应对新的挑战。这自然对我国金融业的服务质量提出了更高的要求，也让大众对金融企业的服务能力和水平有了更多的期待。金融服务礼仪的展示，正是体现服务质量的一个重要窗口。在金融业内普及、推广金融服务礼仪的意义在于：其一，有助于提升金融企业工作人员的个人素质；其二，有助于更好体现对服务对象的尊重；其三，有助于进一步提高金融服务品质和效率；其四，有助于塑造和维护金融企业的整体形象；其五，有助于金融企业创造出更好的经济效益和社会效益。

本书是"高等职业教育金融专业教学资源库"建设项目的重要成果之一，并已入选"十二五"职业教育国家规划教材立项选题。为遵循高等职业教育教学的规律，培养高职院校学生的业务操作能力和岗位适应力，本书贯彻理论适度够用的原则，广泛选择教学内容，并采用多样的组织形式来调动学生的学习自主性，培养其岗位动手与实践能力，提高职业能力与职业素养。本书编写力争突出以下特色：第一，教材内容的选取紧密结合金融服务领域的行业特点，着重体现金融服务的职业化与规范性；第二，从高职教育的教学规律出发，注重内容的应用性，让学生在多种形式的实训中，理解金融服务礼仪的内涵，掌握好金融服务礼仪的标准化操作；第三，正文中设置了同步思考、同步训练、同步案例、小常识、活动设计等栏目，丰富了教材内容，增强了可读性。

本书由浙江金融职业学院王华教授提出编写大纲，各章执笔者分别为：第一章，王华；第二章，吕虹；第三章，蒋含真；第四章，徐烨；第五章，向多佳；第六章，黄夏芳、洪秋艳；第七章，王娟；第八章，叶少航；第九章，肖凭、费璠。各章初稿完成之后，由王华统稿。

本书的编写承蒙浙江金融职业学院、湖南大众传媒职业技术学院、成都职业技术学院、江苏财经职业技术学院、黎明职业大学、辽宁金融职业学院的多位领导和专家的大力指导，在编写过程中，参考了许多同行的书籍和作品。由于版面所限不能一一列出，在此一并表示感谢。

由于编写水平所限，加之时间仓促，书中仍有许多纰漏与不足，欢迎广大同行和读者批评指正。

编者

2013 年 10 月

目录 <<<<<<<<

【关键职业概念】

1. 具有金融行业工作人员基本的职业礼仪意识。

2. 了解金融服务礼仪的本质和基本要求。

3. 掌握金融服务礼仪的功能和原则。

【学习目标】

通过本章学习，应达到以下目标：

● 知识目标：

1. 知晓礼仪、金融服务礼仪的含义。

2. 识记金融服务礼仪的基本要求、功能和原则。

3. 理解良好服务意识建设的重要性。

4. 知晓提高自身礼仪修养的途径和方法。

● 技能目标：

1. 能分析当前金融服务礼仪实践中存在的问题。

2. 能根据金融服务礼仪的要求，自觉遵守金融服务礼仪规范。

3. 能通过所学知识形成自觉的金融服务意识，逐步提高自身的礼仪修养。

【内容结构】

```
                                        ┌─ 金融服务礼仪的本质 ──┬─ 礼仪的含义
                                        │                      └─ 金融服务礼仪基础理论
                                        │
                                        │                      ┌─ 职业道德
  金融行业工作人员                       │                      ├─ 角色定位
  礼仪修养的基础理论 ───────────────────┼─ 金融服务礼仪的基本要求├─ 双向沟通
                                        │                      ├─ 三A法则
                                        │                      ├─ 形象效应
                                        │                      └─ 提倡零度干扰
                                        │
                                        ├─ 金融服务礼仪的功能和原则┬─ 金融服务礼仪的功能
                                        │                        └─ 金融服务礼仪的原则
                                        │
                                        └─ 金融服务意识与礼仪修养 ┬─ 金融服务意识
                                                                 └─ 礼仪修养
```

【学习内容】

导论

　　随着市场经济的快速发展，国际交往、社会活动的日益频繁，社会组织和个人对礼仪的重视程度越来越高。有"礼"走遍天下，无"礼"寸步难行，礼仪已成为个人立身处世、企业谋生求存的重要基石。金融体制改革以来，我国金融市场已经形成了多元化的竞争架构。互联网时代，金融业面临的竞争愈加激烈，在竞争中求生存、谋发展的关键之一在于良好形象的树立和优质高效的服务。而优秀的服务品质主要取决于文明得体的金融服务礼仪、安全健全的服务功能、准确快捷的服务效率和优美舒适的服务环境。在这四个方面，金融服务礼仪是金融行业展示给顾客的第一印象。这就要求金融从业人员不但应具备精深的专业水平和娴熟的业务技能，更应了解、掌握金融服务礼仪的技巧，自觉遵守金融服务礼仪的规范。

第一节　金融服务礼仪的本质

一、礼仪的含义

礼仪是"礼"和"仪"的统称，是指在人际交往过程中，人们为了表示尊重与友好而共同遵守的行为规范和准则。

在现代社会里，礼仪是人们在平等互尊的基础上进行交往时用以规范行为、沟通思想、交流情感、促进了解的重要形式，是人的道德修养和文明程度的外在表现，是建立和谐有序社会的重要保障。具体来讲，礼仪是社会组织或个人在人际、社会乃至国际交往中以约定俗成的程序、方式来表现的律己、敬人的行为规范。这种律己、敬人的行为规范，从个人修养的角度来看，是一个人内在素质和修养的外在表现；从道德的角度来看，是为人处世的行为规范和行为准则；从交际的角度来看，是一种交往的方法和技巧；从民俗的角度来看，是人类沿袭下来的待人接物的习惯做法；从审美的角度来看，是人心灵美的外化。礼仪又是通过礼貌、礼节、仪式体现出来的，三者既相互联系又有各自特定的内容和要求。

礼貌是礼仪的基础，主要是指在人际交往和社交过程中表现出来的敬意、友善和得体的气度与风范。礼貌的思想核心和首要内容就是一种敬人的态度。例如，金融行业员工在为客户服务时，要求"来有迎声，问有答声，走有送声"，并使用"请、您好、对不起、谢谢、再见"等文明用语，这些都是礼貌在金融服务过程中的体现。

礼节是礼仪的基本组成部分，是礼貌在语言、行为、仪态等方面的具体表现形式。它主要是指人们在工作中表现出来的对他人的尊敬、祝颂，迎来、送往，问候、致意之类的各种惯用的规则和形式。礼节的应用强调的是得体，即根据不同的交际对象和交际场合施以恰当的礼节。金融行业礼节是金融组织和代表组织的员工对交往、接待、服务的对象由衷地表示尊敬、和善与友好的行为方式。例如在为客户提供服务过程中的站姿、行姿、坐姿的要求，以及每天营业开始时，值班经理带领全员站立迎接第一批客户的要求等。

仪式通常是指围绕一定主题所举行的具有某种专门规定了的程序化行为规范的活动，场合一般较大且较隆重，以表示重视、尊重和敬意。如开业典礼、庆祝典礼、迎宾仪式、签字仪式等。仪式是由一系列的具体表现礼貌的礼节构成的。礼节与仪式相比，礼节只是表示礼貌的一种做法，而仪式则是表示礼貌的系统完整的过程。

由此可见，礼貌、礼节、仪式三者是互相渗透、相辅相成的，但又有一定的区别。礼貌的核心是尊重他人的一种态度，从社会学的角度讲，是人行为的一种道德规范，它决定一个人待人处世的基本行为倾向，较之礼节更为根本。但礼貌只是大致指出人的行为的方向和轮廓，而礼节则是体现礼貌的行为细节，尊敬他人的态度要以相应的礼节的配合才能体现出来，二者之间的关系实为内容与形式的关系。礼节是礼貌的外在表现形式，礼貌则是礼节实施的内容基础。仪式主要是作为一种集体性的社交活动形式来说的。在仪式中，对礼貌、礼节又有不同的要求。

二、金融服务礼仪

（一）金融行业

金融是货币流通和信用活动以及与之相联系的经济活动的总称。广义的金融泛指一切与信用货币的发行、保管、兑换、结算、融通有关的经济活动，甚至包括金银的买卖；狭义的金融专指信用货币的融通。

从事金融活动的机构当前主要有银行、信托投资公司、保险公司、证券公司、基金管理公司，还有网络金融平台、财务公司、金融资产管理公司、邮政储蓄机构、金融租赁公司以及金银、外汇交易所等。随着金融市场的开放，会有更多的机构和组织从事金融活动。

金融行业是金融机构从业人员利用专门的知识、技能和工具，为社会创造物质财富和精神财富，获取合理报酬，作为物质生活来源并满足精神需求的工作。

（二）金融服务

在市场经济条件下，金融业的竞争非常重要的是服务的竞争。金融行业只有在服务上下工夫，才能在同行业中获得持续的、较强的竞争力。学会与顾客交往、沟通的技巧，掌握对顾客服务的行为规范，展现一名金融行业工作人员的外在美和内在修养，能更容易赢得顾客的满意和忠诚，提升企业的形象。

金融服务就是满足人的生产活动、经济交往、价值实现和物质交换需要而出现的互利性活动。金融服务的本质是通过主动为他人提供特定的银行、证券、保险、投资等服务获取利益。

怎样把客户服务放在首位，最大限度地提供规范化、个性化的服务，以满足客户需求，是金融行业面临的最大挑战，也是金融服务礼仪要解决的问题。

（三）金融服务礼仪具体内容

1. 金融服务礼仪的定义

金融服务礼仪是礼仪在金融服务过程中的具体运用，是礼仪的一种特殊形式，是体现服务的具体过程和手段，使无形的服务有形化、规范化、系统化。

金融服务礼仪是指金融行业工作人员在自己的工作岗位上应当严格遵守

的行为规范。所谓规范，是指标准的、正确的做法。行为规范是指人们在特定场合之内进行活动时的标准的、正确的做法。

金融服务礼仪是一门实用性很强的礼仪学科。同礼仪的其他门类相比，金融服务礼仪具有明显的规范性和更强的可操作性的特点。具体来讲，金融服务礼仪以工作人员的仪表规范（包含仪容规范和服饰规范）、仪态规范、语言规范和岗位规范为主要内容。

2. 金融服务礼仪的特征

（1）规范性。金融服务礼仪是指金融工作人员在自己的工作岗位上应当严格遵守的行为规范。这种规范，要求金融机构及员工按照一定的礼仪规范做好服务与接待工作，同时在服务过程中的言谈举止也应合乎礼仪规范。在金融服务的接待活动中，"宾客至上"与"把尊贵让给客人"应该是金融行业各个部门共同的行为准则，是金融行业全体成员应该共同遵守的人际交往和社会交往准则。

（2）可操作性。金融服务礼仪是礼仪在金融服务过程中的具体应用，具有简便易行、容易操作的特征。它既有总体上应遵循的原则、操作规范，又有具体细节上的一系列方式、方法，实用可行，规则简明，易学易会，便于操作。

（3）灵活性。培根说，礼仪是微妙的东西，它既是人们交际所不可或缺的，又是不可过于计较的。金融行业礼仪的规范是具体的，但不是死板的教条，它是灵活的、可变的。金融行业工作人员应在不同的场景下，根据服务对象的不同特点，灵活地处理各种情况。

第二节　金融服务礼仪的基本要求

金融行业是窗口行业，金融行业与社会接触面最广，与人们的经济生活息息相关。服务质量的优劣直接体现工作人员的文明程度和文化素养，体现着金融企业的服务质量和管理水平，从某种意义来讲，也体现着一个国家和人民的精神面貌和道德水准。从根本上提升服务品质、打造金融企业核心竞争优势、增强服务意识、提升服务素养是金融服务礼仪对金融行业及员工提出的基本要求。

一、职业道德

职业道德，既是金融服务礼仪的主要理论基石之一，也是对金融行业员工的基本要求。金融行业的职业道德，是指工作人员在金融服务过程中，接待自己的服务对象，处理各种关系时应当遵守的职业行为准则。

金融行业职业道德的核心思想是，为社会服务，为人民服务，对服务对象负责，诚实守信，让服务对象对金融行业的服务质量称心满意，并且通过全体金融行业工作人员的一言一行，传达出本单位对服务对象的体贴、关心与敬意，反映出本单位的精神风貌和社会责任感。

金融行业职业道德的具体内容，主要包括金融行业工作人员的思想品质、服务态度、经营风格、工作作风、职业修养五个方面的规范化要求。它们都是金融行业工作人员在其工作中的行为准则。

二、角色定位

角色定位理论，主要是要求金融行业工作人员在为服务对象提供服务之前，必须确定好彼此双方各自扮演的是何种角色。只有确定了双方各自扮演的特定角色，金融行业工作人员才能为服务对象提供更到位的服务。

金融行业工作人员在工作岗位上应明确自己扮演的是社会角色。金融行业工作人员在工作岗位上所要扮演的角色，是为顾客服务，为社会服务，而且要意识到，自己所从事的工作，是既重要又光荣的。金融行业工作人员在对服务对象进行角色定位时，主要是基于自己对对方的性别、年龄、气质、教养、仪容、仪态、服饰、语言等方面所进行的综合观察，能够了解客户的特殊需求，结合金融行业服务项目在为对方服务时做到"投其所好"。并且在服务过程中，金融行业工作人员为自己所进行的角色定位需要有所变化、有所调整，主要是因为随着自己与服务对象相互接触的不断加深和服务工作的不断进行，自己所处的具体位置经常需要有所变动。

三、双向沟通

双向沟通理论是金融服务礼仪的重要理论支柱之一。它的中心内容，是主张以相互交流、相互理解作为金融行业工作人员与服务对象彼此之间进行合作的基本前提。双向沟通理论认定，离开了金融行业工作人员与服务对象彼此之间的相互交流、相互理解，金融行业工作人员要向服务对象提供令其满意称心的良好服务，通常都是不可能的。这就要求金融行业工作人员在工作中理解服务对象、加强相互理解、建立沟通渠道、重视沟通技巧。

四、三A法则

金融行业工作人员欲向服务对象表达自己的敬意的时候，必须善于抓住如下三个重点环节，即接受服务对象、重视服务对象、赞美服务对象。"接受""重视""赞美"这三个词语的相应英文都以字母A开头，故而又被称作

"三A法则"。

（一）接受服务对象

接受服务对象，主要体现为服务人应当积极、热情、主动地接近服务对象，淡化彼此之间的戒备、抵触和对立的情绪，恰到好处地向对方表示亲近友好之意，将对方当作自己的朋友来看待，真正将顾客视为自己的"上帝"，诚心诚意地意识到"顾客至上"，认可对方，容纳对方，接近对方。

（二）重视服务对象

重视服务对象，主要体现为服务人应当认真对待服务对象，并且主动关心服务对象。应当做到有求必应，有问必答，想对方之所想，急对方之所急，认真满足对方的要求，努力为其提供良好的服务。金融行业工作人员重视服务对象的具体方法主要有服务过程中面带微笑，牢记服务对象的姓名、善用服务对象的尊称、倾听服务对象的要求等。

（三）赞美服务对象

赞美服务对象，要求金融行业工作人员在向服务对象提供具体服务的过程中，善于发现对方之所长，并且及时地、适度地对其表示欣赏、肯定、称赞与钦佩。当然，金融行业工作人员在有必要赞美服务对象时，要注意适可而止、实事求是、恰如其分，否则自己的赞美往往难以奏效。

五、形象效应

金融企业形象不仅是指一种产品或行为留给公众的印象，也是指金融企业与目标公众在长期的社会交往中形成的一种依赖关系，是企业知名度、美誉度的综合反映，是企业履行社会责任的重要标志。企业形象是企业各个部分形象的总和，具体来说，包括产品形象、服务形象、员工形象、企业外观形象等几方面的内容。

金融服务礼仪的形象效应指的是金融企业形象在人们心目中所产生的反应和效果。金融企业的形象效应主要体现在服务之初、服务之中、服务之后，即服务的第一环节、中间环节和最后环节，也就是金融行业工作人员在与服务对象交往过程中的第一印象、中间印象和最后印象，又称为金融服务礼仪的首轮效应、亲和效应和末轮效应。

首轮效应理论对整个金融行业的重要启示有两条：

第一，一家金融单位在创建之初或与顾客打交道之初，必须注意认真策划好自己的"初次亮相"，以求使社会公众对自己的良好形象先入为主，萌生好感，并且予以认同。

第二，金融行业的全体从业人员在面对顾客时，均应力求使对方对自己产生较好的第一印象。

金融行业工作人员与服务对象，尤其是常来常往的服务对象彼此之间形成亲和力，是非常有必要的。要做到这一点，必须做到待人如己、出自真心和不图回报。

在服务过程中，得体而周全地运用末轮效应的理论，有助于金融行业与金融行业工作人员始终如一地在服务对象面前维护自己的完美形象；有助于金融行业与金融行业工作人员为服务对象热情服务而真正地获得对方的认可，并且所提供的服务为对方愉快地接受；有助于金融行业与金融行业工作人员在服务过程中克服短期行为与短视眼光，从而赢得服务对象的认同，并因此逐渐地提高本单位的社会效益与经济效益。

六、提倡零度干扰

零度干扰理论，亦称零干扰理论。它的基本主张是：金融行业工作人员在向服务对象提供具体服务的一系列过程之中，必须主动采取一切行之有效的措施，将对方所受到的一切有形或无形的干扰，积极减少到所能够达到的极限。

实践证明，一个社会的文明程度越高，其社会成员对服务领域内的干扰现象就越是难以容忍。服务对象的文化程度越高，在其享受服务的整个过程之中便越是不希望受到任何形式的干扰。

第三节　金融服务礼仪的功能和原则

一、金融服务礼仪的功能

金融活动中，礼仪无时不在，无处不有。礼仪作为一种人的行为规范，在金融活动的各个方面发挥着越来越重要的作用。得体自然的金融服务礼仪对于提升服务水平、展示窗口形象、在同业竞争中获取优势具有重要意义。其功能主要有：

（一）提高素质

礼仪体现一个国家、一个民族的文明程度和道德水准，也是人的文化教养、精神风貌的重要标志。英国哲学家约翰·洛克说，美德是精神上的一种宝藏，但是使它生出光彩的则是良好的礼仪。我国著名思想家颜元说："国尚礼则国昌，家尚礼则家大，身有礼则身修，心有礼则心泰。"对金融行业来讲，礼仪教育是培养高素质员工不可或缺的内容，是企业文化、企业理念的重要组成部分。讲究礼仪不仅是广大客户对金融行业的基本需求，是金融行业精神文明的表现，是金融行业员工的必备素质，也是对客户的尊重。

（二）规范约束

礼仪是调整社会成员在社会生活中相互关系的行为准则，人与人之间的交往需要按照一定的行为和程式规范进行。在交际场合中，不懂礼或不守礼就无法使交际活动顺利进行，就难以保证交际活动的效果，实现交际的目的。金融服务礼仪规范围绕金融行业的特点和发展的目标，把企业的规则、规范和道德标准具体化为一些固定的行为模式，应用于对客户的交往、接待、服务过程中，体现在对不同岗位员工礼仪的具体要求上，如服务态度、服务仪表、服务举止、服务语言、服务效率等，这些要求对每一个员工都具有规范和约束作用。

（三）塑造形象

礼仪是金融企业的窗口，能反映一家金融企业的管理水平、文化底蕴，能体现员工的精神面貌、职业素养，是金融企业的金字招牌。员工的举手投足、言语谈吐、穿着打扮，都代表着一家金融企业的外在形象和内在管理。构建先进的服务文化，首先从讲究礼仪开始。

（四）提高效益

随着金融业的迅猛发展，服务在金融工作中的地位越来越显示出重要性。金融行业之间的竞争也不只是金融产品之间的竞争，更多的是无形服务的竞争。金融行业已经意识到，良好的服务可以带来可观的经济效益，礼仪是企业的无形资产。礼仪不仅能够展示企业的文明程度、管理风格、道德水准和良好的形象，而且能直接为企业带来巨大的经济效益和社会效益。礼仪是服务的包装，能使服务更加美丽，礼仪是沟通的名片、营销的助推器。以礼仪服务为主要内容之一的优质服务，是企业生存和发展的关键所在。所以，良好的礼仪形象对提高金融企业的经济效益和社会效益具有十分重要的作用。

（五）调节关系

调节关系也是礼仪的重要功能。对金融行业来讲，礼仪的调节功能表现在人际关系和公共关系两个方面。就人际关系来讲，讲究礼仪、遵循规范有助于消除人际交往初始时的戒备心理和距离感，增进相互之间的好感，可以避免和化解人际交往中存在的矛盾，促进相互的沟通和交流。就公共关系来讲，礼仪对建立和维护组织良好的公共关系十分重要。礼仪在诸多关系中就像润滑剂一样起着协调作用。通过礼仪交往可以表现出人与人之间、组织与组织之间相互的尊重，加深彼此的情感，缓和紧张的关系，消除隔阂，建立和维护友好合作的关系，提高共事能力和办事的效率。

（六）维护秩序

礼仪规范归根结底是建立和维护秩序，促进和谐。就宏观方面来讲，礼仪要求每一个人都遵循体现社会要求和人们共同利益的行为准则和行为规范。

就金融行业来讲，礼仪具有使工作秩序规范化、程序化、条理化的功能。通过规范员工的仪容仪表、服务用语、服务操作程序等，实现服务质量的具体化、系统化、标准化、制度化。在固定的礼仪中，员工接受一定的道德规范的要求，并在礼仪文化的氛围中受到熏陶，从而会自觉调整其行为。

不注重接待礼仪
失去重要客户

二、金融服务礼仪的原则

（一）平等的原则

平等的原则是金融服务礼仪的首要原则，金融服务礼仪的根本点就是交际双方的相互平等和相互尊重。如果没有人与人之间的平等，所有的礼仪都会成为表面、机械、形式化的做作。因此，在人际交往中，虽然需要根据不同的交往对象，采取不同的礼仪方式，但在对交往对象人格的尊重上则要求一视同仁，不能因交往对象在年龄、文化、职业、地位、贫富、亲疏等方面的不同而厚此薄彼。

（二）尊重的原则

礼仪的本质是尊重他人，尊重是礼仪的情感基础，是相互之间建立友谊、加深交往、发展关系的前提，是金融活动中获得成功的重要保证。尊重的原则是指在礼仪行为实施的过程中，要真诚地体现出对他人的重视、恭敬和友好，而不能轻视、怠慢和冷漠。古人云："敬人者，人恒敬之。"只有首先尊重对方，才能赢得对方的尊重；只有互相尊重，才能建立和谐的人际关系。

（三）真诚的原则

真诚是人与人相处的基础。礼仪需要真诚，并不是为了图一时之名而虚修礼貌。在金融活动中运用礼仪时，务必诚信无欺，言行一致，表里如一。只有如此，员工在运用礼仪时所表现出来的对交往对象的尊敬与友好，才会更好地被对方理解并接受。

（四）遵守的原则

礼仪虽然对人的行为具有规范和约束作用，但它不同于法律规范，因而不带有强制性和惩处性，需要社会成员自觉遵守。只有按礼仪规范去要求自己、约束自己，礼仪才能发挥诸方面的功能。如银行设置的"一米线"，目的是保证每一位顾客存款、取款的安全。对金融行业的员工来讲，如果违背了职业礼仪规范，就会对交往或服务的对象产生失礼甚至是无礼的行为，不但会使个人和组织的形象受损，而且会造成不良后果和影响。因此，每一个员工不仅要懂得礼仪，更重要的是要自觉将礼仪付诸工作和社交实践。

（五）宽容的原则

宽容的原则是建立和保持和谐的人际关系的基础。古人云"水至清则无鱼，人至察则无徒"，这句话形象而深刻地说明了宽容在金融活动中的重要性。宽容的原则要求人们在交际活动中，严于律己，宽以待人。遵循宽容的原则，一要做到理解、体谅，对他人的言行举止不求全责备；二要做到虚怀大度，对失礼之人不斤斤计较。

（六）从俗的原则

由于国情、民族、地域、文化背景的不同，礼仪存在明显的差异性，即所谓"十里不同风，五里不同俗"，因而不能忽视从俗的原则。从俗的原则要求在金融活动中，一应做到随大流，不搞特殊、当另类。二应尊重交往对象的习俗禁忌，做到入乡随俗。三应因角色不同而变换，当己为主人时，则主随客便；当己为客时，则客随主便。

（七）适度的原则

礼仪的对象化也是礼仪的一个重要特点，即在不同的场合，面对不同的对象，对礼仪有不同的要求。适度的原则要求人们在施礼的过程中，善于把握礼仪的尺度，根据具体情况、具体情境施以相应的礼仪，避免"过"与"不及"。即在金融活动中，既要尊重他人，又要自尊自爱；既要彬彬有礼，又不能卑躬屈膝；既要热情大方，又不能轻浮忘形。讲"礼"重"仪"，适度得体，才能取得良好的工作效果。

第四节　金融服务意识与礼仪修养

一、金融服务意识

（一）金融服务意识的含义

意识是人类所固有的一种特性，它是人的头脑对客观世界的一种反映，是感觉、思维等各种心理活动过程的总和。存在决定意识，意识又反作用于存在。意识是通过感觉、经过思维而形成的，思维是人类特有的反映现实的高级形式。金融服务意识是指有随时为服务对象提供各种服务的、积极的思维意识。它通过对服务的感觉、认识、思维而形成的，与组织精神、职业道德、价值观念和文化修养等紧密相连，是热爱本职工作的表现。

（二）金融服务意识的重要性

金融服务意识是后天培养出来的，它是对组织极其重要的一个理念。金融行业员工有什么样的服务意识，就有什么样的服务。服务意识关系着服务水准、服务质量，只有在良好的服务观念、服务意识的指导下才能端正工作人员的工作态度，激发工作热情，从而为服务对象提供更优质、热情的服务。而在市场竞争日益激烈的今天，金融行业就是要比服务质量、服务水平、服务意识，因此金融行业工作人员要时时刻刻为服务对象着想，服务对象就是本组织的衣食父母。

（三）金融服务意识的核心

金融服务意识的核心理念是：服务是光荣的。现代社会有着庞大的服务大军。社会分工促成了繁杂的行业、工种与岗位的产生，它们支撑着社会的运行。每个人都是在为他人工作，也都在接受着他人的服务。整个社会就像一个服务网络，每个人都是其中的一个节点。今天金融服务的内涵比以往扩大了很多，金融行业员工应该清醒地意识到，服务是光荣的，离开了服务，当今社会就无法正常运转。

（四）金融服务意识的要求

1. 明确角色

有的金融行业工作人员抱怨说："那人太过分了，在家我父母也没这么说过我，我咽不下这口气！"这段话表明，金融行业工作人员把客人对自己的态度与父母的态度相比，不能接受二者之间的差异，这是典型的对角色定位不准的表现。

其实，金融行业工作人员与服务对象之间是服务与被服务的关系，是服务产品的提供者与消费者的关系。尽管双方在人格上是平等的，但所承担的社会角色不同，在服务岗位上就自然不能与服务对象平起平坐。美国的丽兹·卡尔顿酒店曾提出一个口号：我们是为先生女士服务的先生女士。可见，能正确认识自身价值，自尊自重，自豪而不自卑，更能得到客人的尊重。

2. 关注细节

金融行业工作人员应满足服务对象的不同需要，不能只关注所谓大事，而必须从细节做起。对金融行业工作人员来说，服务工作是日复一日的，是成百上千次的。但对于服务对象来说，却可能是第一次，甚至是唯一的一次感受。因此，金融行业工作人员要认真细致地做好每一个服务对象礼仪礼貌工作中的每一件小事，使服务对象无时无刻不感到这种接待服务是一种美好的经历和享受。

俗话说"细节决定成败"，有时常常是看起来微不足道的小事，却给服务对象留下或好或坏的印象，决定了他们的评价。眼下许多个性化服务其实就是关注细节，其结果往往是感动服务对象，让服务对象体验到被重视，培养了终身客户。

3. 善解人意

善解人意，就是要揣摩客户和换位思考。服务是一门艺术，应该研究每一个服务对象的不同服务需求。在向服务对象提供服务时，要综合考虑对方的身份、地位、修养和心情，据此来揣摩服务对象的心理，然后依照各自不同的情况，提供有针对性的差异化服务。在揣摩客户的基础上，金融行业工作人员还应该学会换位思考。即要站在服务对象的角度去思考问题，主动进入对方的角色，来思考服务对象所需要的究竟是什么，思考他们的需求。

4. 一视同仁

金融企业或金融机构为所有顾客或消费者提供服务。在金融企业或金融机构中，工作人员对所有的服务对象不论性别、国籍、民族、肤色、衣着、宗教信仰、文化程度、地位、经济状况，都应一视同仁，热情服务，而不能厚此薄彼、区别对待。而且金融行业工作人员也不应把自己在家庭、社会和同事间的喜怒哀乐带到和服务对象之间的关系中来，要力争做到昨天、今天、明天，刚才、现在、等会，这位、那位，都提供同样优质的热情服务。

二、礼仪修养

礼仪修养是礼仪活动的一种重要形式。在社会活动中，人们的礼仪不是自发形成的，而主要是靠后天在交往实践中自觉修养得来的；不是一蹴而就的，而是在工作实践中逐渐学习、积累而成的。探究礼仪修养问题，对于我们金融行业员工自觉地把握礼仪规范和进行礼仪实践，具有十分重要的意义。

（一）礼仪修养的含义

"修养"是一个含义广泛的概念，主要指人们在思想、道德、学术以及技艺等方面所进行的勤奋学习和刻苦锻炼的功夫，以及经过长期努力所达到的一种品质和能力。所谓礼仪修养，主要是指人们为了达到一定的社交目的，按照一定的礼仪规范要求并结合自己实际情况，在礼仪品质、意识等方面所进行的自我锻炼和自我改造。

金融行业员工的礼仪修养是金融行业员工为了实现组织目标，按照一定的礼仪规范要求，结合金融行业特性，在礼仪品质、意识等方面所进行的自我锻炼和自我改造。

（二）礼仪修养的必要性

礼仪修养的必要性表现在以下两个方面：

1. 规范礼仪行为

行为是人类活动的特征，是人类有意识、有目的的活动，是人类所特有的生存方式。人类的行为，具有复杂的表现形式和多样的层次结构。根据人类生活实践的主要形式，一般可分为经济行为、政治行为、法律行为、道德行为以及日常生活行为等。这些行为的每一类，又可划分出若干层次的行为类型。而礼仪行为，则既可以被看作人类行为的一个独立层次，同时，它又渗透在人类的其他行为之中。礼仪对于行为的研究和考察主要是指研究和考察人类社会行为中的礼仪行为和各种社会行为的礼仪意义。

所谓礼仪行为，就是人们在一定的礼仪意识的支配下，在人与人之间的交往过程中所表现出来的行为。例如，人们在日常交往过程中，相互表示问候、致意、致谢、祝愿、慰问等，这便是礼仪行为的具体表现。

礼仪行为的基本特征在于，它是个人和组织对他人的社会礼仪需要的自觉认识和自由选择的表现。这就是说，一方面，自觉地认识这种礼仪关系，并会付诸行动，就是礼仪行为；另一方面，礼仪行为必须是行为主体自由选择的结果。礼仪行为具有的自觉性和选择性的特征，才使得金融行业员工的礼仪修养不仅成为可能，而且成为必要。礼仪修养可以使员工的行为逐渐符合礼仪的原则和规范，引导交往活动趋于美好。自私自利、心胸狭窄、谈吐粗俗、举止放荡等行为，是无交往可言的；相反，宽以待人、严于律己、豁达大度、恭敬谦让等行为，却可以促使交往的成功。而这种良好的礼仪行为的形成，必须借助于人们的礼仪修养。

2. 培养礼仪品质

礼仪品质，是指一定社会的礼仪原则和规范在人的思想和行动中的体现，是人在礼仪行为中所表现出来的比较稳定的特征和倾向。一般说来，礼仪品质具有以下基本特征：

第一，礼仪品质和礼仪行为密切联系。离开了一定的礼仪行为，就不能构成礼仪品质。礼仪行为是礼仪品质的客观内容，礼仪品质则是礼仪行为的综合表现。一定的礼仪行为持续不断地进行，形成一定的礼仪习惯，进而构成一个人的礼仪品质，而一定的礼仪品质只有通过礼仪行为才能表现出来。

第二，礼仪品质是一种自觉意志的行动过程。人的礼仪品质不仅仅是一种礼仪习惯或习性，更重要的还是一种自觉意志的行动过程。它是审慎地凭借意志的选择而得的习性，是在行为的每一场合和每一时期，都能凭借一定的判断和选择，凭借自觉意志控制和处理感情与行为的结果，是一个人的自由意志的凝结。

第三，礼仪品质是在礼仪行为整体中表现出来的稳定特征和倾向。人们的礼仪行为，不单是个别行为动作或举动构成的行为整体，而且是各个活动领域和各个活动时期的一系列行为结合起来构成的行为整体。因此，一个人的礼仪品质不但体现在他的某个持续进行的行为中，更充分地体现在他的一系列行为所构成的行为整体中。从这个意义上可以说，礼仪品质就是一个人的一连串礼仪行为，是一个人在礼仪行为整体中所表现的稳定的特征和一贯的倾向。

礼仪品质的形成不是先天的，人天生无所谓有礼或无礼。礼仪品质的形成，既不能离开一定的社会环境和物质生活条件，也不能离开人们的生活实践和主观修养，它是在一定的社会环境和物质生活条件中，通过一定的社会生活实践和教育的熏陶，以及个人自觉的修养逐步形成和培养起来的。由此可见，礼仪修养对于培养金融行业员工礼仪品质起着十分重要的作用。

金融行业是现代社会的一个重要组成部分，是传播文明的重要窗口之一。金融行业员工加强礼仪修养主要有几个方面的意义：

第一，有利于建设和谐社会。金融行业服务范围广泛，员工的风貌首先直接影响整个社会，讲究金融礼仪，对于社会主义精神文明建设，对于当前构建和谐社会将产生积极的作用。

第二，有利于提高员工的整体素质。做好金融工作，关键是要有一支思想素质和业务素质俱佳的员工队伍。讲究金融礼仪，不仅能促进员工文明素质的提高，也是形成一个有凝聚力的企业文化环境的重要途径。

第三，有利于提高金融行业的核心竞争力。在金融产品同质化的今天，金融行业的竞争日益激烈，这就要求金融行业在开拓新业务的同时重视服务水平的提高，以高质量的服务赢得顾客。我们每一个工作人员的仪表风度、言谈举止，都在公众中塑造着所在金融实体的整体形象，反映了金融行业的服务水平。因此，讲究金融礼仪修养及规范，是增强金融行业核心竞争力的重要内容。

（三）培养礼仪修养的途径

礼仪修养是一个自我认识、自我磨炼、自我提高的过程，是通过有意识的学习、仿效、积累而逐步形成的，需要有高度的自觉性。一名金融行业员工在金融系统内工作，只是迫于行规的压力才对客户致意、问候，似乎是彬彬有礼，而换了环境就举止轻浮、谈吐不雅，这实际上是礼仪修养缺乏的表现。只有把礼仪修养看作自身素质不可缺少的一部分，是事业发展的基础，是完美人格的组成，才会真正有自觉意识。

培养良好的礼仪修养可以通过以下途径：

1. 自觉养成文明习惯

人的习惯可以在无意中形成，也可以通过有意识的学习和培养，依靠社会的健康舆论导向和良好环境习得。习惯一旦形成，就会成为无意识的行为表现出来，自觉地养成良好的行为习惯是金融行业员工培养礼仪修养的重要途径。

2. 主动接受礼仪教育

礼仪教育是使礼仪修养充实、完美的先决条件。因此，主动接受礼仪教育和培训是十分必要的。通过礼仪教育和培训，可以分清是非，明辨美丑，懂得常识，树立标准，这就使金融行业员工礼仪行为的形成有了外因条件，为进一步自我修养的内因创造了条件。通过礼仪教育，促使金融行业员工经过努力，不断磨炼，产生强烈的自我修养的愿望，最后达到处处讲究礼仪的目的。

3. 广泛涉猎科学文化领域，学习礼仪方面的知识，使自己博闻强识

现代科学文化发展很快，要适应社会发展，仅仅满足于一般的文化水平显然是远远不够的，涉猎广泛，具备多方面的知识，对于人际交往是大有益处的。一般来说，讲文明、懂礼仪、有教养的人大多是科学文化知识丰富的人。这种人逻辑思维能力强，考虑问题周密，分析事物较为透彻，处理事件较为得当，在人际交往时能显示出独有魅力而不显得呆板，不会给人以浅薄的印象。

4. 积极投入金融实践，逐步养成文明礼仪的习惯

礼仪修养是一个从认识到实践的不断反复过程，通过反复，不断提高。仅仅从理论上弄清礼仪的含义和内容，而不在实践中运用是远远不够的。要使自己成为一个知礼、守礼、行礼的人，就必须把对礼仪的认识运用到实践中去，并注意运用所学知识搞好金融服务和社交活动，同时，对自己的行动再进行反省，并把从反省中得出的新认识再贯彻到行动中去。如此不断循环，从而达到提高礼仪修养的目的。

总之，实践在礼仪修养中起着极其重要的作用，实践的方法是礼仪修养的根本方法。人们的礼仪修养只有在交往实践中才有可能形成。任何礼仪修养，如果不与实践相联系，必然是无所作为的。

知 识巩固

习题库

一、单选题

1. ( ) 是金融行业展示给客户的第一印象。

    A. 优美舒适的服务环境

    B. 高效快捷的服务效率

    C. 安全健全的服务功能

    D. 文明得体的服务礼仪

2. 培根说，礼仪是微妙的东西，它既是人们交际所不可或缺的，又是不可过于计较的。这体现了金融服务礼仪的 ( )。

    A. 规范性   B. 可操作性

    C. 灵活性   D. 科学性

3. 在金融服务接待活动中，"宾客至上"与"把尊贵让给客人"应该是金融行业各个部门的共同行为准则。这体现了金融服务礼仪的 ( )。

    A. 规范性   B. 可操作性

    C. 灵活性   D. 科学性

4. 在金融行业服务人员为服务对象所提供的直接服务结束之后，金融行业和金融行业服务人员有责任与义务主动或应邀为服务对象提供连带性、补充性服务。这体现了（　　　　）理论的应用。

　　A. 亲和效应　　　　　　　　　B. 首轮效应

　　C. 末轮效应　　　　　　　　　D. 沟通效应

5. 金融服务礼仪的首要原则是（　　　）。

　　A. 尊重　　　　　　　　　　　B. 平等

　　C. 真诚　　　　　　　　　　　D. 宽容

二、多选题

1. 下列关于礼仪的表述，正确的有（　　　　　　）。

　　A. 从个人修养的角度来看，礼仪是一个人外在素质和修养的内在表现

　　B. 从道德的角度来看，是为人处世的行为规范和行为准则

　　C. 从交际的角度来看，是一种交往的方法和技巧

　　D. 从民俗的角度来看，是沿袭下来的待人接物的习惯做法

　　E. 从审美的角度来看，是人心灵美的外化

2. 金融服务礼仪对金融行业及员工提出的基本要求有（　　　　　）。

　　A. 提升服务品质　　　　　　　B. 打造金融企业核心竞争优势

　　C. 增强服务意识　　　　　　　D. 提升服务素养

　　E. 提高学历知识

3. 三A法则是指金融行业员工在向服务对象表达自己的敬意时，必须善于抓住的重点环节有（　　　　　）。

　　A. 接受服务对象

　　B. 重视服务对象

　　C. 沟通服务对象

　　D. 赞美服务对象

　　E. 接送服务对象

4. 金融服务礼仪的功能主要有（　　　　　　）。

　　A. 提高素质　　　　　　　　　B. 规范约束

　　C. 塑造形象　　　　　　　　　D. 提高效益

　　E. 调节关系

5. 金融服务意识的要求有（　　　　　）。

　　A. 明确角色　　　　　　　　　B. 关注细节

　　C. 善解人意　　　　　　　　　D. 一视同仁

　　E. 个性服务

三、填空题

1. （　　　）是指在人际交往过程中，人们为表示尊重与友好而共同遵守的行为规范和准则。

2. （　　　）是礼貌在语言、行为、仪态等方面的具体表现形式。

3. 金融服务的本质是（　　　）。

4. 金融服务意识的核心理念是（　　　）。

5. 金融行业服务人员的（　　　）是金融行业服务人员为了实现组织目标，按照一定的礼仪规范要求，结合金融行业的特性，在礼仪品质、意识等方面所进行的自我锻炼和自我改造。

四、简答题

1. 什么是金融服务礼仪？金融服务礼仪的本质是什么？

2. 金融服务礼仪的基本要求有哪些？

3. 金融服务礼仪的功能有哪些？

4. 简述金融行业员工培养正确服务意识和加强礼仪修养的必要性。

专业能力训练

综合实训

实训题一

刘明在大学毕业后应聘到某银行营业部担任大堂经理，每天都要负责顾客咨询、引导、解释等工作。面对不同类型和不同需求的顾客，刘明深感服务礼仪和沟通技巧的重要。

任务一

（1）6人一组，模拟大堂经理工作中可能遇到的问题，应用沟通技巧灵活处理。

（2）到一家银行营业大厅现场观摩，然后分组讨论，进一步了解服务礼仪和沟通技巧的重要性。

任务二

假如你是一名客户经理（男性），需要经常拜访和接待客户，重点应考虑哪几个方面的问题？讨论分析后形成提纲并撰写实训报告。

（1）双向沟通理论是金融服务礼仪的重要理论支柱之一。该理论主张以相互理解、相互交流作为服务人员与服务对象彼此之间合作的基本前提。

（2）离开了服务人员与服务对象彼此之间的相互交流、相互理解，服务人员要向服务对象提供令人满意的服务，通常是不太可能的。

实训题二

某银行营业部的计算机突然出现了故障，全体工作人员立即积极配合排除故障，但还是让顾客排队等候了20分钟。面对顾客，银行工作人员应遵循一定的规范和标准，文明礼貌地做好服务工作。

任务一

（1）6人一组，讨论银行服务规范的重要性以及银行工作人员应遵循的服务规范和标准有哪些。

（2）在模拟场景中练习服务规范和标准。

任务二

模拟银行工作人员进行服务练习。请在模拟练习时注意以下几点：

（1）如实告诉顾客需要等候的原因。

（2）柜面工作人员接待等候的顾客时，做到文明服务、礼貌服务。要求起立并说"对不起，让您久等了"。

（3）大堂内，做到主动服务、热情服务。主动为顾客提供茶水，注意为老弱病残让座。

专业能力考核（自评）　<<<<<<<<<<<<<<<<<<<<<<<<<<<<<<<<<<<

一、专业能力自评

专业能力自评表

	能/否	任务名称
通过学习本章，你		识记金融服务礼仪的基本要求、功能和原则
		理解良好服务意识建设的重要性
		了解提高自身礼仪修养的途径和方法
通过学习本章，你还		

注："能/否"栏填"能"或"否"。

二、核心能力自评

核心能力自评表

	核心能力	是否提高
通过学习本章，你的	信息获取能力	
	口头表达能力	
	书面表达能力	
	与人沟通能力	
	解决问题能力	
	团队合作精神	
通过学习本章，你的		
自评人（签名）：　　　年　月　日	教师（签名）：　　　年　月　日	

注："是否提高"一栏可填写"明显提高""有所提高""没有提高"。

【关键职业概念】

1. 具有金融行业工作人员仪容仪表修饰的意识。

2. 了解金融行业工作人员仪表礼仪的基础知识，具备仪容修饰、服饰搭配的基本能力。

3. 掌握根据金融行业的要求和原则进行仪容仪表修饰的技能。

【学习目标】

通过本章学习，应达到以下目标：

● 知识目标：

1. 理解仪表礼仪的含义及重要性。

2. 了解金融行业工作人员仪表礼仪的基本要求。

3. 掌握金融行业工作人员仪容修饰和服饰搭配的原则规范。

4. 识记仪表礼仪的构成。

● 技能目标：

1. 掌握职业装的穿着和饰品选配的方法。

2. 能根据金融行业的要求修饰自己的发型。

3. 掌握女性职业淡妆及职业男士修面的操作技巧。

4. 掌握金融行业工作人员仪表形象设计和塑造的相关技能，并能对自己的仪表进行合理得体的塑造。

【内容结构】

```
                                                        ┌─ 仪表礼仪的概念
                                    ┌─ 金融行业工作人员仪表 ─┼─ 仪表礼仪的构成
                                    │   礼仪的基本要求       └─ 金融行业工作人员仪表修饰
                                    │                          原则
        金融行业工作人员的仪表礼仪 ─┤
                                    │                       ┌─ 仪容礼仪的基本含义
                                    ├─ 金融行业工作人员的   ─┼─ 金融行业工作人员
                                    │   仪容礼仪             │   发型修饰的原则与技巧
                                    │                       └─ 金融行业工作人员
                                    │                          美容化妆的知识与技能
                                    │                       ┌─ 了解服装穿着、饰物
                                    └─ 金融行业工作人员的   ─┤   搭配的原则和要求
                                        服饰礼仪             ├─ 掌握金融行业工作人员
                                                            │   制服穿着的礼仪规范
                                                            └─ 金融行业工作人员商务活动、
                                                                社交场合的服饰礼仪
```

【学习内容】

引例

为什么小张的最后面试失败了?

小张是某知名财经大学的应届毕业生,她身材高挑、相貌姣好。已通过了一家外资证券公司的初试、笔试,将参加最后一轮客户经理岗位的面试角逐。考虑到这是一家外资金融机构,较注重形象,为确保万无一失,小张做了精心的打扮。一身完全展现身材的前卫清凉装、时尚的手链、造型独特的戒指、新潮的项链、耳坠……身上每一处都是焦点,简直是鹤立鸡群。而她的对手只是一个相貌平平的女孩,学历也并不比她高,所以小张觉得自己胜券在握。但结果却出乎意料,她并没有被这家外资金融机构认可。主考官抱歉地说:"你确实很漂亮,你的服装配饰无不令我赏心悦目,可我觉得你并不适合干客户经理这份工作。实在很抱歉"。

问题:为什么主考官说小张并不适合干客户经理的工作?

分析提示:从引例中,你是否意识到,对求职者而言,仪表礼仪十分重要。应聘金融行业的工作人员,考虑的应是着装的风格,注意细节,形象设计适度即可。一般来说,选择服装要根据职位要求。比如,应聘客户经理职位,穿着应偏传统正规;仪表修饰最重要的是干净整洁,不应太标榜个性,最好不

选择太过突兀的修饰，避免走入过度"包装"误区。穿着名牌服装未必就能得到更好的面试结果，有时反而会给对方留下不踏实的印象。大学生的着装打扮不必太过奢华，符合大众的审美观，整洁、大方、得体就行。

第一节　金融行业工作人员仪表礼仪的基本要求

仪表是金融行业工作人员个人形象的重要组成部分。金融行业工作人员个人的仪表形象不仅体现着自身的风格特征和个人魅力，在相当程度上也影响和代表着所从事的金融企业的形象。

一、仪表礼仪的概念

仪表，也即人的外表，是一个人精神面貌、文化素养、气质内涵的外在体现，也是个人礼仪和形象的重要组成部分。一个人的形象通过仪表、服饰、举止、谈吐等方面来呈现，是留给他人的整体印象。

金融行业对工作人员仪表礼仪的要求是：上班时统一着装，穿制服并保持整洁，系领带（结），着深色皮鞋，并保持光亮；男女发型自然大方，不染异色，长度适中。女性工作人员化职业淡妆上岗，不留长指甲，不涂猩红指甲油、口红，不使用浓烈香水，不佩戴下垂耳环、手镯等饰物，戒指最多只戴一枚。

二、仪表礼仪的构成

仪表礼仪应注重整体和谐，充分展现自我风采，塑造美好的社交、职业形象。天生丽质终究只是少数，更多的是通过适当的人工修饰，如化妆、服饰搭配、发型设计等起到扬长避短的作用，使自己拥有良好的仪表形象，既符合职业的需要，又体现尊重他人的宗旨。同时，仪表礼仪的内涵相当丰富，除容貌、形体、服饰的美，更体现气质心灵的美。内外兼修，这才是仪表礼仪的本质所在。

（一）仪表的构成

仪表一般由天然形象和外饰形象两部分构成。

天然形象指的是人体的自然资质，也称"长相"，包括人的五官、脸型、肌肤、发质、身材等。而外饰形象通常指的是，通过对人体进行适当的修饰、打扮所形成的一种外观形象。俗话说"三分长相，七分打扮"。得体的修饰打扮可在一定程度上弥补某些天然形象的不足。而严格地说，只有当天然形象和外饰形象有机结合，人的仪表才可能充分展现真正的和谐与礼仪。

（二）仪表的内容

仪表一般包括仪容和服饰两大部分；而仪表礼仪主要指的是人的仪容礼仪和服饰礼仪。

三、金融行业工作人员仪表修饰原则

仪表礼仪修饰的原则是要把社会性与个体很好地有机结合起来。仪表礼仪也是现代金融行业从业人员职业形象礼仪的重要组成部分。

仪表是树立良好公众形象的基础和前提，注重仪表是金融行业工作人员尊重宾客的需要。良好的仪表可以尽快缩短金融行业工作人员与宾客之间的心理距离，也是增强自信心的有效手段。

仪表自然美与修饰美相结合，服饰端庄得体、整洁大方是金融行业工作人员仪表修饰的原则。要塑造良好的金融行业工作人员的职业形象，了解仪表礼仪的构成也非常必要。

金融行业男性工作人员的仪表以"洁"为原则，女性工作人员以"雅"为原则。

（一）金融行业工作人员仪容修饰的基本原则

金融行业工作人员进行仪容修饰的基本原则是清新、端庄和恰当自然。端庄的仪容给人以信任感，而恰当、自然的修饰又可给人以愉悦感。金融行业工作人员最基本的形象是拥有整洁的头发。在今天，头发的功能不仅表现人的性别，更多的是反映一个人的道德修养、审美水平、知识层次以及行为规范，通过发型不仅能判断其职业、身份、受教育程度、生活状况及卫生习惯，更可以感受到对工作、生活的一种态度。

（二）金融行业工作人员服饰礼仪与职业着装修饰的原则

由于工作性质的因素，不同行业的职业着装有着不同的要求和规范，职业着装受职业环境的约束，体现着一种文化、礼仪和修养。

（1）金融行业的职业形象是金融企业精神内涵和文化理念在金融行业工作人员身上的具体体现，是金融行业的企业形象与具体从业人员个体形象的有机结合。

（2）金融行业工作人员在不同的场合应着与之相协调的服装和配饰，真正体现服饰礼仪。服装有三大功能：第一重在实用；第二表示地位和身份；第三表示审美，也就是体现个人的品位和艺术造诣。

着装要符合身份。因性别之差、年龄之别，服饰也应有所不同。整洁大方是金融行业工作人员服饰礼仪最基本的要求和原则，也是判断文明礼貌和知识涵养的一个方面。着装应扬长避短，并与自身的形体、肤色相协调。着装还应区分场合，在工作场合应穿着正式，选择蓝色或者灰色职业套装制服，表示郑

重其事，统一严谨，与平时较轻松的场合有所区别。

同 步思考2-1

情境导入：观察图2-1，并回答下列问题。

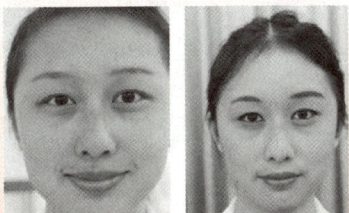

图2-1

问题：比较图2-1的左右两张图片有何区别，你更能接受哪张，为什么？

分析提示：通过分析以上图片修饰前后的对比照片，进一步理解为什么要进行得体的修饰以及仪表礼仪的含义和内容。

（3）金融行业工作人员仪表的基本要求。金融行业工作人员为保持良好的职业形象，首先要注意个人的仪表整洁，养成良好的卫生习惯。金融行业工作人员应做到面容、口腔、鼻腔、头发及手部保持清洁。注意个人卫生，勤洗澡，勤换衣裤，勤漱口，身上不能留有汗味或异味。此外，还应保持指甲清洁，指甲不要留有黑边，包括大拇指和小拇指在内的指甲均应剪短；衣领、衣袖要干净；头发清洁，不能有头屑，并要适时梳理；男性员工应注意自己的鼻毛，及时修剪、不留胡子，女性不宜穿破损的袜子；始终保持鞋子干净、光亮、无破损。着装注重协调美观的整体效果，与身份、年龄、性格、体型相吻合，与周围环境场合相协调。充分体现职业特点、企业形象，塑造稳重、大方，富有亲和力的自身形象，更好地服务客户。

活 动设计2-1　课堂讨论

课程实训

加深对金融行业工作人员仪表礼仪的理解

请全班同学以小组为单位，利用课上约10分钟的时间，针对所掌握的知识和技能，根据金融行业工作人员的仪表礼仪的要求，谈谈你对金融行业工作人员仪表礼仪的认识与理解。

目标：这项活动将有助于学生对金融行业工作人员的仪表礼仪有更好的认识和理解，从而更有针对性地学习本课程。

> **任务**：巩固所学的金融行业工作人员仪表礼仪的概念及构成等知识，并加以理解，从而加深对金融行业工作人员仪表修饰原则的学习和掌握。
>
> **要求**：
>
> （1）每位同学都积极参与，认真对待，实事求是，有针对性。
>
> （2）发言不要求非常详尽，但要谈自己的真实想法和感受。
>
> （3）以班级为单位，分为若干个讨论小组。每组简单讨论5分钟后，各选出1～2人，在班级做主题发言，发言时间3分钟。最后点评，学生互评与教师点评相结合。

化妆的技巧

第二节　金融行业工作人员的仪容礼仪

英国有句谚语："当你和别人打交道时，他注意你的面部是很正常的。"因此，仪容是个人魅力的重要组成部分，反映着个人的精神面貌。在人际交往中，每个人的容貌都会引起交往者的特别关注，并直接影响对方对你的整体评价。

一、仪容礼仪的基本含义

（一）仪容礼仪的概念

仪容既是一个人的外表或容貌，也是一个人内在品质的外部反映，它是反映一个人内在修养的窗口。个人形象在人格发展及社会关系中起着举足轻重的作用。

仪容是个人魅力的重要组成部分。通常指人的外观、外貌。主要是指人的容貌，由发式、面容以及人体所有未被服饰遮掩的肌肤构成，是个人仪表的基本内容。

（二）金融行业工作人员仪容的形成

金融行业工作人员仪容的形成受两方面因素的影响：一是个人的先天条件，是自然形成的；二是后天的修饰和保养，科学的保养、积极的美容和合理的修饰与装扮能使形象焕然一新。仪容修饰是人体装饰艺术的重要组成部分，也是礼仪中不可缺少的物质条件。

同 **步案例2-1**

经理对长相的要求

有人向×公司经理推荐一个人，说此人才能卓越，但经理见后没有录用他。推荐人问："您为什么不用他呢？"经理说："我不喜欢他的长相。"推荐人说："啊，那相貌好坏可是天生的呀！"经理说："俗话说，40岁之前相貌是天生的，40岁以后应该自己负责！"

问题：根据所掌握的仪容礼仪知识，谈谈你对此案例中"40岁之前相貌是天生的，40岁以后应该自己负责"这句话的理解。

分析提示：仪容礼仪，对任何人而言都很重要。仪容礼仪在个人仪表形象中有着非常重要的作用，应遵循整洁、和谐、体现自然美、扬长避短的原则；仪容的修饰应把握因人（年龄特征、职业特点的体现）、因地（场合）、因时（早晚、季节）而异的要领，起到矫正缺陷、突出优点、辅佐社交、有利事业，既美化个人形象、也为金融行业企业形象增色的作用。

（三）仪容礼仪的基本内容

仪容礼仪就是对自己的外在形象，即外表，如头部、脸部等进行整体形象的设计和修饰。

金融行业工作人员的仪容礼仪不仅代表自我形象，更代表行业的整体形象。所以，应保持良好的仪容，掌握仪容修饰的基本常识与技巧，有效地弥补自身的缺陷和不足。

金融行业工作人员个人仪容修饰的主要内容通常分为头发、面貌、手臂、腿部、化妆五个方面，重点是头发和面部修饰。

二、金融行业工作人员发型修饰的原则与技巧

（一）发型——构成仪容的重要部分

金融行业工作人员以整洁大方的发型为佳。恰当得体的发型外秀头型内修脸型。发型应与身高气质、职业背景和场合相匹配，显现出与众不同的特质。

金融行业工作人员进行个人发部的修饰，不仅应遵循一般性要求，同时还必须严守本行业、本岗位的特殊性规定和要求。

（二）掌握金融行业工作人员发型修饰的原则与步骤

金融行业工作人员发型的具体要求：从行业的工作性质出发，遵循发型的职业性要求，长短适当。不能过短或过长。男性与女性各有不同。

1. 简洁大方的金融行业男性工作人员发型修饰原则与步骤

及时清洗，定期修饰整理发型，保持前发不覆盖额头一半，侧发不遮盖耳朵，后发不长于后发际线，鬓角不长于耳朵中部。常见发型有四六分、二八开、中分和寸头等。不允许男性金融行业的工作人员在工作时长发披肩或梳发辫，一般也不允许剃光头（见图2-2）。

2. 整齐、简单、明快的金融行业女性工作人员发型修饰原则与步骤

金融行业女性工作人员上岗前发型的整理步骤：

步骤一：准备相应的修饰工具。准备梳子、镜子、皮筋、素色发饰、定型啫喱等。

步骤二：如是长发，则一般女性工作人员在工作岗位上不留刘海或修短刘海，要求露出眉毛。

步骤三：在工作时间和公众场合，不允许随意将头发披散开来（见图2-3），应用皮筋将脑后的长发束起并全部放入统一的素色发饰内（见图2-4）。以束发或盘发示人，保持整洁；打造端庄、干练的形象。

| 图2-2 | 图2-3 | 图2-4 |

活动设计2-2　模拟操作

课程实训

学习金融行业女性工作人员长发束发（盘发）的方法

以班级为单位，分小组利用课上约15分钟的时间，根据金融行业女性工作人员长发束发的基本要求进行操作。通过实训活动，掌握金融行业女性工作人员长发束发的基本操作步骤和要领，使自己以良好的职业形象示人。

目标：通过实训练习，掌握金融行业女性工作人员长发束发（盘发）的

基本操作步骤和要领，能根据正确的操作流程进行。

任务： 以班级为单位，分小组利用课上约15分钟的时间，根据金融行业女性工作人员长发束发（盘发）的要求进行操作。

要求：

（1）在有镜子的专业形象设计化妆实训室，准备好金融行业女性工作人员长发束发的基本用品用具。

（2）自我操作与小组同学互助相结合，完成金融行业女性工作人员长发束发的操作流程。

（3）刘海不过眉，发结整齐、光洁，散、碎发应用黑色小发夹固定；发结位置适中，先用素色皮筋固定，再使用素色带网发夹将发梢全部放入发网内，并整理发结，形状为自然圆形。

（4）自我检查与小组成员相互检查相结合，教师最后加以点评和提出修改意见。

（三）发型修饰的技巧与协调性原则的运用

作为金融行业的工作人员，在发型选择时既要考虑自己的身份、环境、年龄、自身职业的特点，也要兼顾自身的脸形、肤色、体型、服饰的风格特点等个体特质条件，掌握基本的修饰技巧，努力达到较协调的良好效果。

1. 发型与体型、肤色协调

发型与体型之间的关系应遵循相互依存、相互衬托的原则。发型的选择得当与否，将对体型的整体形象产生较大的影响。脖颈短粗者，宜选择高而短的发型；脖颈细长者宜选择齐颈搭肩舒展或外翘的发型。体型矮胖者，宜选择有层次的短发。男士不要梳理大背头式发型，否则有头重脚轻之感。女性可将发盘于顶，以显挺拔之感。体型瘦高者，宜留长发。肤色偏深的不宜留长发，应选择干净利索的短发；皮肤偏白者，不宜将头发染得太黑，避免对比过于强烈，而显得不够自然、协调。

2. 发型与服饰协调

为体现整体之美，发型必须根据服饰的变化而变化。金融行业女性工作人员在穿着礼服或工作制服时，可选择盘发或短发，以显端庄稳重；穿着便服休闲装时，可选择适合自己脸形、体型、肤色的发式，体现高雅的审美情趣和生活品位。

3. 发型与脸形相宜

发型最能衬托脸形的表现效果，发型也是脸部最好的修饰物。利用发型的变化可以掩饰面部的缺点，在发型的衬托下，使脸部更生动、更富有魅力。

三、金融行业工作人员美容化妆的知识与技能

（一）化妆修饰的基本理论及原则

化妆，是一种通过对美容用品的使用来修饰自己的面容、美化自我形象的商务行为。对于金融行业女性工作人员而言，在职业和社交环境中化淡妆，进行适当的修饰，体现了对客户的尊重并维护良好的企业形象。

因此，就对金融行业的工作人员美容修饰提出了相应的要求，男士在公务或商务环境中整洁是第一要求，每日剃须修面，不用气味浓烈的护肤品；定期洁牙护齿，保证牙齿的洁白、整齐；工作餐不吃刺激性食品，如生姜、生蒜，饭后淡茶漱口，以保证口气清新。而金融行业女性工作人员的化妆，则有具体的规范和要求。下面将分别介绍金融行业女性和男性工作人员美容化妆的知识与技能。

（二）金融行业女性工作人员美容化妆的知识与技能

1. 金融行业女性工作人员化职业淡妆的面部准备

（1）了解护肤基础知识。

护肤是美容的基础，正确护肤是美容化妆的先决条件。肌肤的状况每天都在变化，因此具备肌肤保养的基本常识，有时比化妆更为重要。面对日益加快的工作生活节奏，为保持良好的工作状态和精神面貌，在了解自己皮肤类型的基础上，选择适合自身肌肤的护肤用品。

（2）掌握日常的正确护肤方法。

日间护肤：洁肤—爽肤—护肤。

晚间护肤：洁肤—爽肤—润肤。

2. 金融行业女性工作人员化淡妆的用具准备

金融行业女性工作人员在化职业淡妆的过程中，应根据自己的地位、职业特点、个性气质化淡妆示人，妆容体现金融行业的特点，与工作环境和金融行业着装相协调，正确选择所需的化妆用品用具，掌握基本的化妆技巧和步骤，使自己的化妆达到预期的目的效果。

一套好的化妆工具对完美的妆容至关重要。

化淡妆前，应准备好以下基本化妆用具：

修眉工具：眉镊、眉剪、修眉刀及一套实用的套刷（包括眼影刷、唇刷、眉粉刷、腮红刷、粉底刷等（见图2-5）。

基本化妆用品：海绵（涂抹粉底液或膏时使用）、粉扑、吸油纸、棉花棒、睫毛夹等（见图2-6及表2-1）。

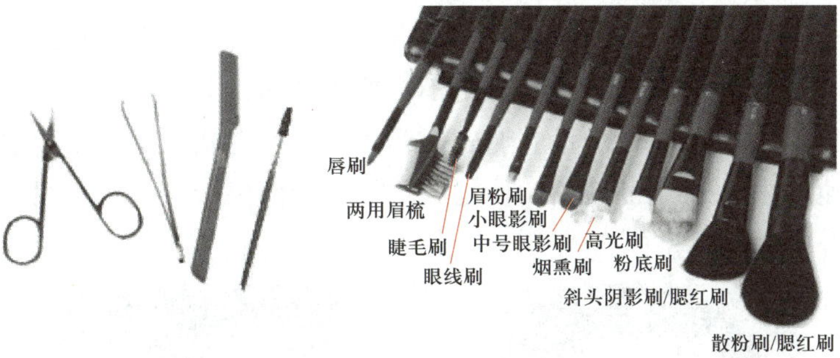

唇刷
两用眉梳　　　眉粉刷
睫毛刷　小眼影刷
眼线刷　中号眼影刷　高光刷
　　　　烟熏刷　粉底刷
斜头阴影刷/腮红刷
散粉刷/腮红刷

图2-5

图2-6

表2-1　金融行业女性工作人员职业淡妆所需化妆用品

化妆用品		具体要求
打底	粉底	形态有液体、膏状等，颜色应选择接近自己肤色的（白天一般用液体粉底，并根据不同的肤色、肤质及妆型要求加以选择，一般皮肤发黄可选用偏紫色，红脸膛可选用偏绿色，皮肤灰暗可选用偏蓝色加以调整）
	定妆粉（散粉）	职业淡妆应选用透明亚光色
眼部提亮	眼影	一般职业淡妆应选用棕色系
	眼线笔	黑色
	眉笔	棕色或灰色
	睫毛膏	黑色
腮红	胭脂	可选粉红、橘红及桃红
唇部修饰	口红、唇彩（唇线笔）	可选用唇红、棕红及玫红等接近自然唇色的颜色

课程视频

3. 职业淡妆的化妆步骤

步骤一：打粉底，清洁面部，上化妆水，抹匀日霜及隔离或防晒霜后，便可进入快速化妆程序。首先是在面部打上一层薄薄的粉底，遮盖肌肤上的瑕疵，使肤色更透亮均匀。粉底应选择适合自己肤色的，原则上只比自己的肤色亮一度即可，切忌一味追求白而显得不自然（见图2-7）。

步骤二：定妆，把散粉均匀按压到脸上，让皮肤看起来比较滋润细腻，之后用定妆刷扫去多余的散粉，使粉底均匀，妆面保持持久（见图2-8）。

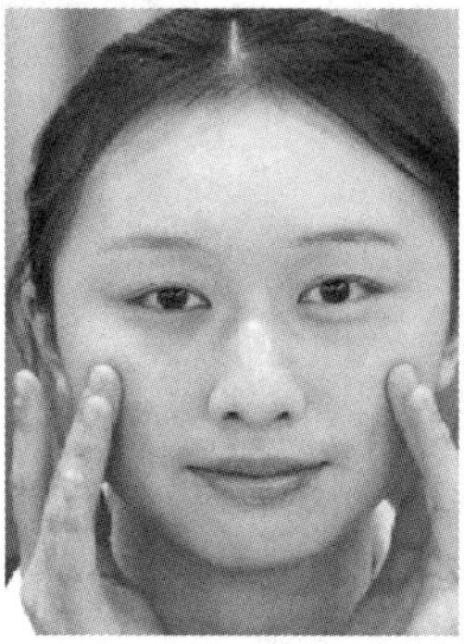

图 2-7 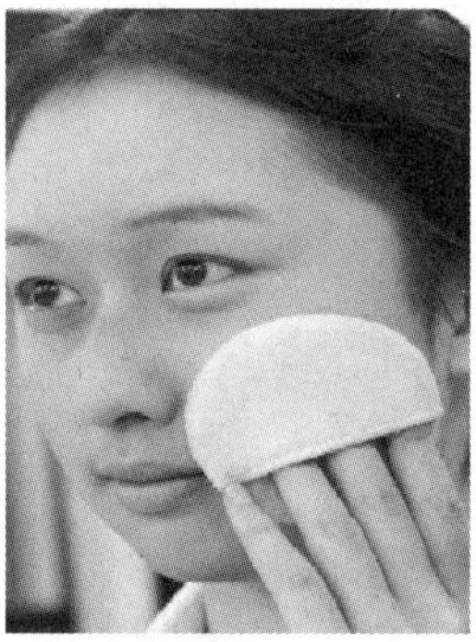　　　　　　　　　　　　　　　　图 2-8

步骤三：描眉，眉毛在整个脸部修饰中起平衡作用。要使脸部清爽有型，修眉必不可少。在此基础上，根据脸形进行补描（见图2-9）。

图 2-9

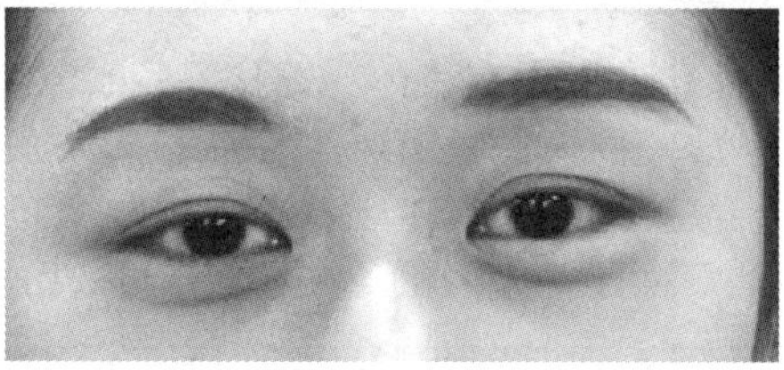

步骤四：眼部提亮，职业淡妆眼部多选择棕色系。同时也应适合自己眼睛的特点。眼睛凹的人建议选择稍浅或偏亮的颜色，而眼睛凸的则建议选用深色或暗色的。眼部化妆包括眼影、眼线、睫毛等，眉毛以下的提亮也很关键，能使眉眼更立体（见图2-10）。

步骤五：涂抹腮红，无论冷暖肤色都可以通过腮红为面色增添红润光泽及修饰脸形。冷肤色可选用粉红色、玫瑰红色；暖肤色可选用粉桃红色、杏色或珊瑚粉色（见图2-11）。

步骤六：涂唇膏（彩），目的是使妆面更加亮丽完整，职业淡妆应选择接近唇色的红色，以淡为宜，展现自然的效果（见图2-12）。

步骤七：检查整体的妆容效果（见图2-13）。

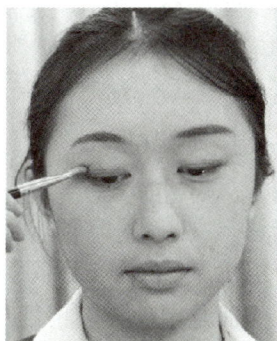

图 2-10

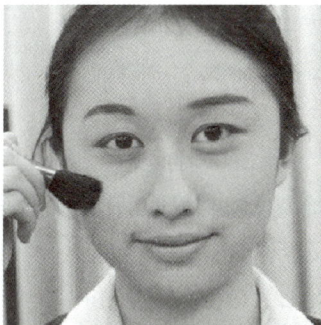

图 2-11

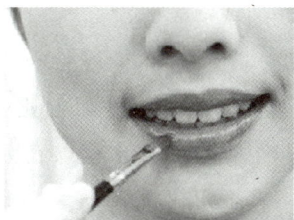

图 2-12

图 2-13

小常识

不同脸形腮红的涂抹位置和方法

在化妆过程中，腮红涂抹的位置是关键。腮红涂抹的标准位置，一般以鬓发为起点，沿颧骨与面颊交接的位置往嘴角及鼻翼方向涂抹，最高不超过外眼角的延长线，最低不低于嘴角的延长线，晕染自然柔和。

长脸形：腮红可以横向晕染（见图2-14）；

方脸形：腮红可以斜向晕染（见图2-15）；

圆脸形：腮红可以纵向晕染（见图2-16）。

图 2-14　　　　图 2-15　　　　图 2-16

腮红的用法：适当用胭脂刷蘸取少量的颜色，轻刷在脸部自然红晕处，涂抹方向以肌肉的走势为准，体现协调。生活日妆和职业淡妆的腮红，一般选用粉红、桃红较多，并遵循眼影、口红、服装的色彩协调原则。

（三）金融行业男性工作人员仪容修饰

男士仪容修饰，一般包括：发部美化、定型、面部与手部可使用护肤品、无色唇膏及无色指甲油清洁和保护。而剃须修面是金融行业男性工作人员职业形象的重要标志。

活动设计2-3　模拟操作

课程实训

学习职业淡妆的基本方法

以班级为单位，分小组利用课上约60分钟的时间，根据金融行业女性工作人员职业淡妆的要求进行操作。通过实训活动，掌握金融行业女性工作人员职业淡妆的基本操作步骤和要领，进行正确操作，使自己以良好的职业形象示人。

目标：通过实训练习，掌握金融行业女性工作人员职业淡妆的基本操作步骤和操作要领，能根据正确的操作流程进行操作。

任务：以班级为单位，分小组利用课上约60分钟的时间，根据金融行业女性工作人员职业淡妆的操作要求进行。

要求：

（1）在有镜子和仿自然光源的专业形象设计化妆实训室，准备好职业淡妆所需的基本化妆用品用具。

（2）自我操作与小组同学互助相结合，完成金融行业女性工作人员职业淡妆的操作流程。

（3）按照以下七步法进行操作。

第一步，打粉底。

第二步，上定妆粉。

第三步，描眉。

第四步，提亮眼部。

第五步，涂抹腮红。

第六步，涂唇膏（彩）。

第七步，检查整体的妆容效果。

（4）自我检查与小组成员相互检查相结合，教师最后加以点评和提出修改意见。

同步案例2-2

客户经理的仪容修饰

某保险公司的客户经理王大明工作很努力。在一个炎热夏日的午后，他佩戴着具有变色效果的近视眼镜，由于干燥唇部已开裂、脱皮，但他依然顶着烈日前去与客户会面。

问题：客户经理王大明的仪容修饰有哪些不妥？作为金融行业的男性员工在面部细节修饰方面还应注意哪些？

分析提示：在工作时佩戴眼镜，应选择适合自己的镜架和镜片，在室内一般不应佩戴颜色过深的镜片，镜架也不宜太夸张。同时注意耳部、鼻部、口腔的清洁及耳毛、鼻毛的修剪。

案例

客户经理的仪容修饰

（四）金融行业工作人员的其他修饰要求

1. 金融行业工作人员脸部的其他修饰

（1）眼睛的保洁、眼病的防治及眼镜的佩戴。重视眼部的保洁，首先应及时除去眼角分泌物，其次要特别注意眼病的预防和治疗。如因视力原因需在工作时佩戴眼镜，应选择适合自己的镜架和镜片。在室内一般不应佩戴颜色过深的镜片，镜架也不宜太夸张。平时还应注意眼镜的清洁，尤其是镜片要保持明净。而太阳镜，也即墨镜只适合在户外活动时佩戴，不宜在室内工作时佩戴。

（2）耳部的清洁及耳毛的修剪。金融行业工作人员每天应进行耳部的清洁除垢。作为男性工作人员，尤其要经常修剪耳孔周围的绒毛。同样，耳部的清洁及耳毛的修剪也是每个人的私事，应隐蔽进行，不应在工作时和有他人在场时进行。

（3）鼻部的清洁。鼻部是人脸部的最高点，受关注度也较高，因此鼻部清洁十分重要。而鼻部周围的油脂分泌量较多，毛孔也较为粗大，容易出现皮肤问题，平时应重视此处清洁的彻底性。鼻毛也如耳毛一样，应及时修剪，但绝对不能当众揪拔自己的鼻毛。

（4）注意口腔及周围的卫生。保持口腔的清洁，口气清新。在上岗工作前不宜食用葱、蒜、韭菜、虾酱等气味刺鼻的食物，以防止因饮食引起的口腔异味。双唇的饱满滋润也是一个人精神面貌的体现，作为金融行业的工作人员，平时应注意呵护自己的双唇，避免出现开裂、脱皮现象。

2. 金融行业工作人员肢体的修饰

仪容礼仪的基本内容，除重点是指人的面容及发式以外，人体其他所有未被服饰遮掩的肌肤也属个人仪容的基本内容，主要指人的手臂与腿脚。

（1）手臂的修饰。由于工作的特点，双手及手臂在金融行业通常被认为是工作人员的"第二张脸"，平时要做好手臂及双手的保养工作，避免出现粗糙、开裂、红肿、生疮等皮肤问题和皮肤的外伤破损等影响外观的现象。同时，应时刻保持手部的清洁，平时务必做到"六洗"。手臂的妆饰，应遵循自然、简洁、庄重的原则。不留长指甲，指甲长度不应超过指尖；要保持指甲的清洁，指甲缝中不能留有污垢。不要涂抹有色指甲油和彩绘、文刺手臂。一般情况下，金融行业工作人员的制服不会裸露肩部，但也应处理得当，不要将腋毛外露，以免不雅。

同 步案例2-3

客户经理的仪容仪表礼仪

某证券公司的客户经理方小姐年轻、漂亮，工作也很勤奋。为了与客户更好地沟通，她经常主动去拜访客户。8月的一个下午，她穿着无袖连衣裙，化了精致的淡妆，长长的指甲做了色彩鲜亮的美化，前去拜访客户。

问题： 前去拜访客户的方小姐在肢体的修饰方面应注意哪些问题？

分析提示： 作为金融机构的工作人员拜访客户时的仪容仪表礼仪应兼顾肢体的修饰。作为"第二张脸"的手臂及双手的清洁及保养应注意，指甲长度不应超过指尖，保持指甲清洁，不涂抹有色指甲油，不彩绘、文刺手臂，腋毛不能外露，以免不雅。

（2）腿脚的修饰。从金融行业工作人员的工作性质出发，对腿脚部的修饰，首先是清洁。其次，女员工着裙装时应穿长筒丝袜；在工作岗位上不应穿着露脚趾和无后跟或脚后跟裸露在外的鞋子；下肢的美化要注意腿部汗毛的处理并勤剪趾甲；禁止在脚趾涂抹彩色指甲油和在腿脚部进行彩绘等妆饰。

同 步案例2-4

问题出在哪里？

金玲是证券公司的客户经理，也是个不注意穿着和修饰的人，平时由于工作比较忙，总是穿着一件皱巴巴的外套，素颜对人，忙里忙外！

她的人际沟通能力挺不错，对公司的产品和服务也很了解，人既踏实又勤快。在众多的客户经理中，公司老总对她寄予了厚望。可是，到年终盘点时，作为客户经理的金玲，其业绩却令老总很是失望。问题出在哪里呢？

资料来源：王华.金融职业礼仪.2版.杭州：浙江大学出版社，2014.

问题：面对此类状况，你觉得问题出在哪里呢？如何解决问题？

分析提示：从金融行业工作人员个人仪表形象的作用切入，针对问题提出整改的实训操作方案。

同 步训练2-1

情境导入：为提高个人审美品位和增强自信，充分展现金融行业职业女性的魅力和更好地表达对客户的尊重，某银行柜员张宁报名参加了总行金融服务礼仪的培训。培训的主要内容之一是在专业老师的指导下进行职业淡妆的化妆练习。

训练提示：

（1）掌握金融行业女性工作人员的职业淡妆化妆流程，用准备好的化妆用品用具，可选择脸部的任何一个部位进行练习，或唇，或颊，或睫毛，或眼睑……也可以依次按步骤修饰整个脸部。

（2）化妆时注意处理细节的地方，突出自己的优势，尽量掩盖缺陷，遵循扬长避短的原则。

第三节　金融行业工作人员的服饰礼仪

一、了解服装穿着、饰物搭配的原则和要求

英国作家莎士比亚曾经说过，一个人的打扮，就是他的教养、品位、地位的最真实的写照。

古今中外着装体现着一种文化和一个人的文化修养与审美情趣，是展现个人身份、气质以及内在素质的最真实名片。服饰是一门艺术，服饰传达的情感与意蕴不是用语言能替代的。服饰是一种文化现象，是一种无声的语言。

服饰是人体的外延，包括衣、帽、鞋、袜及手表、戒指、耳环等饰物。从服饰的式样和颜色，可以透视出一个人的个性、性格和心理状态。

（一）着装的TPO原则

TPO原则，是世界通行的着装最基本原则。它要求人们的服饰以和谐为美。具体内容为：着装要与季节相吻合，符合时令，与所处场合及不同国家、区域、民族的习俗相吻合，符合着装人的身份；根据不同的交际目的、交往对象选择服饰，给人留下良好的印象。

Time（时间）原则　　　　　　Place（地点）原则　　　　　　Occasion（场合）原则

（1）Time（时间）原则。着装要应时，此原则要求在着装时考虑早、晚、日间及时令的变化；一年四季的不同以及时代的差异。与时间、季节相吻合，与所处时代相适应；随着社会的发展，人们的着装观念变化，应顺应时代的潮流和节奏，与公众审美和环境相协调。

（2）Place（地点）原则。身处不同的地点，考虑所处的场所、自身的地位以及职业等因素，应有与之相适应的服饰打扮。

（3）Occasion（场合）原则。穿着要因地制宜，也即氛围原则。着装应考虑出现场合的目的、所需体现的主题、希望达到的目标及交往的对象等诸多因素，与当地当时的氛围相融洽、协调。因此，无论在什么场合总应比你的客户穿的稍考究、精致、时尚一点，也即服饰与场合的融洽和谐度始终比客户略高一筹，更有利于树立自身良好的个人形象。

（二）饰物搭配应遵循和谐得体的原则

服饰可分为两大部分：服和饰。既要讲究服的协调，又要注重饰的和谐。

饰物是指对服装起修饰作用的物品，体积小，具有点缀、美化整体形象的功能。饰物主要有首饰、围巾、丝巾、提包、手套、领带、鞋袜等。首饰主要是指耳环、项链、戒指、手镯、手链等。佩戴首饰应与脸形、服饰相协调。

金融行业女性工作人员佩戴丝巾，常常会收到非常好的装饰效果。

金融行业女性工作人员的皮鞋则以黑色为主，不同场合配以与服装颜色一致的鞋子为宜。女士穿裙子时袜子以肉色相配最好，深色或花色图案的袜子都不合适。长筒丝袜口与裙子下摆之间不能有间隔，不能露出腿的皮肤。不能穿有破损的丝袜，不然让人觉得很不雅观。

金融行业男性工作人员，饰物不宜太多，即一条领带或再加一枚领带夹。某些特殊场合，西服配上口袋巾，以彰显品位。

金融行业男性工作人员皮鞋的颜色以黑色、深咖啡或深棕色较为合适，白色皮鞋除非穿浅色套装在一些社交场合才适用。黑色皮鞋适合于各色服装和各种场合。正式工作社交场合，男士应穿着深色袜子，黑、蓝、灰色均可。

（三）服装色彩

1. 服装色彩的基本知识

人们在社交活动中，最引人注目的是服装的色彩，色彩是服装中最活跃、最积极的因素，可以给人带来较强的视觉冲击，还会令人产生某种感觉和引起一定的联想。重视色彩在服饰整体美中的运用非常必要（见图2-17）。

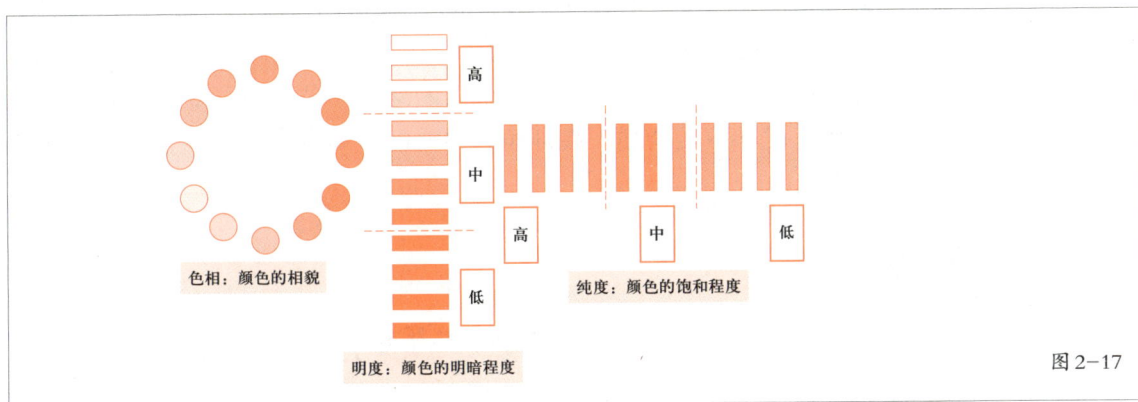

色相：颜色的相貌　　明度：颜色的明暗程度　　纯度：颜色的饱和程度

图2-17

暖色调主要有：红色，象征着热烈、活泼、兴奋，是一种富有激情和感情的色彩；黄色，象征着明快、鼓舞、希望、富有朝气；米黄等浅黄色，在日常生活和交际中使用较多；橙色，象征开朗、欣喜、活泼，也是一种较明亮的颜色。

冷色调主要有：黑色，象征寂寞、沉稳、严肃，富有神秘感，因此黑色服装往往会给人以干练、庄重之感；蓝色，象征深远、沉静、安详、清爽、自信而幽远，也是黄种人选择较多的一种较安全的颜色；青色，象征高傲、神秘。

同一面积、同一背景的物体，由于色彩的不同，有时可形成大小不同的视觉效果。一般暖色调和高明度的色彩会给人以扩张感和前进感，而冷色调和明度低的色彩，则给人以收缩感和后退感。因此在服装色彩的运用上，应加以精心选择和正确把控，为自己职场形象的塑造起到辅佐作用。

2. 服装色彩搭配的运用

没有不美的色彩，只有不美的搭配。因此，服装的色彩必须适应着装人及时间、环境、心绪而形成最佳的色彩组合，而搭配和谐！和谐不仅是指服装自身多种色彩的整体和谐，更是服装与人、服装与环境、服装与配饰的和谐，是一种深层次的完美和谐。

（1）服装色彩搭配的注意事项。

① 与着装者的发型、肤色相和谐。

② 与着装者的体型、年龄、职业等相和谐。

③ 与着装者的性格、气质、精神面貌相和谐。

④ 与季节、环境、场合相和谐。

（2）服装色彩搭配的技巧。色彩搭配上，不同颜色给人的第一印象完全不同。深色系给人一种沉稳、干练的感觉，而浅色系让人有一种轻松活泼的感觉。随着现代社会工作、生活节奏的加快，用色的主流是雅洁、自然、简练、朴实。用色要避免繁杂、零乱，少用色、巧用色，职场着装一般不超过三色。

颜色的选择是一门重要学问，一个人的穿着品位与色彩观念可以折射出此人的工作态度和审美情趣。在拜访客户时的服饰颜色选择通常遵循素雅原则，深浅搭配得当。

同步案例2-5

这次为何如此穿着

人们常说的着装"TPO原则"是什么？英国女王伊丽莎白二世访问中国时，走出机舱后的第一次亮相，穿正黄色西服套裙，戴正黄色帽子。其实，女王本人喜欢红色和天蓝色，很少穿黄色服装。

资料来源：王华.金融职业礼仪.2版.杭州：浙江大学出版社，2014.

问题：你是如何理解伊丽莎白二世此次穿着的？

分析提示：从国际通行的着装原则及色彩的寓意角度来考虑。

同步训练2-2

情境导入：某金融企业新招聘的女客户经理黄丹，需去某公司拜访一位客户。合理得体的修饰仪容仪表是必需的，如何运用所学的金融行业工作人员的服饰礼仪，将有助于业务的开展和给客户留下良好的第一印象。结合所学知识，进行模拟着装设计练习。

训练提示：首先，对自己的仪容进行合理的修饰，选择和修饰发型，保持发部的整洁。面部的修饰，扬长避短，庄重得体，妆容淡雅精致，自信而充满活力。

其次，穿着应注意遵循"TPO"及协调搭配等原则，符合金融行业工作人员在商务社交的需要。拜访时应注意服装的款式、颜色的选择以及搭配的协调。

最后，注重饰物的佩戴，鞋袜、包袋的选择等细节应与主题相吻合，注重整体形象的协调性，为打造良好的第一印象加分。

二、掌握金融行业工作人员制服穿着的礼仪规范

作为金融行业的工作人员，在工作岗位上的服饰应遵循相应的制服穿着礼仪规范。体现权威性、可信任度和缜密感。金融行业工作人员的服饰穿着要求属于强迫性着装管理的范畴。从行业的角度出发，应考虑尊重服务对象、适应工作需要、塑造金融行业工作人员形象和提高个人素质等方面因素，由此对金融行业工作人员的服饰有着统一的要求和限制。

（一）金融行业工作人员制服穿着的礼仪规范

金融行业工作人员职业着装以工作制服为主。工作制服是工作场合的着装，受职场环境影响，它既没有礼仪服装那么考究和华贵，也不像休闲服那样随意（见图2-18）。

男士以西服衬衫为主，女士以套装、套裙为主，因工作性质而定。工作场合的着装须庄重、整齐，既能表明金融行业工作人员的工作责任感和可信程度，也体现对客户的尊重，呈现行业、企业的风貌。

金融行业工作人员在营业场所的工作时间，一般以统一制服作为工作着装，最大限度地体现职业的规范职能。

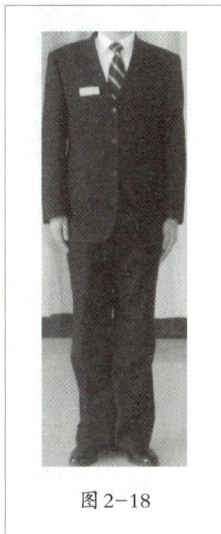

图2-18

金融行业工作人员的制服具有以下几个方面的作用：

（1）标志作用。这是制服的基本功能。独特的式样、色彩、图案以及配套的帽子、证章、徽记等使穿着制服的工作人员与其他行业和单位的工作人员区分开来，使制服成为具有本单位企业醒目特色的独一无二的标志。

（2）激励作用。金融行业工作人员统一穿着制服，进一步强化行业的特点，使身着制服者进一步加强责任感、荣誉感和凝聚力。金融行业要求工作人员身着制服，规范佩戴标明姓名、职位、部门的标牌，充分发挥了制服所独有

的激励作用，促使工作人员约束自己、尊重他人、积极工作、热情服务。

（3）宣传作用。金融行业工作人员身穿本行业、本单位的制服为顾客服务，客观上起到了引人注目、强化公众视觉冲击的效果，是本行业、本单位的最佳形象广告。

（4）保护作用。金融行业工作人员所穿着的制服，一是可以保护身体，正确规范穿着制服具备身体防守的功能，可减少身体受伤害的机会；二是可以维护尊严，正确规范穿着制服使人增加权威感，有助于维护自尊和形象，也较易受人尊敬。

正因为制服的这些独特作用，金融行业工作人员在穿着制服时应遵循礼仪规范，最大限度地发挥其应有的功能。

（二）西服穿着礼仪与步骤

西服产生于欧洲，已有160年左右的历史。传入我国后，以其优美的造型，体现了男士的潇洒、女士的优雅和端庄，成为我国标准的礼仪服装，也是当今国际较标准通用的礼服，在各种场合广泛穿着。"七分在做，三分在穿"，西服在穿着上有相当统一严格的模式和要求，金融行业工作人员的制服主要以西服为主，故应懂得西服套装的穿着礼仪。

1. 西服穿着礼仪规范

西服，较常见的是两件套和三件套。统一的面料、色彩，是规范化的正式场合男装，如图2-19所示。穿着

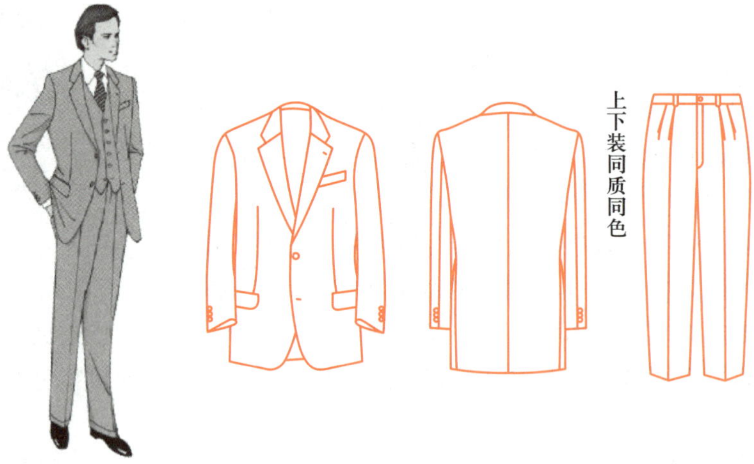

上下装同质同色

资料来源：刘瑞璞.服装纸样设计原理与应用：男装编.北京：中国纺织出版社，2008.

图2-19

西服，对工作人员而言，体现着身份和所在企业的规范化程度。金融行业男士穿着西服时，应了解衬衫、领带、鞋袜和公文包与之组合搭配的基本常识。

西服穿着应讲究"三个三"，即三色原则、三一定律、三大禁忌。

三色原则的含义：穿西服时，包括上衣、下裤、衬衫、领带、鞋子、袜子、皮带在内，全身颜色应不超过三种。

三一定律，重要场合穿着西服套装时，皮鞋、皮带、公文包应同一颜色、同一质地且首选黑色，强调细节。

三大禁忌，正式场合穿着西服套装时不能出现：第一，不拆袖口上的商标。第二，在非常重要的场合，穿夹克或短袖衫打领带。第三，正式场合穿着西服套装时穿白色、肉色袜子。

2. 西服穿着的步骤

（1）穿着前的准备。选择深色西服、白色衬衣；清洗、熨烫衬衣与西服，挑选颜色、花型、质地合适的领带，选定深色袜子，擦亮黑色皮鞋。

（2）穿着要领（见图2-20）。

短发，保持头发的清洁、整齐
经常整刮胡须
颈带紧贴领口系得美观大方
领口袖口无污染
短指甲保持清洁
精神饱满、面带微笑
白色或单色浅色无污染
正确佩戴司徽
西装平整、清洁
西装口袋不放物品
黑色或深色袜子
西裤平整，有裤线
皮鞋光亮、无灰尘

头发凌乱，不修边幅　两粒扣不宜同时扣
衬衫未熨　衬衫未扎放整齐
不宜扣下扣　西裤未熨，皮鞋不洁
头发不洁　袖子不宜挽起

图2-20

① 衬衣穿着要领。作为制服重要组成部分的衬衣，领口保持平整，每次洗后都应熨平，衬衣的领型、领口不能太夸张；工作场合，衬衣下摆一定要放在西裤里面，袖口必须扣上；不可卷起。系领带时衬衣的第一粒纽扣必须扣上，不系领带时，则第一粒纽扣应打开（见图2-21）。西服内穿衬衣系领带时，衬衣领部一定为闭合状态，大小应是合领后可插入一个手指为宜，否则会给人留下不正式的感觉。任何款式的内衣均不能替代衬衣穿在西服里；不能将高领内衣露出衬衣领口；保持衬衣整洁。正式场合忌讳穿着短袖衬衫打领带。

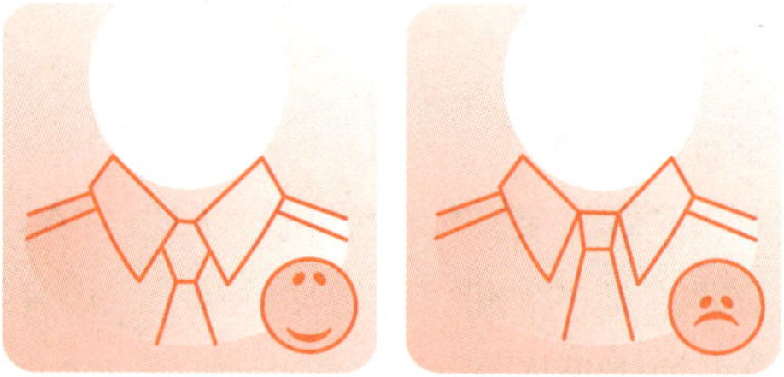

图 2-21　　　　　资料来源：徐晶.现代职场形象设计.北京：中信出版社，2007.

② 西服穿着必须合体。双排扣的西服一定要将扣子全扣上；西服的领子应紧贴衬衣并低于衬衣领子1 ~ 1.5厘米；西服的袖子以达到手腕为宜，不能太长，应比衬衣袖子短1 ~ 1.5厘米（见图2-22和图2-23）。以便于清洁，也体现了着装的层次感；衣长以垂下手时与虎口齐平为宜；胸围以穿一件羊毛衫松紧适宜为好。西服要平整洁净，西裤要烫出裤线。

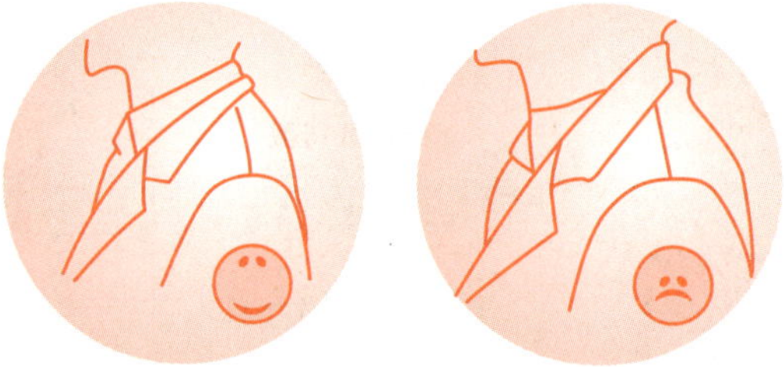

图 2-22　　　　　资料来源：徐晶.现代职场形象设计.北京：中信出版社，2007.

图 2-23　　　　　资料来源：徐晶.现代职场形象设计.北京：中信出版社，2007.

有些制服西装有两件套、三件套之分，正式场合应穿套装，内穿衬衣，系领带，衬衣下摆放入西裤内。衬衣以单色为宜，白色为首选。三件套的坎肩要贴身，室内可将西服上衣脱掉。西服内一般天冷可穿一件鸡心领羊毛衫，但不能过于臃肿而破坏线条美。穿鸡心领的羊毛衫打领带时应将领带放入羊毛衫内（见图2-24至图2-26）。

西服套装的三件套和两件套

标准元素：
单排扣、平驳领、鼠灰色，面料相同、颜色相同。

三件套西装　　两件套西装

资料来源：刘瑞璞.服装纸样设计原理与应用：男装编.北京：中国纺织出版社，2008.　　图2-24

三件套　　　　　　两件套

资料来源：刘瑞璞.服装纸样设计原理与应用：男装编.北京：中国纺织出版社，2008.　　图2-25

西服有单排扣和双排扣之分。双排扣西服一般要将扣子全部扣上；单排扣西服，三粒扣西服可只扣中间一粒，两粒扣西服只扣上面一粒或全部不扣。较正式的场合一般应全扣上或扣上面一粒，坐下时解开。

西服的衣兜功能也不可忽视。西服的外侧衣兜最好不要放物品，上面的衣兜宜放置口袋巾而不要插笔；西服的内兜是可以用来放物品的，但不要放体积过大的物品，最多也只能放些轻薄的东西。

③ 领带是西服的灵魂，其重要性仅次于一个人的面部。作为男性的经典

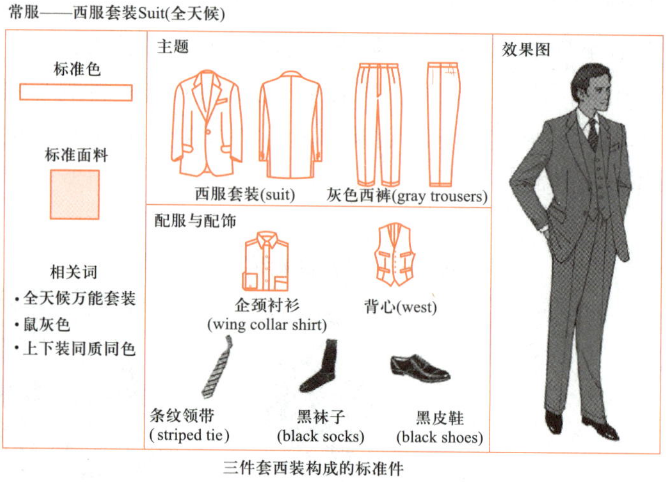

图2-26　　资料来源：刘瑞璞.服装纸样设计原理与应用：男装编.北京：中国纺织出版社，2008.

正装配饰，领带成了精英男士衣橱里出现频率最高的饰物。领带的选择很重要，领带的风格也被称为"男人的第一张名片"，因此，在正式场合穿西服应打领带。

小常识

了解常用领带结的种类

（1）亚伯特王子结，此类结适用于浪漫扣领及尖领系列衬衫，搭配浪漫、质料柔软的细款领带。

（2）四手结，也称单结，是所有领结中最容易上手的，适用于各种款式的浪漫系列衬衫及领带。

（3）浪漫结，这是一种完美的结型，故适合用于各种浪漫系列的领口及衬衫，完成后将领结下方之宽边压以皱褶可缩小其结型，窄边亦可将它往左右移动使其小部分出现于宽边领带旁。

（4）温莎结，此种结型因其宽度较一般结型宽，适合使用在意大利式领口（八字领）的浪漫系列衬衫，也最适合与浪漫细致的丝质领带相互搭配。

（5）简式结，称马车夫结，适用于质料较厚的领带，适合打在标准式及扣式领口之衬衫，是最常见的一种结型。

（6）十字结，也称半温莎结，此款结型十分优雅，打法亦较为简单些，十分适合本国人种的脸形。适合各种商务和社交场合。

　　从事证券、银行、保险等金融行业工作的人士应选择较正式的温莎结或半温莎结等领带结的打法（见图2-27），表现出严谨、缜密、有条理及可信任的感觉；打领带应注重细节，体现出男士的修养和风格。领带的长度应至皮带扣中间。穿坎肩时，领带不能露出坎肩下面边（见图2-28）。

平结　　半温莎结　　温莎结

普瑞特结　　肯特结

资料来源：徐晶.现代职场形象设计.北京：中信出版社，2007.　　图2-27

资料来源：徐晶.现代职场形象设计.北京：中信出版社，2007.　　图2-28

　　④ 与西服相配的鞋、袜。穿西服，一定要配皮鞋，黑色或深色的皮鞋使用较多，也较为普遍。款式以传统的系带式或围盖式为宜（见图2-29），皮鞋须保持清洁光亮，并注意检查皮鞋是否变形，浅色和太复杂或装饰过多的皮鞋不宜穿着。袜子的颜色尽量以深色为主，接近西裤的颜色为最佳选择。不宜穿短裤、浅色的袜子配西服，应选棉、麻、毛类的薄型线袜，而尼龙丝袜和多图案、多颜色、宽条纹或夸张图案花袜子以及白色的运动袜等都不宜配西服。

　　⑤ 皮带、皮包、手表及饰物的选择与搭配。男士穿着西裤时，一定要配西式皮带，颜色以黑色为主，与皮鞋及手包的质地和颜色一致；皮带扣以简洁、金属色为首选。手包要求简单、大方。如经济允许，选择品牌手表中造型简单、没有过多装饰的适当佩戴，而首饰则要减到最少，婚戒是男士唯一可

图 2-29　　　　　　　　　　资料来源：徐晶.现代职场形象设计.北京：中信出版社，2007.

佩戴的，且戒指以银白金属色和钻饰为佳。其他饰物一律不要出现在穿着西服时。

作为金融行业男士制服的职业着装及礼仪服装虽样式不多，但值得注意的东西很多。万变不离其宗，掌握穿着的规范，避免尴尬，从而塑造出稳重大方、整体协调、简单明快的金融行业成功男士的形象。

课程视频

（三）金融行业工作人员常用领带结型的系法操作流程

以半温莎结为例，操作流程如图 2-30 所示。

半温莎结-The Half-Windsor Knot

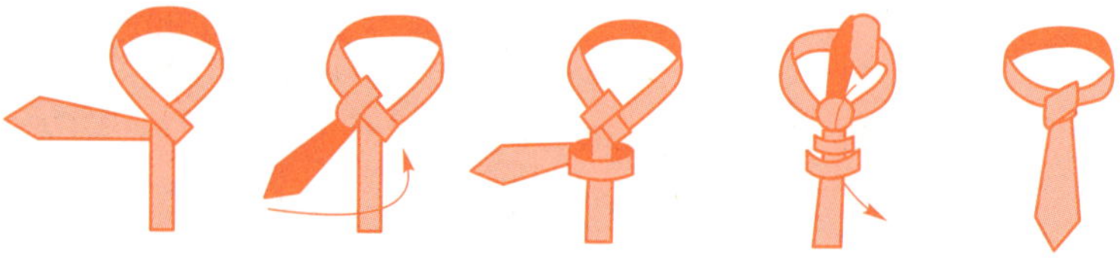

图 2-30

选择细款的领带，以备操作练习用。

步骤一：将领带绕在颈部，宽的一端（下面称宽端）在左，窄的一端（下面称窄端）在右。长度因人而异，宽端长于窄端约1/3。宽端在前，窄端在后，呈交叉状。拉住窄端，将宽端沿窄端绕到另一边；将宽端向内翻折。

步骤二：宽端从右边翻折出来之后，向上翻折。将宽端从颈圈上部向下穿过；宽端旋绕窄端一圈。

步骤三：拉紧，成结。将宽端向左翻折，成环。

步骤四：继续将宽端沿打结处绕到另一边，由内侧向领口三角形区域翻折，从颈圈下方向上穿过，拉紧、拉直，并打结，系紧。

步骤五：整理结型，将领带的宽端调整到合适长度，使之贴合衬衣领部，完成既简单又大方的半温莎结系法。

活 动设计2-4 模拟操作

学习掌握半温莎结的系法

以小组为单位，每个同学，尤其是男生，利用课上约20分钟的时间，进行金融行业男性工作人员职业着装中半温莎结的系法操作训练。

目标： 通过课堂的实训练习，掌握金融行业工作人员职业着装领带结中半温莎结的系法，能根据正确的操作流程进行操作。

任务： 针对所掌握的服饰礼仪知识和技能，根据金融行业工作人员的服饰礼仪的要求实际，进行金融行业工作人员职业着装领带结中半温莎结的系法操作训练。

要求：

（1）准备好练习用的领带，并选择有壁镜的专业形象设计实训室。

（2）分小组，模拟金融行业男性工作人员上岗前职业着装中系领带的操作。

（3）根据五步法进行半温莎领带结的具体系法操作练习，包括自我练习和两人一组为他人系领带练习。

（四）女士套装的穿着礼仪

在塑造金融行业女性工作人员的形象方面，套裙起着至关重要的作用。在金融行业中，女性制服几乎均以职业套装示人。套装分为裙装和裤装，裤装的隆重程度一般不如裙装。因此，一般正式场合和较重要的社交场合，职业女性应该穿着裙装。

1. 女士套裙穿着前的准备

清洗、熨烫衬衣、套裙，配以肉色丝袜，擦亮中跟黑色皮鞋，选择得体的饰物。

2. 女士套裙穿着的步骤

步骤一：选定合适得体的套裙。

套裙，是西装套裙的简称。其上身为一件女式西装，下身是一条半截式的裙子（见图2-31）。

一般金融行业女性工作人员穿着的套裙，大致可分为两种基本类型：一种是用女式西装上衣同一条长及膝盖的裙子所进行的自由搭配与组合，叫随意型。另一种是女式西装上衣与之穿着的裙子为成套设计、制作而成

图2-31

的成套型或标准型套裙。

金融行业女性工作人员处于职业环境中在选择套裙时需要兼顾以下七个基本问题：

（1）面料应选择纯天然、质地上乘的纯毛、毛麻等面料。

（2）色彩以冷色调为主，如中灰色、藏青色等给人以沉稳、干练的感觉。

（3）图案应朴素而简洁，一般以隐格、窄条纹为宜。

（4）点缀应少而精，不宜添加过多的装饰。

（5）尺寸的长短与宽窄，在选择套裙时应特别注意，金融行业女性职业套装的裙子长度以在膝盖上下为宜，但上下长度偏差不要超过15厘米，而衣长最短的限度为在手臂高举时不能露出裙腰，套装上衣和裙子的大小以合体为宜。

（6）版型，整体造型以H形为最正式。

（7）套裙的款式变化，主要体现在领型、纽扣和裙型上，并无严格的规定，也没有男士西装那样多的规矩。但以下一些细节还是必须注意和严格遵守的。

金融行业的女性套裙穿着应注意：大小适度、穿着到位、场合适应、妆饰协调、举止兼顾；内衣必须穿且不宜外穿，不准外露、外透；鞋袜大小应相宜且完好无损，鞋袜不可当众脱下，袜子不可随意乱穿，袜口不可暴露于外；面料较薄、颜色较浅的套装，上衣和裙子都要加同色衬里，否则会有失稳重。

步骤二：选择和正确穿着与套裙相搭配的鞋、袜。

皮鞋和丝袜是金融行业女性套装的最佳搭配，套裙有相应的穿着规矩。在重要场合，穿套装、套裙时要穿制式皮鞋，即黑色高跟、半高跟船形皮鞋，黑或咖啡色皮鞋是职业套装的最佳搭配，要求亮而无污。在工作场合，鞋跟不能太高，也不能太细。在正式场合，不能穿凉鞋或露趾鞋，如穿裙装应内穿肉色长筒袜或连裤袜；不宜穿短袜和有破损的袜子；穿着裙装时不能不穿袜子和当众整理袜子，切记与套裙搭配时不宜穿着厚袜子和有图案花型的袜子。

作为金融行业的职场女性，着装应遵循职业化、女性化、以职位标准选择服装的基本原则，讲究整洁平整，色彩搭配，选择与服装相宜的饰品，发挥穿衣这一"形象工程"的效果，塑造简约、素雅、端庄的职业女性形象，有利于自身的发展。

步骤三：选择和佩戴合适的饰物。

金融行业职场人士饰物佩戴遵循以少为佳、搭配协调的原则。在工作环境中，身上佩戴的饰物越少越好，并兼顾色彩和款式的协调。

（五）金融行业工作场所的"四不准""六不露"原则

金融行业工作人员的职场着装应遵循"四不准""六不露"原则。

1. "四不准"原则

用色不准过分杂乱，全身颜色不多于三种；颜色不准过分鲜艳；尺寸不准过分短小紧身；厚薄不准过分透视，重要场合注意内衣不能透过外衣被看到。

2. "六不露"原则

正式场合不准过分暴露，也即不暴露胸部、不暴露肩部、不暴露腰部、不暴露背部、不暴露脚趾、不暴露脚跟。因为身体暴露的部位过多，不光有失自己的身份，也失敬于他人，使他人多有不便。

三、金融行业工作人员商务活动、社交场合的服饰礼仪

金融行业工作人员在一线工作或拜访客户、参加商务洽谈等进行商务活动时，应选择较正式的职业着装，男士以适合自己身份的深色西服套装为首选，并系领带，偶尔允许穿短袖或T恤衫；女性以着端庄淡雅的职业套裙较为适宜，并有领有袖。但颜色和款式都应当以庄重、严谨为主，切忌花哨、前卫。

社交场合指的是金融行业工作人员工作之余的交往、应酬的时间和场合，如参加宴会、舞会、音乐会、鸡尾酒会等。

（一）出席小型舞会的着装要求

金融行业工作人员若是参加亲朋好友在家里举办的小型生日派对等活动，应选择与舞会氛围相一致的服装，女士最好穿便于舞动的裙装或旗袍，搭配色彩协调的高跟皮鞋。而男士，一定要头发干净，衣着整洁。对于一般的舞会，男士可以穿深色西装；如果是夏季，可以穿淡色的衬衣；若是打领带，最好穿长袖衬衣。

（二）出席大型舞会的着装要求

金融行业工作人员如果应邀参加的是大型正规的舞会，或者有外宾参加，这时的请柬会注明：请着礼服。接到这样的请柬一定要提早做准备，女士的礼服在正式的场合要穿晚礼服。晚礼服源自法国，法语是"袒胸露背"的意思。有条件经常参加盛大晚会的金融行业女性工作人员应该准备晚礼服，偶尔用一次的可以向婚纱店租借。近年也有穿由旗袍改良的晚礼服，既有中国的民族特色，又端庄典雅，适合中国女性的气质。但需须注意以下细节：

（1）小手袋是晚礼服的必需配饰。小手袋的装饰作用非常重要，缎子或丝绸做的小手袋必不可少。

（2）晚礼服一定要佩戴首饰。露肤的晚礼服一定要佩戴成套的首饰：项链、耳环、手镯。晚礼服是盛装，因此最好佩戴贵重的珠宝首饰，在灯光的照

耀下，珠宝首饰的光闪会为你增添光彩。

（3）金融行业男性工作人员的礼服一般是黑色的燕尾服，黑色的漆皮鞋。正式的场合也需戴白色的手套。

（三）出席音乐会的着装要求

金融行业工作人员如到高雅剧院观看演出，同样需要有恰当的服饰来搭配高雅、华丽的艺术氛围。观看演出时，也应选择相对正式的衣着，牛仔裤、短裤、拖鞋、背心等装扮对于大剧院来说，就显得格格不入了。

出席音乐会或演出，金融行业男性工作人员着装比较容易把握。一套深色的西装或燕尾服外加领带或领结、一双擦亮整洁的深色皮鞋，加之彬彬有礼的举止，是男士在隆重场合永恒的主题。而金融行业女性工作人员在出席音乐会时的穿着则具有很大的可变性。一般来说，一身合体的晚礼服加上优雅的举止，即使在舞台下，也可以让你成为众人瞩目的焦点。

小常识

常用首饰佩戴的习俗

● 戒指。戒指是首饰中最明确的爱情信物，成为世界各国男女的一种装饰品。它之所以能为世人特别是为广大女性所喜爱，是由于它象征着友谊、爱情和幸福。同时戒指的佩戴是一种无声的语言，暗示佩戴者的婚姻情况和择偶状况。例如，把戒指戴在食指上，表示无偶或求婚（另一说是守寡之意）；戴在中指上，表示已有意中人，正处在恋爱之中；戴在无名指上，表示已订婚或已结婚；戴在小指上，则暗示自己是一位独身者。人们把结婚戒指戴在左手的无名指上，是延续了古罗马人的传说，即左手无名指上有一条静脉血管直通心脏，把结婚戒指戴在左手的无名指上就可以获得真挚、永恒的爱情。许多国家男女结婚举行婚礼时，新郎新娘互赠戒指几乎成为一项不可缺少的仪式。

● 耳环与项链。耳环、项链也是女性的主要饰品之一，是平安、富贵的象征，佩戴时应与自己的年龄、体型及服装相协调和呼应，注重适当的款式和色彩。一般耳环与项链的款式和颜色的选择应遵循与脸形、颈形、肤色"反其道而行之"的原则，并兼顾质地，应与年龄、身份和所穿着的服装相协调。

● 手镯（手链）。佩戴手镯或手链也是有讲究的。一只手臂上，只能戴一件饰品。左臂或左右两臂同时戴，表示已结婚；仅戴在右臂上，表示佩戴者是自由不羁的人。另外，佩戴手镯或手链时不应同时戴手表。一般在穿着职业套装时不应佩戴手镯或手链。

知识巩固

一、单选题

1. 穿西服套裙时，应（　　）。
   A. 穿短袜
   B. 穿彩色丝袜
   C. 光腿
   D. 穿肉色长筒丝袜

习题库

2. 领带的下端应（　　）。
   A. 在皮带上缘处
   B. 在皮带上下缘之间
   C. 在皮带下缘处
   D. 比皮带下缘略长一点

3. 套裙的裙长以不短于膝盖（　　）为限。
   A. 5厘米
   B. 10厘米
   C. 15厘米
   D. 20厘米

4. 男士应养成（　　）修面剃须的好习惯。
   A. 每天
   B. 每1～2天
   C. 每2～3天

5. 在正式场合，女士不化妆会被认为是不礼貌的，要是活动时间长了，应适当补妆，但在（　　）不能补妆。
   A. 办公室
   B. 洗手间
   C. 公共场所

二、多选题

1. 穿西装的三大重要规则为（　　）。
   A. 三色原则
   B. 三大场合
   C. 三一定律
   D. 三个错误不能犯

2. 仪表对人的形象规划的作用包括（　　）。
   A. 自我标志
   B. 修饰弥补
   C. 包装外表形象
   D. 表明审美情趣
   E. 表明内在形象

3. （　　）为大学生应掌握的服饰礼仪的基本规则，它们被统称为"着装四应"。
   A. 应时
   B. 应事
   C. 应己
   D. 应制
   E. 应需

4. 给人留下良好的第一印象的方法和途径包括（ 　　　　 ）。

　　A. 面带真诚地微笑 　　　　　　 B. 穿着整洁、得体

　　C. 讲究谈话的艺术 　　　　　　 D. 举止优雅

　　E. 保持良好的气质

5. "三点一线"眉毛比例是指下列选项中的（ 　　　　 ）构成一垂直直线。

　　A. 眉毛 　　　　　　 B. 内眼角

　　C. 外眼角 　　　　　　 D. 鼻翼

三、简答题

1. 什么是化妆的"三要素"？

2. 为什么说"你永远没有第二次机会给人留下美好的第一印象"？

3. 男士西服、女士套装（裙）的穿着有何礼仪规范？

专业能力训练

综合实训

实训题一

由 4 ~ 6 名同学组成一个学习团队，运用本章课程所学的仪容修饰礼仪知识完成以下两项技能训练任务。

任务一

如果你是某银行的一名女性临柜工作人员，平时上班时需要进行适当的仪容修饰、化职业淡妆上岗，以示对客户的尊重。在仪容修饰时应注意哪些方面？如何进行？讨论分析后形成操作流程并撰写实训报告。

任务二

请分析下列做法是否正确，并加以纠正。

（1）时尚的波浪形长发披肩。

（2）涂着鲜艳的红色指甲油。

（3）戴着长长的假睫毛。

（4）画着蓝色的眼线和紫色的珠光眼影。

（5）为了提亮脸上的气色，用了大红的口红。

实训题二

由 2 ~ 4 名同学组成一个学习团队，运用本章课程所学的仪表服饰礼仪知识完成以下两项技能训练任务。

任务一

假如你是一名某保险公司的客户经理（男性），需经常拜访和接待客户，穿着西服的场合自然较多。而西服的规范穿着很重要，直接影响着你与客户交往的效果。在穿着西服时，重点应考虑哪几个方面的问题？讨论分析后形成提纲并撰写实训报告。

任务二

请评析下列有关西服穿着的行为是否得体，并加以纠正。

（1）衬衫放在西裤外。

（2）领带花型卡通。

（3）西服的上衣袋内鼓鼓囊囊。

（4）三粒扣的西服，只扣最上面一粒。

（5）上着灰色西服套装，脚配白色皮鞋、肉色丝袜。

专业能力考核（自评）

一、专业能力自评

专业能力自评表

	能/否	任务名称
通过学习本章，你		了解金融行业工作人员的仪表礼仪的修饰要求
		根据金融行业职业女性仪容修饰的原则，进行女性职业淡妆的操作，学会男士领带半温莎结的系法
		树立起着装遵循TPO原则的意识
通过学习本章，你还		

注："能/否"栏填"能"或"否"。

二、核心能力自评

核心能力自评表

	核心能力	是否提高
通过学习本章，你的	信息获取能力	
	口头表达能力	

	核心能力	是否提高
通过学习本章，你的	书面表达能力	
	与人沟通能力	
	解决问题能力	
	团队合作精神	
通过学习本章，你的		
自评人（签名）：　　年　月　日		教师（签名）：　　年　月　日

注："是否提高"一栏可填写"明显提高""有所提高""没有提高"。

【关键职业概念】

1. 具有金融行业工作人员仪态礼仪规范的意识。

2. 了解金融行业工作人员仪态礼仪的基础知识。

3. 掌握金融行业工作人员仪态的要求和原则。

通过本章学习，应达到以下目标：

● 知识目标：

1. 知晓金融行业工作人员仪态礼仪的基本知识与要领。

2. 明确金融行业工作人员的仪态礼仪的重要性，增强礼仪运用的自觉性。

【学习目标】

3. 能用所学知识指导自身仪态得体的相关认知活动。

● 技能目标：

1. 能根据金融行业对员工站姿、走姿、坐姿、蹲姿及手势等的基本要求，调整自己的仪态。

2. 学会自然得体地微笑。

3. 学会优雅得体地表达、运用仪态礼仪。

【内容结构】

```
                                                    ┌─────────────────┐
                                              ┌─────│      站姿        │
                                              │     └─────────────────┘
                          ┌──────────────────┐│     ┌─────────────────┐
                          │ 金融行业工作人员的正确 ├┼─────│      坐姿        │
                          │ 站姿、坐姿、走姿及蹲姿  │     └─────────────────┘
                          └──────────────────┘│     ┌─────────────────┐
                                              └─────│    走姿与蹲姿     │
                                                    └─────────────────┘
    ┌─────────┐                                     ┌─────────────────┐
    │ 金       │           ┌──────────────────┐┌─────│    目光与眼神     │
    │ 融       │           │ 金融行业工作人员的表 ├┤     └─────────────────┘
    │ 行       │           │ 情礼仪           │└─────│      微笑        │
    │ 业───────┤           └──────────────────┘     └─────────────────┘
    │ 工       │
    │ 作       │           ┌──────────────────┐     ┌─────────────────┐
    │ 人       │           │ 金融行业工作人员服务过 ├─────│    手势的作用     │
    │ 员       │           │ 程中的手势        │     └─────────────────┘
    │ 的       └───────────┤                  │     ┌─────────────────┐
    │ 仪                   └──────────────────┘─────│  常见手势的表达与运用 │
    │ 态                                           └─────────────────┘
    │ 礼                   
    │ 仪       
    └─────────┘
```

【学习内容】

引例

职业仪态展示职业素质

　　林洁是一家上市公司的财务经理，一天中午她去了单位附近一家商业银行办理个人转账汇款业务。

　　可能由于是午休时间，银行只开了两个对私业务的窗口，暂时都没有顾客在办理业务。林洁看了一下，1号窗口是位女员工，正偷偷地对着镜子擦拭着自己的嘴，估计是刚吃过午饭，林洁不好意思上前打扰。来到2号窗口，她看到一位男员工，正叉着腿靠在工作椅上左右旋转，同时还不时扭动着脖子，貌似在做颈部运动。林洁过去说了句："您好，我想办理转账汇款业务。"没料到那位男性员工停止了转动，头也没抬，只是把手一伸说："身份证、银行卡。"林洁拿出了自己的身份证和银行卡……整个过程中，林洁注意到，这位男性员工几乎没有抬头看过她一眼。匆匆办理完手续后，林洁想：难怪最近部门里的出纳从银行回来之后总是满嘴的抱怨，以后公司的各项资金还是尽少在这里经过吧。每天看着这样的柜员，心情也不会好啊。

　　问题： 在引例中，你是否从这家银行的柜员身上领悟出职业仪态的重要性？那么，金融服务礼仪中的职业仪态又包括了哪些内容？其基本训练流程是怎么样的？通过本章的学习，可以解决以上问题。

　　分析提示： 仪态是指人在行为中的姿势和风度。姿势是指身体所呈现的样子；风度则属于内在气质的外化。所以，这些外部的表现就是他内在品质、知识、能力等的真实流露。

第一节　金融行业工作人员的正确站姿、坐姿、走姿及蹲姿

金融行业员工仪态礼仪（综合展示）

一、掌握基本站姿与站姿变化

在中华民族的礼仪要求中，"站有站相""站如松"是对一个人礼仪修养的基本要求。由于性别的不同，男女站姿的美感是不同的：女性应是亭亭玉立，文静优雅；男性应是刚劲挺拔，气宇轩昂。

（一）标准站姿

标准站姿应是端正、庄重且具有稳定性。站立时，从正面看，应以鼻为点向地面做垂直线，人体在垂直线两侧对称，表情自然明朗。

具体要求：全身笔直，精神饱满，两眼平视前方（而不是斜视），面带微笑，两肩平齐，两臂自然下垂，两脚跟并拢，两脚尖张开45°~60°，呈V字形，身体重心落于两腿正中（见图3-1）；从侧面看，两眼平视，下颌微收，挺胸收腹，腰背挺直，中指贴裤缝，整个身体庄重挺拔（见图3-2）。

图3-1

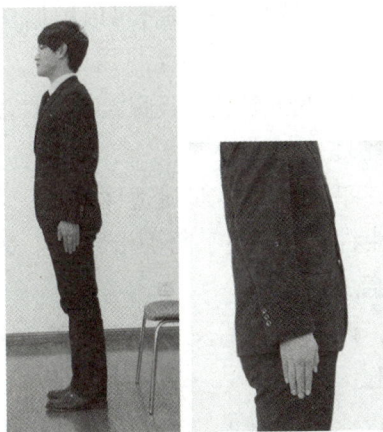
图3-2

男性员工在站立时，要注意表现出男性刚健、潇洒、英武、强壮的风采，力求给人一种壮美感。具体来讲，在站立时，金融行业男性员工在服务时较多采用后背式站姿，其要领是双脚稍分开，两脚平行，双脚间距离比肩宽稍窄些，双手轻握放于后背腰处（见图3-3）。

女性员工在工作中站立时，则要注意表现出女性轻盈、妩媚、娴静、典雅的韵味，要努力给人以一种"静"的优美感。具体来讲，在站立时，女性员工可以采用将双手相握或右手在前左手在后双手叠放于腹前，双脚可以呈小八字步或丁字步的前腹式或丁字式站姿（见图3-4）。

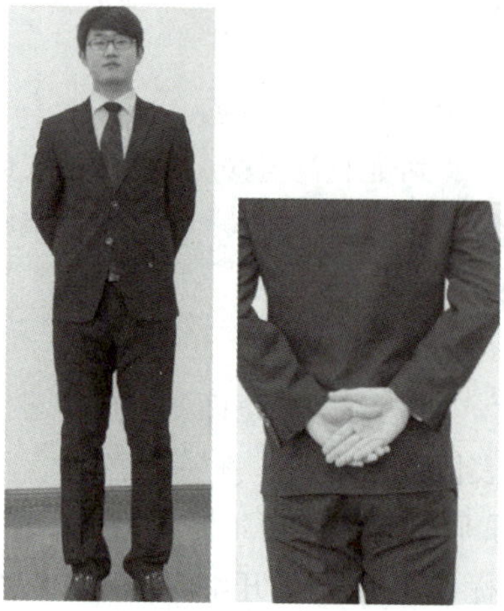

图 3-3 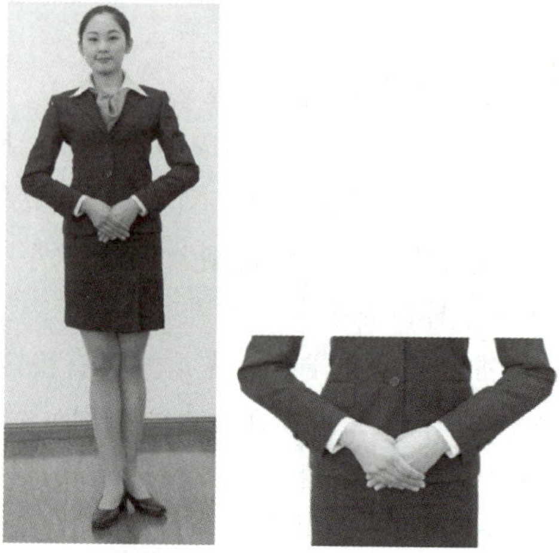   图 3-4

（二）几种变化站姿

金融行业工作人员在工作场合可以根据自身条件选择以下站姿：

1. 正站姿

双腿微微分开，挺胸抬头，收腹立腰，双臂自然下垂，下颌微收，双目平视。

2. 服务式站姿

挺胸直立，平视前方，双腿适度并拢，双手在腹前交叉，男性左手握住右手腕部，女性右手握住左手的手指部分。双腿均匀用力。

3. 双手背后式站姿

挺胸收腹，两手在身后交叉，右手搭在左手腕部，两手心向上收。此站姿多适用于男士。

作为金融行业工作人员，由于男女性别的差异，站姿的美也有一定的差异性，主要表现在其手位与脚位有时会存在一些不同。

小 常识

资料

不同的站姿所反映的心理特征也是不同的

心理学测定得出：双腿并拢站立者，给人的印象是可靠、意识健全、脚踏实地而且忠厚老实，但表面上有时显得有点冷漠；两腿分开尺余，脚尖略朝外的站姿，表现出站立者果断、任性，富有进取心，不装腔作势；双腿并拢站，一脚稍后，两脚平置地面，则体现出站立者有雄心，性格暴躁，是个积极进取、极富有冒险精神的人；站立时一脚直立，另一脚则弯置其后，以脚尖触地，则说明站立者情绪非常不稳定，变化多端，喜欢刺激与挑战。

（三）金融行业工作人员应避免的不良站姿

不良的站姿，也就是金融行业工作人员在工作岗位上不应当出现的站立姿势。它们或不雅，或缺乏敬人之意，金融行业工作人员若是任其自然，不加以克服，往往会无意中使本人形象和组织形象受损，使交流受阻、服务质量下降。不良站姿大致有如下八种：

1. 身躯歪斜

金融行业工作人员在站立时，若是身躯出现明显的歪斜，如头偏、肩斜、身歪、腿曲，不但会看上去东倒西歪，而且会令人觉得该员工颓废消沉、萎靡不振、自由放纵。

2. 弯腰驼背

除去腰部弯曲、背部弓起之外，它大都还会同时伴有颈部弯缩、胸部凹陷、腹部挺出、臀部撅起等一些其他的不良体态。凡此种种，显得一个人缺乏锻炼、健康不佳、无精打采，往往对个人形象的损害会更大。

3. 趴伏倚靠

在工作岗位上，在站立之际，随随便便地趴在一个地方，伏在某处左顾右盼，倚着墙壁、货架而立，靠在桌柜边上，或者前趴而后靠，都是不被许可的站姿。

4. 双腿大开

不管是采取规范的站姿，还是采取变化的站姿，金融行业工作人员均应切记：自己双腿在站立时分开的幅度不宜太大。尤其是女性员工在穿着裙装服务时，双腿应尽量并拢，否则有不雅之感。而男士即使是将其分开，通常也要注意双腿分开距离不宽于本人的双肩宽度，使自己的站姿富有美感。

5. 脚位不当

金融行业工作人员在工作岗位上站立时，在正常的情况下，双脚在站立之时呈现出V字式、丁字式、平行式等脚位，通常都是允许的。但是，采用内八字式、蹬踏式等脚位，则是不允许的。

6. 手位不当

在站立时，金融行业服务人员的手位如果不当，同样也会破坏站姿的整体效果。不当的手位在站立时主要有：一是将手放在衣服的口袋内；二是将双手抱在胸前；三是将两手抱在脑后；四是将双肘支于某处；五是将两手托住下巴；六是手持私人物品。

7. 半坐半立

在工作岗位上，金融行业工作人员必须严守自己的岗位规范，该站就站，该坐就坐，而绝对不允许在需要自己站立之时，为了贪图安逸，而擅自采取半坐半立之姿。

8. 浑身乱动

在站立时，是允许略作体位变动的。但不宜在站立时频繁地变动体位，甚至浑身上下乱动不止。手臂挥来挥去，身躯扭来扭去，腿脚抖来抖去，都会使一个人的站姿变得十分难看而有失稳重。

小 常识

资料

矫正不良站姿的途径与方法

仪态是人们在成长过程和生活环境中长期形成的，具有习惯性的特点，而且一旦形成就很难改变，重视培养良好的习惯非常重要。而仪态的基础是站姿，良好的站姿可以使自己的仪态举止更为优雅。

通过科学、积极和循序渐进的方式加强良好仪态的方法有：

（1）采用靠墙站立练习和两人一组练习方式，进行站立动作的持久性和稳定性练习。

① 靠墙站立练习要求：脚跟、小腿、臀部、双肩、后脑勺都紧贴墙，每次坚持15～20分钟，练习站立动作的稳定性。

② 两人一组练习要求：背靠背，双方的臀部、肩背、后脑勺为接触点，每次坚持15～20分钟，练习站立动作的稳定性。

（2）面对训练镜的练习是站姿的综合性训练，要求在正确的站姿基础上，结合脸部表情练习（重点是微笑），通过训练镜完善整体站姿的形象。在练习过程中，要注意肌肉张弛的协调性，强调动作挺胸立腰，呼吸自然均衡，面带微笑。同时注意站立时要以标准的站姿的形体感觉为基础，进行整体规范动作训练。

在不良站姿的矫正过程中，注意站立时保持身体挺拔，首先是身体肌肉做到既紧张又放松，如头顶上悬、肩下沉、腹肌与臀肌形成夹力，髋上提，脚趾抓地等协调配合。

同 步思考3-1

情境导入： 张涛和李洁是某金融机构的大堂经理和理财顾问，经常会在大堂站立为客人提供业务指导及咨询服务。

问题： 对比金融行业女性与男性工作人员，因性别差异，他们在站姿上所展现的手位与脚位应该有哪些不同？

分析提示：作为金融行业的工作人员，对于站姿有一定的要求。同时基于性别的差异，对男女站姿的要求也是不同。男士以开放大气为美，女士以端庄矜持为美。

同步案例3-1

注意您的站姿

汪明是某银行行政部的一名工作人员。刚来公司上班时，因为外在形象好，又有一定的口头表达能力，汪明对自己信心十足。工作第一天，在和其他新来的职员站在一起集队时，他表现出一种优越的姿态：一只手插在裤袋里，双脚叉开，一只脚随意乱动，眼睛四处扫视。结果，工作的第一天汪明就在大庭广众之下受到部门经理的严厉批评。

问题：请指出汪明受到批评的原因。

分析提示：考虑所处环境，从银行工作人员应有的站姿的角度来回答。

案例
注意您的站姿

二、掌握基本坐姿与坐姿变化

坐姿是金融服务工作中最重要的姿势和举止。端庄优美的坐姿，会赋予人文雅、稳重、自然大方的美感。良好的坐姿给人以优雅、庄重的印象。

（一）标准坐姿

坐姿是可以变化的，但原则是要端坐，腰立直，头、上体与四肢协调配合。这样，各种坐姿都会是优美自然的。男女因性别的不同，坐姿也是有所区别的，在正式场合男士应保持"坐如钟"的姿势，给人一种四平八稳的感觉。而女士的坐姿时时注意阴柔之美，就座时要缓而轻，如清风徐来，给人以美感。

女性坐姿的基本要求：大腿、小腿并拢、伸直。如女性着裙装，应养成习惯在就座前从后面抚顺一下再坐下。

男性坐姿的基本要求：双腿之间可适度留有间隙。双腿自然弯曲，两脚平落地面，不宜前伸。在日常交往场合，男性可以跷腿，但不可跷得过高或抖动（见图3-5）。

坐姿还包括入座、离座等过程。

1. 金融行业工作人员入座的要求

入座，又叫就座。金融行业工作人员在入座时的基本要求有8个：

（1）在他人之后入座。出于礼貌，在他人之后入座，或与对方同时入座，而对方又是自己的客户时，一定要先请对方入座，切勿抢先入座。

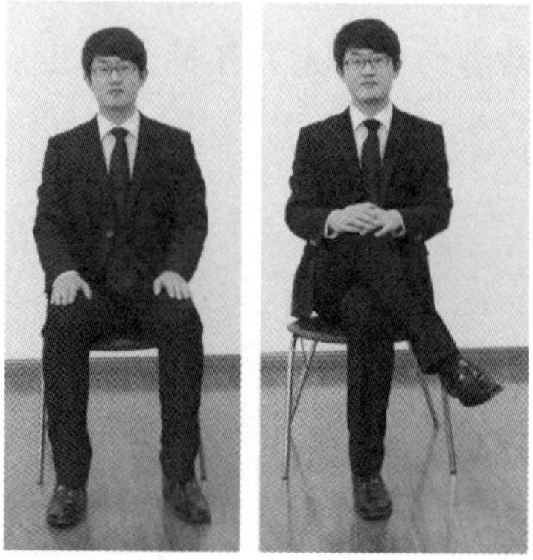

图 3-5

（2）在适当之处就座。在大庭广众之处就座时，一定要坐在椅、凳等常规的位置。要是坐在桌子上、窗台上、地板上，往往是失礼的。

（3）在合"礼"之处就座。与他人同时就座时，应当注意座位的尊卑，并且主动将上座让于人。

（4）从座位左侧就座。条件假若允许，在就座时最好从座椅的左侧接近它。这样做，是一种礼貌，而且易于就座。

（5）向周围之人致意。在就座时，若附近坐着熟人，应主动跟对方打招呼。若身边的人不认识，亦应向其先点点头。在公共场合，要想坐在别人身旁，则还须先征得对方首肯。

（6）悄无声息地就座。就座时，要减慢速度，放松动作，尽量不要坐得座椅乱响，噪声扰人。

（7）以背部接近座椅。在他人面前就座，最好背对着自己的座椅，这样就不至于背对着对方。得体的做法是：先侧身走近座椅，背对其站立，右腿后退一点，以小腿确认一下座椅的位置，然后随势坐下。必要时，可以一只手扶座椅的把手。

（8）坐下后调整体位。为使自己坐得舒适，可在坐下之后调整一下体位或整理一下衣服。但是这一动作不可与就座同时进行。

2. 金融行业工作人员离座的要求

（1）先有表示。离开座椅时，身旁如有人在座，须以语言或动作向其先示意，随后方可站起身来。一蹦而起，有时会令人受到惊扰。

（2）注意先后。与他人同时离座，须注意起身的先后次序。地位低于对方时，应稍后离座。地位高于对方时，则可首先离座。双方身份相似时，才允许同时起身离座。

（3）起身缓慢。起身离座时，最好动作轻缓，无声无息，尤其要避免"拖泥带水"，弄响座椅，或将椅垫、椅罩弄得掉在地上。

（4）站好再走。离开座椅后，先要采用"基本的站姿"。站定之后，方可离去。要是起身便跑，或是离座与走开同时进行，则会显得自己过于匆忙。

（5）从左离开。有可能时，起身离座后，宜从左侧离去。与左入一样，左出也是一种礼节（见图3-6）。

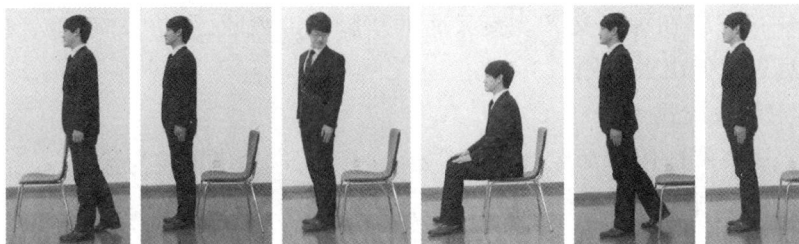

图3-6

（二）常见的几种变化坐姿及要领

1. 正坐式

这是最传统意义上的坐姿，适用于大部分的场合尤其是正规场合。

要领：上身与大腿、大腿与小腿、小腿与地面，都应当成直角。双膝双脚适度并拢（见图3-7）。

2. 大腿叠放式

这是常用的一种坐姿，但须注意的是女性着短裙不宜采用这种姿势。

要领：两条腿在大腿部分叠放在一起，位于下方的一条腿垂直于地面，脚掌着地，位于上方的另一条腿的小腿适当向内收，同时脚尖向下。

3. 双腿斜放式

此坐姿适用于女性。

要领：双腿完全并拢，然后双脚向左或向右斜放，斜放后的腿部与地面约成45°夹角（见图3-8）。

图3-7　　　　　　　　图3-8

4. 前伸后屈式

这也是男女均可采用的一种坐姿。

要领：双腿适度并拢，一腿向前伸出，另一腿向后收，两脚脚掌着地。

5. 双脚交叉式

这也是常用的一种坐姿。

要领：双脚在踝部交叉。交叉后的双脚可以内收，也可以斜放，但不宜向前方远远直伸出去（见图3-9）。

6. 双腿叠放式

此坐姿一般适用于女性。女士着裙装时采用这种坐姿较为优雅。

要领：双腿一上一下交叠在一起，两腿之间没有间隙，双腿或斜放于左侧或斜放于右侧，腿部与地面约成45°夹角，叠放在上面的脚尖垂向地面（见图3-10）。

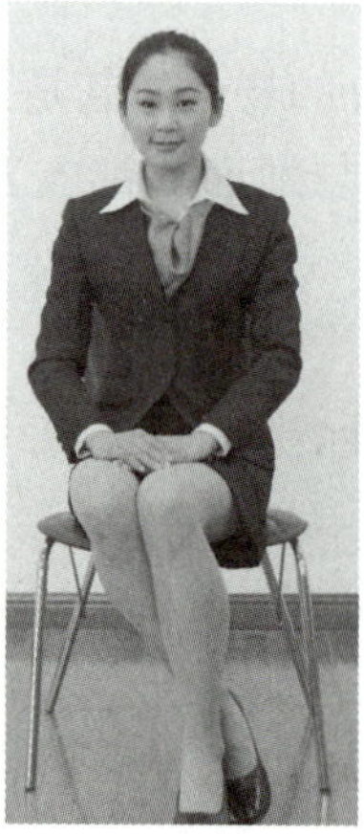

图3-9 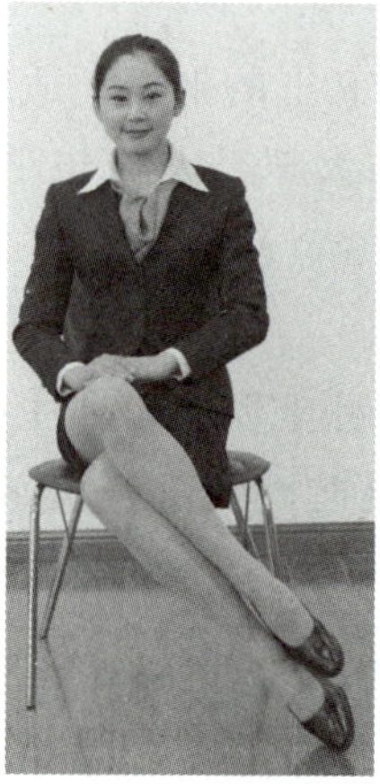   图3-10

小 常识

资料

不同的坐姿反映不同的心理特征

心理卫生专家认为：坐时跷起一条腿的人显示出他相当自信，但个性懒散，任何私人问题或烦恼都不能使之困扰，信心形之于外；坐时双腿并拢，双脚平放地上的人则表现出坦率、开放和诚实的特征，具有洁癖和守时的习惯，喜欢有规律的生活，按照时间表行事会觉得比较自在；坐时双腿前伸，双腿在踝部交叉，则反映出坐者希望成为中心人物，比较保守，凡事喜欢求稳；坐时一脚盘在另一脚下，则显示个性独特，凡事漠不关心，无责任感，喜欢受人注目，有创新力，作风拘于传统；坐时两膝并拢，两脚分开大半尺，则说明坐者对周围事物非常敏感，观察细致，深谙人情世故，能体贴别人，也能原谅别人，多愁善感；坐时双脚在膝部交叉，一脚钩在另一脚后，则显示出逗人喜爱，非常有人缘，个性好静，容易与别人相处，不善夸耀或虚饰。还有坐下后摸下巴的人，往往情绪不安，猜疑心较重；坐下来就不断抓头发的人，性子较急，喜欢速战速决，容易见异思迁；坐下后喜欢由下往上摸额的人，能言善辩，说服力强。了解这些由无声语言"坐姿"所传递出的不同信息，将给我们带来不同的影响。

金融行业工作人员掌握坐姿所传递出的不同信息，有助于控制自己的不良举止和了解服务对象的心理状态。

（三）金融行业工作人员应避免的不良坐姿

就座时，一定要遵守律己敬人的基本规定，应避免以下几种不良坐姿。

1. 双腿叉开过大

面对客户时，双腿如果开叉过大，不论是大腿叉开还是小腿叉开，都极其不雅（见图3-11）。

2. 架腿方式欠妥

坐后将一条小腿架在另一条大腿上，两者之间还留出大大的空隙，成为所谓的"架二郎腿"，就显得有些过于放肆了（见图3-12）。

图3-11

图3-12

3. 双腿直伸出去

坐下后，不宜将双腿直挺挺地伸向前方。那样做不仅可能有碍于人，而且有碍观瞻。身前若有桌子，双腿尽量不要伸到外面来。

4. 将腿放在桌椅上

金融行业工作人员在工作岗位上要是这样做了，会给人留下极为不佳的印象。把一条腿或双腿盘上本人所坐的座椅上，亦为不当的坐姿。

5. 腿部抖动、摇晃

坐在别人面前，反反复复地抖动或摇晃自己的腿部，不仅会令他人心烦意乱，而且会给人以极不安稳的印象。

6. 将手夹在腿间

个别人坐下来之后，往往将双手夹在两腿之间，这一动作会令其显得胆怯或害羞。

小 常识

资料

优雅坐姿的训练与注意事项

1. 背对训练镜，练习入座前的动作

入座时，走到座位前面再转身，转身后右脚向后退半步，然后轻稳地落座。动作要求轻盈舒缓，从容自如。

2. 面对训练镜，练习入座前的动作

以站在座位的左侧为例，先左脚向前，迈出一步，右脚跟上并向右侧一步到座位前，左腿并右腿，接着右脚向后退半步，轻稳落座；入座后右腿并左腿成端坐，双手虎口处交叉，右手在上，轻放在一侧的大腿上。

3. 练习入座后的端坐姿势

要求在保持正确坐姿的基础上，配合面部表情，练习坐姿的直立感、稳定性等综合表现（男女各按要求练习）。

4. 坐姿腿部的造型训练

在上身姿势正确的基础上，练习腿部的造型，强调女性双膝不能分开，可以用一张小纸片夹在双膝间，做到起坐时不掉下。男士练习两腿开合动作；女士练习平行步、丁字步、小叠步的动作。要求动作变换轻、快、稳，给人以端庄大方、舒适自然之感。

5. 离座动作训练

离座起立时，右腿先向后退半步，然后上体直立站起，收右腿。从左侧还原到入座前的位置。

同 步案例3-2

金融服务行业的坐姿礼仪

程玲是某证券投资公司的一名员工，她的工作职责是在大堂矮柜为客户办理证券的一些网上业务。有一天，当有客户进来的时候，程玲还坐在她的旋转椅子上左摇右晃，加之办理业务的过程中网络出现故障，程玲依旧是斜坐在椅子上一副漫不经心的样子。所以引起了客户的极度不满，客户与程玲产生了矛盾并将其投诉。

问题：客户为什么要投诉程玲？

分析提示：从金融行业柜面服务人员坐姿的角度来分析。

案例
金融服务行业
的坐姿礼仪

活 动设计3-1　模拟操作

金融行业女性工作人员的坐姿练习

以班级为单位，分小组利用课上约15分钟的时间，根据某金融行业女性工作人员在岗坐姿的要求进行训练。通过实训活动，掌握金融行业女性工作人员入座至离座全过程的基本步骤和要领，使自己以良好的坐姿示人。

课程实训

目标：通过实训，基本掌握金融行业女性工作人员的正确坐姿，能根据正确的流程进行。给对方留下端正、舒展、大方的印象。

任务：根据金融行业女性工作人员在岗坐姿的要求进行训练。

要求：

（1）在有镜子的形体实训室，准备好办公桌椅。

（2）通过自我练习及与小组同学互助观摩，完成金融行业女性工作人员坐姿展示的实训流程。

（3）流程按照以下七项进行（见图3-13）：

第一步，左侧入。

第二步，稍站定。

第三步，侧身看。

第四步，入座（表情放松）。

第五步，坐姿得体。

第六步，谈话时的坐姿。

第七步，平稳离座。

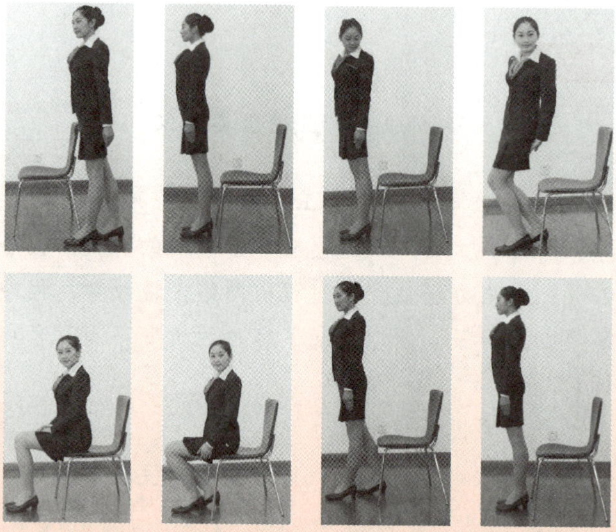

图 3-13

（4）自我检查与小组成员相互观摩相结合，教师最后加以点评并提出改进意见。

三、掌握走姿与蹲姿

行走是人们生活中的主要动作之一。走姿体现的是一种动态的美。我们对走姿的要求是"行如风"，也即走起路来像风一样轻盈，行走动作连贯，从容稳健。生活中如何正确地使用标准走姿，是给人留下美好印象的关键之一。

（一）走姿

1. 标准走姿

上身基本保持站立的标准姿势，挺胸收腹，腰背笔直，面带微笑，双臂以肩关节为轴，前后自然摆动，前摆略大于后摆，肘关节略弯曲，手掌朝向体内，手指自然弯曲，起步时身子稍向前倾，重心落前脚掌，膝盖伸直，脚尖向正前方伸出，女士行走时线迹要成为一条线，而男士行走时线迹要成为两条平行线。此外，还要注意步幅、步高、步速（见图3-14）。

（1）步幅一般是指前脚跟与后脚尖之间的距离，一般约为一个脚长，性别不同和身高不同会有一定差异。男士穿西服时，走路的步幅可略大些，以体现出挺拔、优雅的风度；女士着套裙、旗袍和中高跟鞋时，步幅宜小些，以免显得不雅。

（2）步高（指行走时脚抬起的高度）不宜过高，也不宜过低。

（3）步速即行走速度，男士一般为110步/分钟左右，女士为120步/分钟左右。如遇急事，可加快步速。

行走中的姿态，男士应显出阳刚之美，在工作场合给人以充满自信感及镇定自如的气度，而女士要显示出阴柔之美，保持步态轻盈的同时，注意体现稳健、自然、大方及力度与弹性。

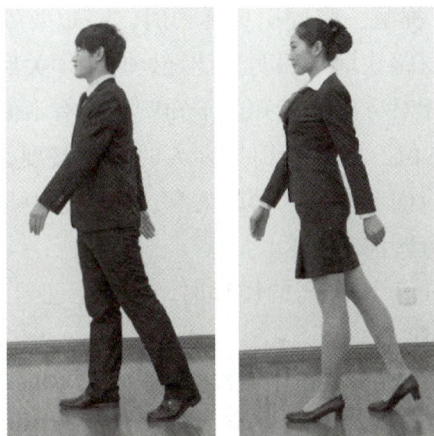

图3-14

不同的走姿所反映的心理特征

心理学家发现，走路大步，步子有弹性及摆动手臂，显示一个人自信、快乐、友善及富有雄心；走路时拖着步子，步伐小或速度时快时慢则相反。喜欢支配别人的人，走路时倾向于脚向后踢高；性格冲动的人，就像鸭子一样低头急走；而拖着脚走路的人，通常是不快乐的或内心苦闷；女性走路时手臂摆得高，则显示出她精力充沛和快乐。

资料

2. 不同场合走姿的了解与掌握

作为金融行业工作人员，在掌握标准走姿的基础上，还须掌握陪同引导、上下楼梯、进出电梯、变向行走、出入房门、搀扶帮助等不同的场合的变化走姿（以下详述前四种）。

（1）陪同引导。陪同，指的是陪伴着别人一同行进。引导，则是指在行进之中带领别人，有时又叫做引领、引路或带路。当金融服务人员在自己的工作岗位上服务客户时，经常有陪同或引导客户的机会，陪同、引导客户时，通常应注意四点：

① 自己所处方位。若双方并排行进时，金融行业工作人员应居于左侧；若双方前后行进时，则金融服务人员应居于左前方约一米的位置。当客户不熟

悉行进方向时，一般不应请其先行，同时也不应让其走在外侧。

② 协调的行进速度。在陪同引导客人时，行进的速度须与对方相协调，切勿我行我素，走得太快或太慢。

③ 及时的关照、提醒。陪同引导客户时，一定要处处以对方为中心。每当经过拐角、楼梯或道路坎坷、照明欠佳之处时，须关照、提醒对方留意，绝不可以不吭一声，而让对方茫然无知或不知所措而有不便。

④ 采用正确的体位。陪同、引导客人时，有必要采取一些特殊的体位。请对方开始行进时，应面向对方，稍许欠身；在行进中与对方交谈或答复其提问时，应以头部、上身转向对方。

（2）上下楼梯。上下比较高的楼梯时，金融行业工作人员应当遵守有关规定，特别注意以下三点：

① 要减少在楼梯上的停留。楼梯是人来人往之处，所以不要停在楼梯上休息、站在楼梯上与人交谈或是在楼梯上慢慢悠悠地行进。

② 要坚持"右上右下"原则。上下楼梯时，均不准并排行走，而应当自右侧上及自右侧下。这样一来，有急事的人，便可得以快速通过。

③ 要注意礼让客户。上下楼梯时，千万不要同服务对象抢行，出于礼貌，可请对方先行。当自己陪同、引导客人时，上下楼梯时则应先行。

（3）进出电梯。金融行业大多数设在高楼大厦里，员工就免不了经常使用电梯。在使用电梯时，应注意两个问题：

① 要使用专用的电梯。假如本单位有条件并做出了此种规定，则一定要自觉地遵守。有可能的话，金融行业服务人员不要与服务对象混用同一部电梯。

② 要牢记"先出后进"。乘电梯时一般的规矩是：里面的人出来之后，外面的人方可进去。不守此规，出入电梯的人一旦过多，就会出现混乱的场面。

（4）变向行走。在行进之中，人们经常有必要变换自己的行进方向。所谓变向行走，指的就是在行进之中变换自己的方向。金融行业工作人员所采用的变向行走，主要包括除常规前行之外的后退、侧行、前行转身、后退转身等。

① 后退。扭头就走是失礼的，可采用先面向交往对象后退几步，方才转体离去的做法。通常面向他人后退宜至少退两三步。后退时步幅宜小，脚宜轻擦地面。转体时，应身先头后。若先转头或头与身同时转向，均为不妥。

② 侧行。在行进时，有两种情况需要侧身而行：一是与同行者交谈或引导来宾之时。具体做法是，上身宜转向交谈对象，距对方较远一侧的肩部朝前，距对方较近一侧的肩部稍后，身体与对方身体之间保持一定的距离。二是与他人狭路相逢时。此刻宜两肩一前一后，胸部转向对方，而不应背向对方，

以示礼貌。

③ 前行转身。即在向前行进之中转身而行。它分为两种：一是前行右转。在前行中向右转身，应以左脚掌为轴心，左右脚落地时，向右转体90°，同时迈出右脚。二是前行左转。与前行右转相反，在前行中向左转身，应以右脚掌为轴心，在右脚落地时，向左转体90°，同时迈出左脚。

④ 后退转身。即在后退之中转身而行。它分为三种：一是后退右转。先退行几步后，以左脚掌为轴心，向右转体90°，同时向右迈出右脚。二是后退左转。先退几步后，以右脚掌为轴心，向左转体90°，同时向左迈出左脚。三是后退后转。先退几步，以左脚为轴心，向右转体180°，然后迈出右脚；或是以右脚为轴心，向左转体180°，然后迈出左脚。

同 步案例3-3

蹲　姿　秀

　　中国台湾著名模特林志玲在一次签约仪式上，出了点小意外，主办方为林志玲加冕的皇冠不慎掉地。由于礼服较短，又站在高出地面一米的舞台上，若弯腰或正对观众下蹲都太容易走光。专业模特出身的林志玲却应对自如，她把话筒传左手，不慌不忙侧对观众，上腿并拢轻轻蹲下，将皇冠捡起……她把捡东西变成了展示优雅仪态的秀。

　　问题：为什么林志玲的蹲变为了一场秀？

　　分析提示：欧美国家的人认为"蹲"这个动作是不雅观的，所以只有在非常必要的时候才蹲下来做某件事情。在有必要下蹲时，一定要做到姿势优美。

案例
蹲姿秀

（二）蹲姿

1. 正确蹲姿的要求

当要下蹲取物时，上体尽量保持正直，两腿合力支撑身体，靠紧向下蹲。女士无论采取哪种蹲姿，都要将腿靠紧，臀部向下。举止自然、得体、大方、不造作，才能体现出蹲姿的优美。

捡拾地上东西或低处取物品是人们日常生活中常遇到的。如果姿势不雅，不仅仅是美丑的问题，有时不小心会闪到腰，严重者甚至造成腰椎间盘突出症。有的人低头捡东西的时候，弯腰弓背，低头撅臀，或者双膝分开。尤其是穿裙子的女性，蹲下的时候膝盖分开，在国外被视为"卫生间姿势"，一不小心还会春光乍泄。这种姿势是不合适的，既不雅观，又不礼貌。如能恰当地采取蹲姿，将会给人留下美好的印象。蹲姿在日常生活和工作中很多地方都将用到。因此当你蹲下捡东西、取物或者系鞋带时一定要注意自己的姿态，应保持大方、端庄的蹲姿。

一般可采取下列两种优雅的蹲姿：

（1）交叉式蹲姿。此蹲姿适用于女性。下蹲时右脚在前，左脚在后，右小腿垂直于地面，全脚着地。左腿在后与右腿交叉重叠，左膝由后面伸向右侧，左脚跟抬起脚掌着地。两腿前后靠紧，合力支撑身体。臀部向下，上身稍前倾（见图3-15）。

（2）高低式蹲姿。下蹲时右脚在前，左脚稍后（不重叠），两腿靠紧向下蹲。右脚全脚着地，左脚脚跟提起，脚掌着地。左膝低于右膝，左膝内侧靠于右小腿内侧，形成右膝高左膝低的姿势，臀部向下，基本上以左腿支撑身体。男士选用这种蹲姿时，两腿之间可有适当距离（见图3-16）。

图3-15 　　　　　　　　　　　图3-16

2. 优雅蹲姿的基本要领

（1）站在所取物品的旁边，蹲下屈膝去拿，而不要低头，也不要弓背，要慢慢地将腰部低下；两腿合力支撑身体，掌握好身体的重心，臀部向下。

（2）一脚在前，一脚在后，两腿向下蹲，前脚全着地，小腿基本垂直于地面，后脚跟提起，脚掌着地，臀部向下。男士两腿间可留有适当的缝隙，女士则要两腿并紧，穿旗袍或短裙时需更加留意，以免尴尬。

（3）若用右手捡东西，可以先走到东西的左边，右脚向后退半步后再蹲下来。脊背保持挺直，臀部一定要向下，避免弯腰翘臀的姿势。特别是穿裙子时，如不注意背后的上衣自然上提，露出臀部皮肉和内衣很不雅观。即使穿着长裤，两腿展开平行下蹲，撅起臀部的姿态也不美观。

3. 纠正不良蹲姿的方法

下蹲时注意不要有弯腰、臀部向后撅起的动作；不要两腿叉开平行下蹲；下蹲时不能露出内裤。当要拾起落在地上的东西或拿取低处物品的时候，应先走到要捡或拿的东西旁边，再使用正确的蹲姿，将东西拿起。

金融行业工作人员职业形象的体现是一个整体的协调过程，而仪态是风度气质的外化，因此我们在日常生活中除了站、坐、走、蹲之外，处于其他各种活动状态时动作优美也是不可忽略的，应时刻加以注意。

同 步思考3-2

情境导入：银行大厅中，李丽在和客户谈话的过程中，有客户的资料掉在地上，李丽需要帮他捡起。

问题：李丽应该怎么捡起资料？

分析提示：主要从捡资料的蹲姿来说明。

第二节　金融行业工作人员的表情礼仪

一、学会用目光与眼神来进行交流

人与人之间进行交流时，目光的交流总是处于最重要的地位。眼睛是人体传递信息最有效的器官，而且能表达最细微、最精妙的差异，显示出人类最明显、最准确的交际信号。

（一）学会正确运用目光语言

（1）在金融行业大多数工作场合中，不论是见到熟悉的人还是初次见面的人，不论是偶然见面还是约定见面，首先都要睁大眼睛，以热情的目光正视对方片刻，面带微笑，表现出喜悦的神情。对初次见面的人，金融行业工作人员还应向其微微点头，行一注目礼，表示出尊敬和礼貌。

（2）在集体场合，开始发言讲话时，要用目光扫视全场，表示"我要开始讲了，请予注意"。

（3）在与人交谈时，应当不断地通过各种目光与对方交流，调整交谈的气氛。交谈中，应始终保持目光的接触，这表示对话题很感兴趣。交谈中，随着话题、内容的变换，作出及时、恰当的反应。或喜或惊，或微笑或沉思，用目光流露出会意的意思，使整个交谈融洽、和谐、生动、有趣。交谈和会见结束时，眼睛要抬起，表示谈话的结束。道别时，仍用目光注视着对方的眼睛，面部表现出惜别的深情。

（4）在谈判中，也很讲究目光的运用。双目生辉，炯炯有神，是心情愉快、充满信心的反映。在谈判中持这种眼神，有助于取得对方的信任和合作。相反，双眉紧锁、目光无神或不敢正视对方，都会被对方认为无能，可能导致对自己不利的结果。

（二）学会"阅读"目光语言

在掌握并正确运用自己目光语言的同时，金融行业工作人员应当学会"阅读"对方的目光语言。从对方的目光变化中，分析他的内心活动和意向。

（1）随着交谈内容的变化，目光和表情和谐统一，表示很感兴趣，思想专注，谈兴正浓。具体比如与朋友会面或被介绍认识时，可凝视对方稍久一些，这既表示自信，也表示对对方的尊重。而双方交谈时，就应注视对方的眼鼻之间，表示重视对方及对其发言感兴趣。而当对方缄默不语时，就不要再看着对方，以免加剧因无话题本来就显得冷漠、不安的尴尬局面。当别人说错了话或显拘谨时，就应马上转移视线，以免对方把自己的眼光误认为是对其的嘲笑和讽刺。送客时，要等客人走出一段路，不再回头张望时，才能转移目送客人的视线，以示尊重。

（2）目光（眼神）还可反映人们更深一层的情感，传递其他丰富的信息。假如某人一被人注视就将视线移开，大多怀着相形见绌之感，有很强的自卑感；无法将视线集中在对方身上或很快收回视线的人，则多半属于内向型性格；仰视对方，则一般表示怀有尊敬、信任之意，而俯视对方往往表示有意保持自己的尊严；频繁而急速的转眼，是一种反常的举动，常被用做掩饰的一种手段，或内疚，或恐惧，或撒谎，就需引起注意，根据情况做出判断；视线活动多且有规则，表明其在用心思考；听别人讲话，一面点头，一面却不将视线集中在谈话人身上，表明其对此话题不感兴趣；说话时对方将视线集中在你身上，表明他渴望得到你的理解和支持；游移不定的目光传递出来的信息是心神不宁或心不在焉。

目光语言是千变万化的，但都是内心情感的流露。学会阅读、分析目光语言，对于社交活动的进行和发展有着重要意义。因为在交往中，人们相互接触，大多数时间是处于对视状态的，这就给彼此提供了用眼神了解对方的机会。你可以通过目光了解客户的思想感情和真实意图，你还可以用自身的目光传递你所要表达的信息。

目光（眼神）表达出异常丰富的信息，但微妙的眼神有时是只可意会而难以言传，只能靠我们在社会实践中用心观察、积累经验、努力把握，方能在社交和公务活动中灵活运用。

（三）表情礼仪对目光注视的要求——眼神的礼仪规范

表情礼仪规范是指人们的表情在表达过程中所遵守的彼此能够接纳的规定。

眼神是面部表情的核心。在交际中，要注意注视对方的时间、位置，并讲究眼神的礼仪规范。

1. 注视的时间

注视对方时间的长短是十分有讲究的。与他人交谈时，不可长时间地凝视对方。一般情况下，眼睛保持有50%的时间注视对方，另外50%的时间注视对方脸部以外的5～10厘米处。对东方人也可只用1/3时间注视，自始至终地注视对方是不礼貌的。在社交场合，无意中与别人的目光相遇时不要马上移开，应自然对视1～2秒，然后慢慢离开对方。与异性目光对视时，不可超过2秒，否则将引起对方无端的猜测。因此，必须根据所观看的对象和场合把握好注视的时间。

2. 注视的角度

注视别人时，目光的角度，即目光从眼睛里发出的方向，表示与交往对象的亲疏远近。

（1）俯视。即向下注视他人，可表示对晚辈宽容、怜爱，也可表示对他人轻慢、歧视（见图3-17）。

（2）仰视。即主动居于低处，抬眼向上注视他人，表示尊重、敬畏对方（见图3-18）。

（3）平视。也叫正视，即视线呈水平状态。常用在普通场合与身份、地位平等的人进行交往时（见图3-19）。

图3-17　　　　　　　　图3-18　　　　　　　　图3-19

3. 注视的部位

用目光注视对方，应自然、稳重、柔和，而不能死盯住对方某部位，或不停地在对方身上上下打量，这是极失礼的表现。

允许注视的常规部位：

（1）双眼。注视对方双眼，表示自己重视对方，但时间不要太久。

（2）额头。注视对方额头，表示严肃、认真、公事公办。

（3）眼部—唇部。注视这一区域，表示礼貌、尊重对方。

（4）眼部—胸部。注视这一区域，多用于关系密切的男女之间，表示亲近、友善。

（5）眼部—裆部。适用于注视相距较远的熟人，也表示亲近、友善，但不适用于关系一般的异性。

（6）任意部位。对他人身上的某一部位随意一瞥，多用于在公共场合注视陌生人，最好慎用。

此外，眼神应敢于合理正视对方（见图3-20）。

图 3-20

在交谈中敢于礼貌地正视对方，是一种坦荡、自信的表现，也是对他人尊重的体现。谈话中眼睛往上、往下、眯眼、斜视、闭眼，目光游移不定、目光涣散或漫不经心等，都是在交际中忌讳的举止。

二、学会微笑

（一）认识微笑的内涵

笑容，即人们在笑的时候的面部表情（见图3-21）。笑容，可以消除彼此间的陌生感，打破交际障碍，为更好沟通与交往创造良好的氛围。在商务交往中，合乎礼仪的笑容大致有以下几种：

（1）含笑。不出声，不露齿，只是面带笑意，表示接受对方，待人友善，适用范围较为广泛。

（2）微笑。唇部向上移动，略呈弧形，但牙齿不外露，表示自信、诚实、友好，适用范围最广。

（3）轻笑。嘴巴微微张开一些，上齿显露在外，不发出声响，表示欣喜、愉快，多用于会见客户、向熟人打招呼等情况。

（4）浅笑。笑时抿嘴，下唇大多含于牙齿之中，多见于年轻女性害羞之时，通常又称抿嘴而笑。

（5）大笑。表现太过张扬，一般不宜在商务场合中使用。

图 3-21

美国希尔顿酒店集团创始人康拉德·希尔顿常常到世界各地的希尔顿酒店视察。视察中，他经常问下级的一句话是："你今天对客人微笑了没有？"

你有多久没有微笑了？我们的工作、生活中离不开微笑，社交中更需要微笑。请记得拾回这一人人皆具的魅力。

（二）掌握微笑的礼仪规范

现代职场，微笑是有效沟通的法宝，是人际关系的磁石。没有亲和力的微笑，无疑是重大的遗憾，甚至会给工作带来不便。金融行业工作人员在工作岗位上，一般都应当满面笑容，意在为服务对象创造一种轻松的氛围，使其在享受服务的整个过程之中感到愉快、欢乐和喜悦，同时也表现出金融行业工作人员对客户的重视与尊重（见图3-22）。

图 3-22

1. 微笑的基本方法

微笑应发自内心、自然大方，显示出亲切，要由眼神、眉毛、嘴巴、表情等方面的动作来协调完成。要防止生硬、虚伪，笑不由衷。要笑得好并非易事，可以通过训练有意识地改变自己：

（1）放松面部肌肉，然后使嘴角微微向上翘起，让嘴唇略呈弧形。最后，在不牵动鼻子、不发出笑声、不露出牙齿，尤其是不露出牙龈的前提下，轻轻一笑。

（2）闭上眼睛，调动感情，并发挥想象力，或回忆美好的过去或展望美好的未来，使微笑源自内心，有感而发。

（3）对着镜子练习。使眉、眼、面部肌肉、口形在笑时和谐统一。

（4）当众练习法。按照要求，当众练习，使微笑规范、自然、大方，克服羞涩和胆怯的心理。也可以请观众评议后再对不足进行纠正。

2. 微笑遵循的原则

笑的共性是面露喜悦之色，表情轻松愉快。但是，若发笑的方法不对，要么笑得比哭还难看，要么会显得非常假，甚至显得很虚伪。因此还应做到：

（1）发自内心。口眼结合，笑的时候要口到、眼到、神色到，自然大方，显出亲切，笑眼传神，这样的微笑才能扣人心弦。

（2）声情并茂。笑的时候，要与语言相结合。语言和微笑都是传播信息的重要符号，只有注意微笑与美好语言相结合，声情并茂，相得益彰，表里如一，使笑容与自己的举止、谈吐有很好的呼应，微笑方能发挥出它应有的特殊功能。

（3）气质优雅。笑的时候，应与神情、气质相结合，讲究笑得适时、尽兴，笑出自己的神情、神色、神态。要笑得有情有神，做到精神饱满，神采奕奕；笑出感情，笑得亲切、甜美，反映美好的心灵；笑出谦逊、稳重、大方、典雅的气质。

（4）表现和谐。从直观上看，笑是人们的眉、眼、鼻、口、齿以及面部肌肉和声音所进行的协调行动，笑与仪表、举止相协调；以笑助姿、以笑促姿，形成完整、统一、和谐的美。

3. 笑的禁忌

在商务、社交场合笑的时候，严禁下述几种笑出现：

（1）假笑。即笑得虚假，皮笑肉不笑。

（2）冷笑。即含有怒意、讽刺、不满、无可奈何、不屑一顾、不以为然等容易使人产生敌意的笑。

（3）怪笑。即笑得怪里怪气，令人心里发麻，多含有恐吓、嘲讽之意。

（4）媚笑。即有意讨好别人，非发自内心，具有一定的功利性目的的笑。

（5）怯笑。即害羞、怯场，不敢与他人交流视线，甚至会面红耳赤的笑。

（6）窃笑。即偷偷地洋洋自得或幸灾乐祸的笑。

（7）狞笑。即面容凶恶的笑，多表示愤怒、惊恐、吓唬。

小 常识

资料

面部表情体现微笑的方法

面部表情是指人们面部所显示出的综合表情。它对眼睛和笑容发挥辅助作用，同时，也可以自成一体，表现自己的独特含义。

一般情况下，通过面容所显示的表情，既有面部各部位的局部显示，也有它们彼此合作的综合显示。

1. 局部的显示

人的眉毛、嘴巴、鼻子、下巴、耳朵都可以独立地显示各自的表情。以下详述眉毛、嘴巴和鼻子显示出的表情。

（1）眉毛的显示。以眉毛的形状变化显示出的表情，一般叫做眉语。除配合眼神外，眉语也可独自表意。

皱眉型：双眉紧皱，多表示困窘，不赞成、不愉快。

耸眉型：眉峰上耸，多表示恐惧、惊讶或欣喜。

竖眉型：眉角下拉，多表示气恼、愤怒。

挑眉型：单眉上挑，多表示询问。

动眉型：眉毛上下快动，一般用来表示愉快、同意或亲切。

（2）嘴巴的显示。嘴巴的不同显示往往可以表示不同的心理状态。在商务场合中常见的有：

张嘴：嘴巴大开，表示惊讶。

抿嘴：含住嘴唇，表示努力或坚持。

噘嘴：噘起嘴巴，表示生气或不满。

撇嘴：嘴角一撇，表示鄙夷或轻视。

拉嘴：拉着嘴角，上拉表示倾听，下拉表示不满。

（3）鼻子的显示。

挺鼻：表示倔犟或自大。

缩鼻：表示拒绝。

皱鼻：表示好奇或吃惊。

抬鼻：表示轻视或歧视。

摸鼻：表示亲切或重视。

2. 综合的显示

表示快乐：眼睛大，嘴巴张开，眉毛常向上扬。

表示兴奋：眼睛大，眉毛上扬，嘴角微微上翘。

表示兴趣：嘴角向上，眉毛上扬，眼睛轻轻一瞥。

表示严肃：嘴角抿紧下拉，眉毛拉平，注视额头。

表示敌意：嘴角拉平或向下，皱眉皱鼻，稍一瞥。

表示发怒：嘴角向两侧拉，眉毛倒竖，眼睛大睁。

表示观察：微笑，眉毛拉平，平视或视角向下。

表示无所谓：平视，眉毛展平，整体面容平和。

现在很多行业都在强调微笑服务，相对做得较突出的是民航业。我们搭乘飞机时总会感受到空姐亲切的笑容，她们的笑容让我们忘记了旅途的疲劳，让我们的心情增添了一份愉悦。可是，这貌似简单的笑容却是经过专业训练得来的。为了让每一位空姐在面对乘客时都能保持亲切大方的微笑，民航部门专门开设了笑容课，告诉每一位学员哪一刻的笑容是最美的。同时在挑选未来空姐空哥的时候，笑容甜美也是其重点考核的标准，对参加面试的众多俊男靓女来说，会笑且笑得亲切自然成了一道不折不扣的难关。有的虽长得漂亮，但面试过程中始终难有笑容，这样的"冷美人"显然与强调微笑服务的空乘行业无缘。而一些长相不那么惊艳但笑容甜美的"邻家女孩"则可以脱颖而出。由此可见，笑容不仅仅是咧开嘴笑那么简单，它对服务业的作用是显而易见的。

同 步思考3-3

情境导入：方莉是某金融行业的一位临柜工作人员，每天要面对各种各样的客户和回答各种咨询、办理多种业务，学会如何微笑面对客户，将是其为客户提供优质服务的基础和保障。

问题：方莉该怎样更好地练习甜美的微笑？

分析提示：练习微笑时，笑容的真诚感非常重要。

活 动设计3-2　模拟操作

金融行业工作人员的表情练习

课程实训

以班级为单位，分小组利用课上约15分钟的时间，练习作为金融行业工作人员应有的面部表情。通过实训活动，大家应对服务行业应有的表情有一个深刻认识，并能加以运用。

目标：通过实训活动，每位同学都应能自然地展示出自己最真诚、美好的表情。

任务：根据金融行业工作人员应有的上岗表情进行练习。

要求：

（1）在有镜子的形体实训室站好，穿职业正装，女生化淡妆。

（2）自我操作与小组同学互助相结合完成。

（3）放松面部肌肉，结合眼神、微笑来展示令人感到愉悦的表情。

（4）自我检查与小组成员相互观摩结合，教师最后加以点评并提出改进意见。

第三节　金融行业工作人员服务过程中的手势

一、了解手势的作用

手是人体最富灵性的器官。如果说眼睛是心灵的窗户，那么手就是心灵的触角，是人的第二双眼睛。

手势是指表示某种意思时用手所做的动作，也是人们交往时不可缺少的动作，是一种表现力较强的"体态语言"，在传递信息、表达意图和情感方面发挥着重要作用。恰当地运用手势可以增强表情达意的效果，并给人以感染力，加深印象。手势在服务工作也起着重要作用。

得体适度的手势，可增强感情的表达，起到锦上添花的作用。作为金融行业服务人员，手势的运用要给人一种庄重含蓄、彬彬有礼、优雅自如的感觉。

（一）规范的手势动作标准

手势的规范标准是：五指伸直并拢，掌心斜向上方，腕关节伸直，手与前臂形成直线，以肘关节为轴，弯曲140°左右为宜，手掌与地面基本形成45°角。

手势美是一种动态美。其基本要求是：自然优雅，规范适度。适度是指手势不宜过多，幅度不宜过大。

（二）掌握正确使用手势的要求

手势使用的总体要求是准确、规范、适度。

1. 手势的使用必须准确

在现实生活中，为避免手势使用不当引发交际双方沟通障碍甚至误解，必须注意手势运用的准确性。用不同的手势，表达不同的意思，并使手势与语言表达的意思一致。例如，鼓掌是一种手势，在欢迎客人到来、他人发言结束或观看体育比赛和文艺演出时，应用右手手掌拍左手掌心，但不要过分用力或时间过长。若使用不当，则有起哄、捣乱之嫌，让人尴尬。

2. 手势的使用要规范

在一定的社会背景下，每一个手势都有其约定俗成的动作和要求，不能乱加使用，以免产生误解，引起麻烦。如介绍某人或为宾客引路指示方向时，应掌心向上，四指并拢，大拇指张开，以肘关节为轴，前臂自然上抬伸直。指示方向时，上体稍向前倾，面带微笑，看着目标方向，并兼顾宾客是否意会到目标。切忌用手指来指去，因为这样含有教训人的味道，是不礼貌的。又如在谈到自己时，可用右手掌轻按自己的左胸，那样会显得端庄、大方、可信。为他人介绍的手势、递名片的手势、"请"的手势等也是如此。

3. 手势的使用要适度

与人交谈时，可随谈话的内容做一定的手势，这样有助于双方的沟通，但手势动作的幅度不宜过大，一般手势高不过耳际，低不及腰部，横向宽度不超过80厘米，更不要手舞足蹈，以免适得其反，显得粗俗无修养。同时，手势的使用也不宜过多，应有所节制。如果使用太多、滥用手势，会让人产生反感。尤其是手势与语言、面部表情以及身体其他部位动作不协调时，会给人一种装腔作势的感觉。

手势的运用只有准确、规范、适度，才能给人一种优雅大方、彬彬有礼的感觉，才能真正体现出尊重和礼貌。

小常识

资料

手 势 语

手势可以表达丰富的内涵，它与站、坐、走等仪态一样，不同的手势所反映的心理特征也是有所不同的。它往往是人们真实心理活动在肢体动作中的体现。手势语是通过手和手指的活动来表达信息的一种特殊语言，一般可归纳为以下几种：

1. 情绪性手势。即用手势表达思想感情。如拍手、捶胸等是说话人内在情感和态度的自然流露，往往和表露出来的情绪紧密结合，生动、具体，使人印象深刻。

2. 表意性手势。用手势表达具体内容，是一种自觉的动作，如摆手、挥手、竖大拇指、伸小拇指，在哑语、交通指挥、体育裁判等方面都有特定的含义。

3. 象形性手势。使其表达的内容形象、生动，如双手合成一个大圆，表示很大。

4. 象征性手势。用手势表达某一抽象事物或概念，如：手掌向前劈去，表示"我们一定要取得胜利"；张开双手，徐徐向前，表示"迎接更加美好的明天"；双手握拳，用力向上挥动，表示"我一定成功"等；用手下砍，表示"不能再次发生"。

二、常见手势的表达与运用

在日常生活中，我们要善于从他人的动作来猜测和判断对方的心理。如：搓手，常表示对某一事物的焦急等待，跃跃欲试；背手，常显示一种权威，若伴以俯视、踱步则表示深思；摊开双手，表示出一种真诚和坦率，或流露出某种无奈；握拳，显示出决心或表示愤怒、不满；不自觉地用手摸脸、擦眼、搔头，是在掩饰心中的不安；用虎口托下巴，说明老练或沉着；用食指指点对方，是在指责、数落对方；竖起大拇指，表示称赞；翘起小拇指，则是瞧不起；十指交叉，或放在胸前，或垂于胸前，常表示紧张、敌对或沮丧；双手指尖相抵，形成塔尖形，置于颔下的动作，是向对方传达自己充满自信的信号，若再伴以身体后仰则显得高傲；如果把尖塔倒过来移到腰部以下，这叫"倒尖塔行为"，意思就完全不同了，这个动作往往产生于心情比较平静、愿意虚心听取别人的意见或谈话内容的时候。

（一）几种常见的手势

不仅不同的手势表达的含义是不同的，有时同样一种手势，在不同国家、不同地区、不同民族，由于文化习俗的不同，手势的含义也有很多差别，甚至同一手势表达的含义也不相同。因此，在手势的使用上一定要注意区域性差异，千万不能乱用。手势的运用只有合乎规范，才不至于无事生非。

1. 在介绍来宾引导客人时常用的手势

（1）横摆式。迎客人时，表示"请"的意思。

（2）斜臂式。请客人就座、看商品等时用。

（3）直臂式。给客人指方向时用。

（4）曲臂式。在横摆式的基础上，用另一只手表示"请"或指方向。

（5）双臂横摆式。在举行重大庆典活动时，向众多来宾表示"请"或指方向时用。

这些手势的使用要有个摆动过程，动作的规律是：欲扬先抑、欲左先右、欲上先下。同时，注意与面部表情和身体其他部位动作的配合。

2. 招手动作手势

掌心向下的招手，这个动作在中国使用很普遍，主要是表示招呼别人过来的意思，而在美国却只在叫狗过来时使用。

3. "OK"的手势

拇指和食指合成一个圆圈，其余三指自然伸张。这种手势在西方某些国家比较常见，但应注意在不同国家其表意有所不同。如：在美国，表示"赞扬""允许""了不起""顺利""好"；在法国，表示"零"或"无"；在印度，表示"正确"；在中国，表示"零"或"三"两个数字；在日本、缅甸、韩国，则表示"金钱"；在巴西，是"引诱女人"或"侮辱男人"之意。

4. 伸大拇指手势

大拇指向上，在说英语的国家多表示"OK"之意或是搭车之意；若用力挺直，则含有骂人之意；若大拇指向下，多表示坏、下等人之意。在我国，伸出大拇指这一动作基本上是向上伸表示赞同、好等，向下伸表示蔑视、不好等意思。

5. V字形手势

伸出食指或中指，掌心向外，主要表示胜利（Victory 的首字母）。掌心向内，在西欧表示侮辱、下贱之意。这种手势还时常表示"二"这个数字。

6. 伸出食指手势

在我国以及亚洲其他一些国家表示"一个""一次"等；在法国、缅甸等国家则表示"请求""拜托"之意。在使用这一手势时，一定要注意不要用手指指人，更不能在面对面时用手指着对方的面部和鼻子，这是一种不礼貌的动作，且容易激怒对方。

7. 双手抱头手势

在各种场合，我们经常可看到单手或双手抱在脑后的手势，这一体态的本意是放松。很多人也都喜欢用单手或双手抱在脑后，但在别人面前特别是给人服务的时候做出这种手势的话，就会给人一种目中无人的感觉。

8. 手插口袋手势

常常有人习惯于在行走、站立、与人交谈时单手或双手插在口袋里。而在工作中，通常是不允许把一只手或双手插在口袋里的。这种表现，会让人觉得你在工作上不尽力，在忙里偷闲。

9. 捻指作响手势

用拇指和食指弹出声响，表示高兴或赞同，或是无聊之举，有轻浮之感。应尽量少用或不用这一手势，因为其声响有时会令他人反感或觉得没有教养，尤其是不能对异性运用此手势，这是带有挑衅、轻浮之举。

（二）日常中应避免出现的手势

日常生活中，某些手势会令人极其反感，严重影响交际形象。如当众搔头皮、掏耳朵、抠鼻孔、剔牙、咬指甲、挖眼屎、修指甲、揉衣角、搓泥垢及用手指在桌上乱画。又如，为人指路时，切忌伸直一根指头；在社交场合，不能用手指指指点点，与人说话不要打响指；在任何情况下，都不要用拇指指着自己的鼻尖和用手指指点他人等。

（三）掌握金融行业工作人员柜面手势运用规范和标准

1. 举手示意客户

（1）按下叫号器，叫号机叫号至本窗口时，柜员应以热情的笑容，使用叫号手势示意客户到本窗口办理业务。

（2）叫号手势为：左手自然平放，右手在身体左前方45°方位举起，手心朝向前方，五指并拢，前臂向上弯曲成90°。保持该姿势5秒左右等待客户走近（见图3-23）。

图3-23

（3）当客户进入视线，金融行业工作人员应微笑站立，热情相迎，用规范用语、规范手势主动问候，询问客户需求："您好！欢迎光临××银行，请问您办理什么业务？"

（4）如无客户应答，应重复叫号和举手动作；若仍无客户应答，可视为过号并按下一位客户。

（5）当见到客户时，应立即与客户保持目光接触，自然微笑，以露出不超过6颗牙齿为宜。

2. 示意入座

在站立姿势的基础上，身体微微前倾15°，右手伸出，五指并拢，手心微微向上，引导客户坐下，并配合使用礼貌用语（见图3-24）。

3. 办理业务

（1）与客户沟通交流时，眼睛需注视对方，表情自然亲切，微笑服务。

（2）交接单据应尽量使用双手递接（见图3-25）。

（3）办理业务过程中需要客户签字时，注意单据文字方向要对客户，一手持单据一角，另一只手四指并拢，拇指微微张开，手心微微向上，指向单据中的签字处，礼貌用语为"请您核对无误后，在单据的右下角签上您的名字"（见图3-26）。

图 3-24 　　　　　　　　　　　图 3-25

图 3-26

（4）办理现金业务或其他需要客户输入密码的业务时，应使用规范用语和手势示意客户输入密码，如"请您输入密码"。

4. 送别客户

（1）客户要求的业务办理完毕后，双手将单据递出，同时微笑询问客户："请问您还需要办理其他业务吗？"

（2）若客户还有其他业务需要办理，则接着办理业务；若客户表示没有其他业务了，则伸出右手，五指并拢，手心微微向上为客户指出评价器的位置，请客户为自己的服务评分。

（3）当客户起身要离开时，柜员要随着起立。送客姿势为：双手前握式，身体微微前倾30°，微笑并亲切道别（见图3-27）。

图 3-27

活 动设计3-3　模拟操作

课程实训

学习金融行业工作人员的岗位手势礼仪

以班级为单位分成小组，利用课上约30分钟的时间，掌握金融行业服务人员在岗位服务过程中运用到的手势，需要在基本手势的基础上灵活运用。在工作岗位上展现出银行工作人员的风采。

目标：通过实训练习，掌握金融行业工作人员岗位上常用手势的动作要领，能根据适当的情境进行操作。

任务：根据某金融行业工作人员在工作岗位上的手势操作要求进行。

要求：

（1）在模拟银行中进行练习，着正装，女生化淡妆。

（2）自我操作与小组同学互相观摩相结合完成手势礼仪的操作流程。

（3）按照以下内容进行操作：

第一步，基本站姿准备。

第二步，叫号手势。

第三步，示意入座。

第四步，交接凭证。

第五步，示意签字。

第六步，请输密码。

第七步，请慢走。

（4）自我检查与小组成员相互检查相结合，教师最后加以点评并提出改进意见。

同 步案例3-4

案例

错误的手势

错误的手势

小谢是负责外汇业务的客户经理，有一次在和美国客户相处过程中产生了小误会。那位美国客户本来想邀请小谢晚上去吃西餐，小谢因为正忙于工作，于是向这位美国客户伸了一下大拇指，以示同意。没想到下班后小谢在办公室等了近一个小时，也没等到那位美国朋友。

问题：小谢为什么没等到那位美国朋友？

分析提示：从不同文化背景下手势的不同含义的角度来分析。

<<<<<<<<<<< 知 识巩固 <<<<<<<<<<<<<<<<<<<<<<<<<<<<<<<<<<<<<<<<<<<<<<<<<<<

一、单选题

1. 为某人指示方向或请人做事时，应该使掌心与地面成（   ）角。

    A. 15°   B. 30°

    C. 60°   D. 45°

2. 入座时，应从座位的（   ）侧就座。

    A. 左   B. 右

    C. 后

3. 服务人员在运用手势时须牢记（   ）。

    A. 宜少忌多   B. 宜多忌少

    C. 尽量不用

4. 服务人员招呼别人时，应该（   ）。

    A. 掌心向下   B. 掌心向上

    C. 手掌直立

二、多选题

1. 银行员工在行走时应该做到（   ）。

    A. 大步流星

    B. 一路小跑

    C. 步伐大小适中

    D. 速度不紧不慢

2. 人的表情之中，尤以（   ）的变化引人注目。

    A. 鼻子   B. 眼睛

    C. 嘴巴   D. 眉毛

3. 递送物品时，服务人员应该注意（   ）。

    A. 双手为宜

    B. 递到手中

    C. 主动上前

    D. 方便接拿

4. 服务人员注视的角度主要有（   ）。

    A. 正视对方

    B. 俯视对方

    C. 平视对方

    D. 仰视对方

三、简答题

1. 金融行业工作人员在运用手势礼仪时主要应注意哪些问题？

2. 得体的站姿的基本要点是什么？

3. 为什么说"微笑是世界通行的货币"？微笑礼仪规范有哪些？

专业能力训练 <<<<<<<<<<<<<<<<<<<<<<<<<<<<<<<<<<<<<<<<<<<<<<<<

实训题

以班级为单位分成小组，利用课上约30分钟的时间，根据某金融行业工作人员仪态礼仪的要求进行。通过实训活动，掌握金融行业工作人员仪态礼仪中站、坐、走、蹲等姿势的要求，能够灵活得体地结合微笑和眼神，正确进行手势指引，在工作岗位上展现出金融行业工作人员的风采。

综合实训

目标：通过实训练习，掌握金融行业工作人员仪态礼仪中站、坐、走、蹲等姿势的要求，能够灵活得体地结合微笑和眼神，正确进行手势指引。

任务：以班级为单位，分小组利用课上约30分钟的时间，根据某金融行业工作人员岗位仪态礼仪的要求进行。

要求：

（1）在有镜子的形体实训室站好，穿职业正装，女生化淡妆。

（2）自我操作与小组同学互助相结合，完成金融行业工作人员仪态礼仪展示的流程。

（3）按照以下步骤进行操作：

第一步，微笑。

第二步，站姿。

第三步，眼神交流。

第四步，手势"请"。

第五步，入座。

第六步，起身。

第七步，走姿。

（4）自我检查与小组之间互相观摩相结合，教师最后加以点评并提出改进意见。

专业能力考核（自评）

一、专业能力自评

📓 专业能力自评表

	能/否	任务名称
通过学习本章，你		了解并掌握金融行业员工的基本站姿要求
		了解并掌握金融行业员工的基本坐姿要求
		了解并掌握金融行业员工的基本走姿要求
		掌握并灵活地运用金融行业员工的表情礼仪
		灵活地运用金融行业员工的手势礼仪
通过学习本章，你还		

注："能/否"栏填"能"或"否"。

二、核心能力自评

🔍 核心能力自评表

	核心能力	是否提高
通过学习本章，你的	信息获取能力	
	口头表达能力	
	书面表达能力	
	与人沟通能力	
	解决问题能力	
	团队合作精神	
通过学习本章，你的		
自评人（签名）：　　年　月　日		教师（签名）：　　年　月　日

注："是否提高"一栏可填写"明显提高""有所提高""没有提高"。

【关键职业概念】

1. 了解金融行业工作人员语言礼仪的内涵。

2. 掌握金融行业工作人员语言礼仪的基本规范。

通过本章学习，应达到以下目标：

● 知识目标：

1. 知晓金融行业工作人员礼貌用语、文明用语。

2. 理解行业用语的概念、作用、原则和使用禁忌。

3. 熟悉金融行业接打工作电话的基本流程及注意事项。

4. 能用本章所学理论知识指导金融业务服务。

【学习目标】

● 技能目标：

1. 把握文明礼貌用语的使用技巧。

2. 在金融行业相关业务活动中能灵活运用行业用语。

3. 在特殊情形时能得体、恰当地使用语言。

4. 熟练掌握拨打工作电话的方法。

【内容结构】

```
                                    ┌─────────────────────────┐
                                    │        礼貌用语          │
                                    └─────────────────────────┘
                                    ┌─────────────────────────┐
                    ┌───────────┐   │        文明用语          │
                    │金融行业工作│   └─────────────────────────┘
                    │人员的文明  ├───┐
                    │礼貌用语    │   │ ┌─────────────────────────┐
                    └───────────┘   │ │    文明礼貌用语使用技巧   │
                                    │ └─────────────────────────┘
                                    │ ┌─────────────────────────┐
                                    └─│ 金融行业相关业务的文明   │
                                      │   礼貌用语和禁语         │
                                      └─────────────────────────┘
  ┌──────┐                           ┌─────────────────────────┐
  │金融行业│                          │   行业用语的概念和作用    │
  │工作人员│                          └─────────────────────────┘
  │的语言礼│        ┌───────────┐    ┌─────────────────────────┐
  │仪     ├────────│金融行业工作├────│  使用金融行业用语的原则   │
  └──────┘         │人员的行业  │    └─────────────────────────┘
                   │用语        │    ┌─────────────────────────┐
                   └───────────┘    │  使用金融行业用语的禁忌   │
                                    └─────────────────────────┘
                                    ┌─────────────────────────┐
                                    │      接听电话的用语       │
                                    └─────────────────────────┘
                                    ┌─────────────────────────┐
                                    │      打电话的用语         │
                    ┌───────────┐   └─────────────────────────┘
                    │金融行业工作│   ┌─────────────────────────┐
                    │人员的电话  ├───│      转接电话的处理       │
                    │礼仪        │   └─────────────────────────┘
                    └───────────┘   ┌─────────────────────────┐
                                    │      电话留言的处理       │
                                    └─────────────────────────┘
                                    ┌─────────────────────────┐
                                    │      投诉电话的处理       │
                                    └─────────────────────────┘
```

【学习内容】

引例

实习生的服务语言

张莉是××银行的实习生，她信心满满、劲头十足地上岗工作了。她发现隔壁窗口排队的人很多，于是便冲着一列长长的队伍大声说："喂，你们过来吧！这里可以办理业务了！"等到一位老大爷过来后，她热情地问："你要办什么呀？"一上午结束了，她的师傅把张莉叫到一边谈话了。

问题： 张莉的服务语言哪里不得体呢？

分析提示： 金融行业工作人员的语言礼仪，是指金融行业工作人员在语言的选择和使用中，表现出良好的文化修养和职业素质。准确地运用文明、有礼、清晰的语言是金融服务礼仪的重要组成部分。金融行业工作人员掌握规范的语言礼仪是提高服务水平和服务质量的必由之路。

第一节　金融行业工作人员的文明礼貌用语

一、礼貌用语

（一）礼貌用语的含义

金融行业礼貌用语主要是指在服务过程中，金融行业工作人员表示自谦、恭敬之意的一些约定俗成的语言及特定的语言表达。准确恰当地使用礼貌用语，是金融行业对从业人员的基本要求。

（二）礼貌用语的种类

1. 问候语

见面时，根据时间、地点、对象、场合的不同使用不同的问候。在服务岗位上，使用问候语的主要时机有：一是主动服务于他人时；二是他人有求于自己时；三是他人进入自己服务区时；四是他人与自己相距较近或者有目光接触时；五是自己主动与他人联络时。具体的问候语有"您好""各位好""早上好""下午好""晚上好"等。

2. 迎送语

迎送语一般是指用于在服务岗位上迎来送往服务对象时的语言。通常金融行业工作人员使用的有"欢迎光临""再见""欢迎再来""请慢走"，同时还可以行注目礼、点头、微笑、鞠躬等。

3. 请托语

常用在请求他人帮忙或是托付他人代劳时，中心语是一个"请"字，如"请问""请稍候""请输入密码"等。

4. 致谢语

应用范围较广，既可以用于表示感谢，也可以表示感谢的应答，如"谢谢""多谢""不客气""这是我应该做的"等。

5. 征询语

在服务过程中，金融行业工作人员往往需要以礼貌语言向服务对象进行征询，此时采用的用语为征询语。在主动向服务对象提出帮助时，通常使用"您需要帮助吗？""我可以为您做点什么？""您需要什么？"等，有时金融行业工作人员也可以用封闭式或选择式的语言进行征询，如"这一款理财产品是最新推出的，您需要了解一下吗？"或者"您存半年期还是一年期？"

6. 应答语

金融行业工作人员在岗位上用于回应服务对象的召唤或是答复询问时使用的语言，用语是否规范，直接反映了服务态度、技巧和质量。通常有：肯定式应答，如"好的""是"；谦恭式应答，如"请不必客气""这是我们应该做的""过奖了"；谅解式应答，如"不要紧""没有关系"。

7. 道歉语

在工作中因为主客观原因导致差错、延误或者考虑不周时，应诚恳致歉。致歉应实事求是，也应适度，让服务对象明白你内疚的心情和愿意把工作继续做好的愿望即可，通常使用"对不起""抱歉""对此表示歉意"等。

二、文明用语

文明用语是指使用者在语言的选择、使用之中，表现出良好的文明素养的一类语言，主要包括称呼恰当、口齿清晰、用词文雅等几个方面。

（一）称呼恰当

称呼是人与人交往时使用的称谓和呼语。金融行业工作人员对服务对象所使用的称呼是否恰当，直接影响其交际效果。恰当地使用称谓语，具体要从以下四个方面入手：

1. 区分对象

金融行业工作人员的服务对象众多。由于不同客户的年龄、性别、身份、地位、民族等存在差异，一般来讲在工作中会用到的称呼有职务性称呼、职称性称呼、行业性称呼、性别性称呼、姓名性称呼。

2. 照顾习惯

在现实生活中，需综合考虑客户的语言习惯、文化层次、地方风俗等多项因素，并予以区别对待。

3. 分清主次

需要称呼多位服务对象时，一般要由主至次依次进行。在需要区分主次进行称呼时，可以遵循两条原则：一是由尊而卑，通常是先长后幼、先女后男、先上后下、先疏后亲。另一个是由近到远原则，先对离自己近的进行称呼，然后依次向下称呼他人。假如几位被称呼者一同前来，可以进行统一称呼，如"各位来宾""女士们、先生们"等。

4. 禁用忌语

在需要称呼他人的时候，金融行业工作人员需要了解一些禁忌，以防出现不愉快。主要的情况有：

（1）不使用任何称呼。有的服务人员不使用任何称呼，而是使用"喂""嘿""下一个""那个谁"等，这是非常失礼的表现。

（2）使用不雅的称呼。一些不雅的称呼，特别是含有人身侮辱和歧视之意的称呼，是绝对忌用的。

（二）口齿清晰

1. 符合口语的特点

（1）通俗活泼。浅显易懂、生动形象是口语最重要的特点。一般来讲，口语之中不该出现术语、典故等，忌讳故弄玄虚。

（2）简明扼要。简单明快、突出重点。口语交际时，大多使用短句，无须使用很多修饰语。

2. 合乎语言规范

（1）用语标准。金融行业员工一定要会讲一口标准的普通话，同时对当地方言有所了解并具备一定的听说能力，这样才能为多元的客户群体提供周到的服务。

（2）语气恰当。语气是人们说话时表现态度、倾向的口气。在人际交往中，语气往往会透露出谈话者的情感倾向等信息。因此，金融行业工作人员与客户交谈时，一定要在语气上表现出热情、亲切和耐心，注意不要让自己的语气显得急躁、生硬和轻慢。

（三）用词文雅

用词文雅是指用词力求谦恭、尊敬、高雅，避免说脏话、黑话、怪话和废话。

三、文明礼貌用语使用技巧

在文明礼貌用语方面，金融行业员工应熟练掌握以下技巧：

（一）称呼客户就高不就低

金融行业工作人员在接待客户或者拜访客户时，若知道客户的职务或职称，那么应该以对方最高、最受人尊敬的称谓称呼对方，并要牢记客户的相关信息，熟练地说出对方的姓名和头衔，以表示对客户的尊重。

（二）使用文明礼貌用语时应有真情实感

礼仪讲究"心到""意到"。工作人员在接待客户时既不要过分热情，也不要显得冷淡。说话时应始终面带微笑，注视对方的眼睛，表情应与所处情境相符，要从内心表现出对客户的真诚与关心。

（三）多用敬语

敬语的使用让客户有被尊敬和重视之感。金融行业工作人员要习惯于使用敬语。比如，请比较"麻烦您，请把证件出示一下"与"把你的证件给我看一下"这两句话给客户带来的感受。当客户在大厅排队等候时，比如其服务代码是19号，轮到其办理业务时，金融服务人员可称：19号、19号客户、19号贵宾。自然，客户更愿意接受19号贵宾的称呼，因为他感觉受到了尊重。

（四）文明礼貌用语的使用要符合当地人的语言习惯

各地用语形式丰富多样，工作人员不要使用带有贬义色彩的词语，同时要注意用语的恰当与规范，以免引起歧义与误会。

同 步案例4-1

他哪里说错了？

成路是北方人，今年刚从学校毕业进入南方某银行工作，目前主要跟随师傅在大堂工作。成路是一个十分热情的小伙儿，工作也相当主动。一天，一位约30岁的女士来到银行。成路笑脸相迎，说："大姐，您需要办理什么业务？需要我帮您做点什么？"听完这句话，这位女士颇不满意地皱了皱眉头，"我有那么老吗？"说完便转身离开。成路非常纳闷，他轻声嘀咕："我哪儿说错了？"师傅碰巧看到了事情的整个经过，他告诉成路："在我们南方，只有对五六十岁的女性才能称为大姐。这位女士那么年轻，你叫她大姐，她自然不高兴。"成路听后，委屈地说："在我们北方，称呼对方大哥、大姐是对他人的尊敬。"

问题： 成路满腔热情的服务，不仅没有赢得客户的好感反而招致不满。请回答：成路失败的主要因素是什么？

分析提示： 金融行业员工在工作过程中需要面对形形色色的客户。职场新人需要了解当地人的语言习惯，得体地使用礼貌用语，才能为客户提供高质量的服务。

小 常识

资料

金融行业工作人员处理特殊情形用语

在金融行业工作，难免会遇到一些特殊情形，如客户与业务员之间发生误会或客户与客户之间发生了争执等。为确保营业大厅各项工作顺利运行，金融行业工作人员要保持冷静，凭借个人良好的专业素养，用语谦逊，在短时间内妥善处理好纠纷。

1. 稳定客户情绪时

请您别着急，我马上给您办理。

您别着急，请按顺序来，很快就为您办理。

我理解您的心情，我会尽快为您办理。

2. 缓和调解矛盾时

先生/女士，请您到贵宾室坐一坐，有什么宝贵意见具体谈谈，帮助我们做好工作，您看行吗？

实在对不起，我们工作没做好，惹您生气了，今后我们会注意改进。

请您放心，我们一定解决好这件事。

请原谅，耽误您的时间了。

四、金融行业相关业务的文明礼貌用语和禁语

金融行业相关业务的文明礼貌用语和禁语详见表4-1。

表4-1　金融行业相关业务的文明礼貌用语和禁语

服务场景	文明礼貌用语	禁语
客户进营业厅时	1. 您好。 2. 您好，欢迎光临！ 3. 您好，需要我帮忙吗？ 4. 早上好！ 5. ××先生（女士），早上好！	1. 喂！ 2. 喂（哎），叫你没听见吗？
引导客户时	1. 您好，请问办理什么业务？ 2. 请您先去填单台填写××单证，再到××号柜台办理。 3. 您好，请您到×号窗口办理这项业务。 4. 您好，请您先取号，然后等待叫号。	1. 你要干什么？ 2. 办什么的？ 3. ××号柜台办××业务。
疏导客户时	1. 您好！请您稍等一会儿。 2. 对不起，请您在等候区休息一下，我们会尽快为您服务。 3. 您需要看看我们的宣传材料吗？ 4. 对不起，让您久等了。您喝水吗？	1. 隔壁银行很忙吗？我们这里业务太多了，忙不过来。 2. 这项业务不归我们这里处理，你去其他地方打听。
客户咨询有关问题时	1. 您好，您的这项业务需要这样办理…… 2. 您好，我来向您详细解释…… 3. 您好，请您先填××单。 4. 我是否给您解释清楚了？您还需要了解什么吗？ 5. 如果您想详细了解产品信息，我们可为您推荐一名优秀业务员为您服务。	1. 墙上贴着，自己看去。 2. 不知道！ 3. 资料上都写着，自己看。 4. 不是告诉你了吗？怎么还不明白！ 5. 你要我说多少遍？ 6. 有完没完？ 7. 这事儿不归我管，我不清楚。你问一下别人吧。
业务处理时	1. 麻烦把您的证件给我看一下，谢谢！ 2. 很抱歉！因为您的证件不齐，所以我无法帮您办理，请您下次带齐证件再来一趟。 3. 很抱歉，耽误您的时间！	1. 你弄错了！先去办××。 2. 手续不全，办不了。 3. 先填单子。 4. 单子填错了，重填！ 5. 把身份证拿来！ 6. 你怎么不用钢笔（签字笔）填呢？重填！

续表

服务场景	文明礼貌用语	禁语
业务处理时	4. 对不起，麻烦您用钢笔（签字笔）填写。 5. 请把凭单（支票）××项填上。 6. 您的凭单（支票）××项填写有误，麻烦您重填一份，好吗？ 7. 对不起，您的款项有误，请您复点一遍。 8. 对不起，您的资料需要核验一下。 9. 对不起，您的印鉴不清，请重新办理。 10. 对不起，您这笔业务还需要提供××证件（资料）。 11. 对不起，您这笔业务需要××的签名。 12. 请您收好您的证件，谢谢！ 13. 这是××（单证），请您核对一下，如没有问题，请您收好。 14. 先生/女士，您的业务办理完毕，请慢走！	7. 把××项填上去！ 8. 怎么搞的，钱不对呀，点清楚了再来！ 9. 对一下你的资料！ 10. 回去把章盖清楚了再来！ 11. 跟你讲没用，找你们财务来！ 12. 资料不全，回去把资料带齐再过来。 13. 找××签完字再过来办。 14. 别走，还没办完呢。
当客户询问的内容自己不太清楚或不能处理时	1. 对不起，让我问问我的同事（主管）后再回答您，好吗？ 2. 对不起，请稍候，等我请示一下负责人。 3. 对不起，这个问题我不太清楚，请您稍等，我问一下。	1. 不知道（清楚）。 2. 我不懂。 3. 我不管。 4. 公司就这么规定的，我们也没办法。 5. 我解决不了，你找我们经理去吧。
没有听清客户所说内容时	对不起，麻烦您再重复一遍，好吗？	1. 声音大点！ 2. 说清楚点！
需要客户等候时	1. 请稍候（等）。 2. 对不起，您的这笔业务需要一定的时间，请您再稍等片刻，我（我们）正在尽快为您办理。 3. 对不起，让您久等了。 4. 对不起，我需要离开片刻，请稍等。	1. 等一下，我正忙着呢！ 2. 没看见我正忙着吗？ 3. 我的手也没停呀，急什么！ 4. 等等又怎么啦？
需要客户签名时	请您核对后在这里签名。	1. 签字！你想签哪儿签哪儿！ 2. 在这儿签名！

续表

服务场景	文明礼貌用语	禁语
客户的要求与金融行业规定、国家政策相悖时	1. 非常抱歉，根据规定我不能为您办理这项业务（简要介绍相关规定），希望您能谅解。 2. 对不起，这项业务必须由本人亲自办理。麻烦您通知本人来我行办理这项业务，感谢您的配合。	1. 回去让本人来办。 2. 这是上级的规定，我有什么办法。 3. 你找谁都没用，就这样规定的。
客户不会填单时	您好，这个单据应该这样填写……	1. 上面怎么要求就怎么填。 2. 以前怎么填的？ 3. 我正忙呢，到别的柜台问去。
当客户投诉、建议时或对我们的服务表示不满，情绪激动时	1. 您有什么疑问，我来为您解释。 2. 对不起，请多提宝贵意见。 3. 非常感谢您告诉我们工作中的问题，请您留下姓名和电话号码，我们研究（处理）后尽快与您联系。 4. 对不起，这项业务政策规定很明确，恐怕难以办理，请您谅解。	1. 就这样，没办法。 2. 急什么，等着吧。 3. 等不了到别的地方去。 4. 别的银行/证券公司/保险公司好，你还来这儿干吗？ 5. 我就这样，怎么了？ 6. 你爱到哪儿告就到哪儿告去。 7. 有意见簿，写去！
收取或兑换客户零币、残币时	1. 零币较多，请您多等一会儿。 2. 这是××元，请您稍等一下。	1. 真麻烦，全是零币。 2. 这么散的钱，自己整理好了再存！ 3. 没零钱了，自己出去换去！ 4. 我这儿不换钱。
当客户插队时	对不起，请您按秩序排队办理业务，谢谢。	1. 排队去。 2. 后边等着去。
临时出现设备故障	请原谅，计算机线路暂时出现故障，我们尽快排除，请稍候。	1. 计算机坏了，我有什么办法，又不是我让它坏的。 2. 我怎么知道什么时候能修好，等着吧。
临近下班时	您好，请问办理什么业务？	1. 别进来了，下班了。 2. 结账了，不办了。 3. 怎么不早点来。 4. 你要办什么业务，快点。
客户事项办理完毕时	1. 您的业务已经办完了，请核对一下。 2. 请您当面点清款项。	1. 可以了，走吧。 2. 都办完了，怎么还不走？

续表

服务场景	文明礼貌用语	禁语
客户事项办理完毕时	3. 您好，这是您办理业务的回执，请收好。 4. 请您收好存折（存单、卡、印鉴、支票等），再见！ 5. 您还有什么需要我帮忙吗？ 6. 感谢您对我们工作的支持，欢迎您再来。 7. 请走好，再见。	3. 下一个。
与客户道别时	1. 不用谢，这是我们应该做的。 2. 请您拿好您的物品，再见。 3. 再见，欢迎您下次再来。	

活动设计4-1　课堂讨论

交谈礼仪

课程实训

如何正确处理客户的抱怨指责

全班同学以小组为单位，在10分钟内完成以下任务。

目标：通过实训练习，掌握金融行业员工在面对客户抱怨指责时应如何进行正确处理，如何使用亲切、规范的文明礼貌用语，有效解决客户的问题、维护客户关系。

任务：根据金融行业工作人员文明礼貌规范用语的操作要求进行。

要求：

（1）虚心道歉。作为银行的服务人员，遇到抱怨时不能总想着如何躲开，应马上采取的行动是虚心道歉，不论责任在谁，你都要先向客户道歉，可以说："对不起，很抱歉，向您致以深深的歉意。"

（2）找出原因。向客户道歉之后，接下来要设法让客户说出不满的原因。你可以这样询问客户："您为什么生气？是什么事情让您这么不开心？您慢慢说出来，或许我可以帮您解决，如果我不能解决，没有关系，我很快会上报我们主管。"

（3）寻求解决之道。了解引发抱怨的原因之后，我们就应马上寻求解决方案。如果是自己能够解决的问题，就应该立刻果断处理；如果是以自己的能力所不能解决的问题，或者已经超出权限范围，应该选择"搬救兵"的方式。当上级主管处理这些问题的时候，你应在旁边认真学习，这样就会提高自己处理问题的能力。

（4）吸取经验。每一次问题处理完毕，都要做个有心人，不断积累经验。因为问题虽多，但是类型却是有限的，你要善于将每天遇到的问题进行归类，然后记下这类问题应该怎样处理，那类问题又该如何解决。这样，当以后再出现同类问题时，就可以很轻松地处理了。

第二节　金融行业工作人员的行业用语

一、行业用语的概念和作用

行业用语，又叫行业语、行话。它一般是指某一行业所使用的专门性用语，主要用以说明某些专业性、技术性的问题。金融行业工作人员在服务过程中使用行业用语是工作需要，但只有恰到好处地使用行业用语才能更好地展现自身的业务能力和职业素养，从而赢得服务对象的理解与信任。

二、使用金融行业用语的原则

（一）准确原则

随着我国社会经济的发展，金融在支持产业、行业的发展过程中扮演着越来越重要的角色。这就要求金融行业从业人员不断更新自身知识储备，注意选词和用词的恰当性，高效地向客户介绍各类金融产品、金融服务的相关信息，阐明"是什么、为什么、有哪些收益、有什么风险"等方面的问题。

（二）高效原则

在生活节奏日益加快的今天，在最短的时间内为客户提供他所需要的信息和服务是金融行业工作人员发展新客户、维系老客户的一项必备行业技能。这就要求金融行业员工能迅速判断客户对金融行业专业用语的接受能力和层次，从而结合自身的专业知识为对方提供服务。

（三）实事求是原则

金融行业服务人员在与客户沟通时，不可不懂装懂，随口乱诌，随意编造，以假充真，向客户传达不真实、不准确的信息，以免造成客户理解错误，发生纠纷。

（四）适度原则

金融行业从业人员只有具备扎实的专业知识，才能赢得客户。但对行业用语的使用要掌握分寸、适宜适当，要切实考虑到客户的具体情况、客户的感受、客户的需求等，使用专业术语时，以服务对象听懂为度。

同 步案例4-2

他为什么不信任我？

案例
他为什么不信
任我？

田力是银行职员，他是某高校金融系刚毕业的高材生，目前主要提供理财咨询服务。一次，一位客户来咨询，田力非常卖力地介绍起各项理财产品，只见他眉飞色舞口舌翻飞，说了一大堆"定投""复利""补仓"等专业名词，结果客户两眼茫然地听了一会，悻悻地走开了。田力觉得很奇怪："我可是科班出身的专业人士，他怎么不信任我呢？"

问题：根据案例讨论田力失败的原因。

分析提示：请结合行业用语的使用原则进行分析。

同 步案例4-3

教老年人使用网上银行

鲁大爷经常去银行办理存取款、转账、交水电费的业务。每次去银行，鲁大爷都会为长时间的排队而心烦不已。他觉得总是这样太浪费时间，不如自己学会网上银行的操作，以后自己在家就可以轻松地完成这些事情。一天，他来到××银行，向工作人员说明了来意。银行工作人员也很热心，他一边点开网上银行的网页，一边快速地向鲁大爷解释。U盾、动态密码、数字证书、用户名、账户关联等新词一个接一个往外冒。几分钟下来，鲁大爷听得云里雾里。他对这位工作人员说："真抱歉，你说的这些词我都听不懂，不耽误你的时间了，我还是不学了。"

问题：如果你是银行的工作人员，你会用什么样的语言或什么样的方式向鲁大爷这样的老年人群体解释网上银行金融服务的各项功能与实现步骤，以便于老年人的理解与操作呢？

分析提示：建议采用深入浅出的方法，用浅显易懂的语言向老年人解释。

三、使用金融行业用语的禁忌

金融行业用语禁忌是指在金融服务中忌讳使用的语言。不当的用语会破坏工作人员与客户之间的关系，也会对金融机构的形象产生不良影响。

（一）不尊重之语

在服务过程中，任何对客户缺乏尊重的语言，均不得为金融行业工作人员所使用。

（二）不友好之语

粗暴的语言或者是对抗的语言等都是不友好的语言。在任何情况下，金融行业工作人员都要牢记"和气生财"的古训，友善地对待每一位客户。

（三）不耐烦之语

金融行业的业务种类繁多。客户难免有时不能完全清楚或理解。在业务办理过程中，工作人员要秉承良好的服务意识，在接待客户时表现出应有的热情和足够的耐心，努力做到：有问必答、答必尽心，百问不烦、百问不厌，不分对象、始终如一。假如使用了不耐烦之语，不论初衷是什么，都属于用语禁忌。

（四）不客气之语

比如在劝阻客户不要动手乱碰时，不可以说"乱动什么""老实点""坏了你赔得起吗"之类的不客气话语。

小 常识

资料

银行服务中不同岗位的行业用语和禁语

（一）银行会计人员服务用语

1. 请问，您办理什么业务？

2. 请您将凭证内容填好。

3. 请到××号柜台办理。

4. 请出示您的证件和单位账号。

5. 请您审查汇票内容。

6. 请您将印鉴盖清晰。

7. 请收好您的印章（凭证、回单、对账单、支票、密码清单等）。

8. 请您签收退票。

9. 请您单位及时与银行对账。

10. 请您妥善保管营业执照和开户申请书。

11. 请您到人民银行办理账户审批手续。

12. 您单位的汇款未到，请留下地址和电话号码。

13. 请您及时到银行取回托收或委托承付通知。

14. 请您单位及时将托收或委收五联及附件交送银行办理退、托。

15. 请您出示拒付的有关证明及资料，谢谢合作。

16. 您单位出具的拒付理由不恰当，银行无法受理，请谅解。

17. 对不起，现在机器线路发生故障，请稍等。

18. 您填写的凭证××项内容有误，请重新填写。

19. 请您多提意见。

（二）银行会计人员服务禁语

1. 客户询问结算事宜，禁止说：①我不知道！②不归我管。③怎么还问？不是和你说了吗？有完没完！

2. 客户持证查询账户余额时，禁止说：①不行，机器忙着呢。②天天查，真烦人。

3. 客户办理业务走错柜台时，禁止说：没看见牌子吗？那边去！

4. 客户填错凭证时，禁止说：①怎么搞的，错了。②怎么写的，重填。③不会填写，你不会问吗？

5. 业务忙时，禁止说：①急什么，等着吧。②没看见我正忙着呢。

6. 机器有故障时，禁止说：明天再来吧。

7. 客户购买凭证时，禁止说：没有了，不能买。

8. 客户缺少回单、对账单查询时，禁止说：①不是我的事，找专柜去。②我也没有办法，自己找。③等着吧。

9. 临近下班时，禁止说：谁叫你来那么晚，结账了，不办了，明天再办。

10. 客户提出批评意见时，禁止说：①就你事多，我就是这样。②你能把我怎么样？有意见，找领导上告去，不怕你。

（三）银行出纳人员服务用语

1. 请稍等，我马上帮您查询。

2. 请您到××号柜台查询。

3. 请您按要求逐项填写凭证。

4. 请您注意填写大小写和票面张数。

5. 您的款项有误，请重新点一下，好吗？

6. 您的现金中有假币，按人民银行规定应当没收，谢谢合作！

7. 请问兑换辅币面额分别是多少？请您填好兑换单，我马上给您办理。

8. 您兑换的残币不够全额标准，只能换×元。

9. 请稍等，我马上将传票送会计科。

10. 请问提款金额是多少？请您把款项点清、收好。

11. 请您报提现金计划。

12. 马上联系，尽量满足您的需要。

13. 对不起，现在机器有故障，请稍等。

（四）银行出纳人员服务禁语

1. 客户询问交款事宜时，禁止说：我不清楚，我不知道。

2. 客户来交款时，禁止说：你怎么连规矩都不懂。

3. 客户填错交款单时，禁止说：你怎么搞的，填错了，重填。

4. 客户办理交款业务时，禁止说：你的钱太乱了，整理好再交。

5. 客户走错柜台时，禁止说：你没有看见牌子吗？到那边去。

6. 客户兑换残币时，禁止说：不能换。

7. 办理付款业务时，禁止说：①哎，喊你没有听见吗？②钱不够了，没钱了。

8. 机器出现故障或停电时，禁止说：你急什么，明天再来吧。

9. 临近下班时，禁止说：不收了，明天再来吧。

10. 发现假币时，禁止说：我一眼就看出来了，我还能坑你吗？

11. 客户提出批评时，禁止说：①就你事多，我就是这样。②你能把我怎么样？有意见找领导上告去，不怕你。

（五）银行储蓄人员服务用语

1. 库包未到，请您稍等。

2. 请您到×号柜台办理。

3. 请您用黑色中性笔填写凭条。

4. 您的凭条×项填写有误，请重填一张。

5. 您的现金有误，请重新清点一下，好吗？

6. 请您慢慢回想密码，不要着急。

7. 请出示您的身份证、户口簿。谢谢合作。

8. 请收好您的现金和存折/银行卡。

9. 请稍等，我马上重新给您计算一下利息。

10. 对不起，现在机器有故障，请稍等。

（六）银行储蓄人员服务禁语

1. 储户询问利息时，禁止说：①墙上贴着呢，你不会看吗？②不是告诉你了吗，有完没完？

2. 办理储蓄业务时，禁止说：存不存？要存就快点。

3. 客户刚办理存款业务，又要取钱时，禁止说：刚存怎么又取钱？以后想好了再存，净找麻烦。

4. 客户办理提前支取，但存单与身份证姓名不一致时，禁止说：你自己写错了怨谁。

5. 储户对利息提出疑问时，禁止说：利息是计算机计算出来的，还会错？银行还会坑你吗？不信，找人去算。

6. 业务忙时，禁止说：急什么，没看见我正忙着呢！

7. 临近下班时，禁止说：结账了，不办了。怎么不早来？

8. 机器出现故障时，禁止说：① 我有什么办法，又不是我让它坏的。② 我也不知道具体什么时间能修好。③ 到别的支行去取钱吧。④ 明天再来吧。

9. 客户提出批评时，禁止说：① 就你事多，我就是这样。② 你能把我怎么样。上告去，不怕你。

（七）银行信贷人员服务用语

1. 请问，您办理何种贷款？

2. 请问，有担保单位同意为您担保吗？

3. 请问，担保单位同意为您担保吗？

4. 此项贷款待调查论证后再答复您。

5. 请稍等，待请示后答复您。

6. 此项贷款上级有规定不能办理，请谅解。

7. 请问，您单位近期经营效益如何？

8. 请您提供有关报表或数据。

9. 请您单位保证专款专用。

10. 请您单位按期归还贷款，偿还利息。

11. 谢谢合作。

（八）银行信贷人员服务禁语

1. 客户询问信贷业务时，禁止说：① 不知道。② 不清楚。

2. 客户联系贷款时，禁止说：① 我说了不算，找上级去。② 你们单位效益那么差，还想贷款！

3. 客户办理贷款手续时，禁止说：办了几次了，怎么还不明白？

4. 客户询问贷款利息时，禁止说：不知道。

5. 到企业调查、了解情况时，禁止说：① 派车来接。② 让你们领导 × 点等着我。

6. 临近下班时，禁止说：下班了，明天再来。

活动设计4-2 课堂讨论

课程实训

受理业务中行业用语的使用

以班级为单位，分小组利用课上10分钟时间完成以下任务。

目标：掌握金融行业员工受理业务中行业用语的规范并灵活使用，显示金融行业员工的业务能力和职业素养，从而赢得服务对象的充分理解与信任。

任务：根据金融行业工作人员行业用语规范，完成工作流程。

要求：

（1）请小组成员模拟客户到营业网点咨询理财业务时行业用语的使用。

（2）请小组成员模拟客户办理信贷业务时行业用语的使用。

（3）小组讨论结束后，由教师进行点评。

第三节 金融行业工作人员的电话礼仪

金融行业工作人员在自己的工作岗位上，经常会利用通信设备和客户进行交谈。如果不懂得使用通信设备的礼仪规范和要求，往往会影响工作任务的完成。因此，作为金融行业工作人员须重视电话用语的使用礼仪。在与客户通电话时，应符合服务礼仪的规范要求，做到彬彬有礼、用语得体，声音自然亲切，创造友好氛围，给客户留下良好的印象。

情景模拟三之
客服电话

一、接听电话的用语

（1）来电须在第三声铃响之前尽快接听。如果一时未来得及接电话，电话响了许久，拿起电话时就应该先向对方致歉："抱歉，让您久等了。"

（2）电话接通后常用语：

您好，××银行信贷部，我是王××。

您好，××寿险为您服务。

（3）谁先挂断电话：地位高者先挂。若双方平等，则打电话者先挂断。

活动设计4-3 课堂讨论

课程实训

接听电话时行业用语的使用

以班级为单位，分小组利用课上15分钟的时间完成以下任务。

目标： 掌握金融行业员工在接听电话时行业用语的规范、灵活使用，做到彬彬有礼、用语得体，声音自然亲切，既可以创造友好氛围，又可给客户留下良好的印象。

任务： 根据金融行业员工接听电话规范正确完成操作。

要求：

（1）请注意在接到投诉电话时规范使用行业用语。

（2）请注意在接到咨询业务电话时规范使用行业用语及电话礼仪。

（3）接听电话时请填写电话记录单。

二、打电话的用语

打电话的行为看似非常简单，但部分职场新人却会产生些许恐惧感。"恐惧"来源于害怕被拒绝、担心不能自如地应对突发情境等。因而，要学会"打电话"，就必须做好充分的准备：

（1）打电话前先仔细地处理下列信息：

① 核对客户所在单位的名称和电话号码。

② 核对客户的姓名、职务、职称。

③ 当你打电话的时候，要考虑这个时间对对方来说是否方便。打电话时间要尽量避开周一上午，因为有很多单位会选择在周一上午开会。如果拨打非本地客户的电话，还要考虑时差问题。

同步案例4-4

案例 不合时宜的电话

不合时宜的电话

许嘉是华东地区某银行信贷部工作人员。某日，她需要与王姓客户沟通贷款事宜。早晨9点一上班，她就拨通了客户的电话。没想到，客户把电话掐断了，听筒里传来"您所拨打的电话正在通话中"的语音提示。没过多久，许嘉收到该客户发来的短信：我在新疆，还在休息，有事稍后联系。许嘉心想，9点了还没起床……那我下午再与他联系。下午2点上班后，许嘉再次拨通了客户的电话。没想到客户又掐断了电话，他回复短信说：我正在吃饭，等下给您回复。

问题： 在正常工作时间拨打对方的电话，却两次都没有成功，这是什么原因呢？

分析提示： 新疆时间与北京时间"差"两个小时。在新疆，人们一般10点上班，20点下班。如果你初到新疆，则需尽快调整生物钟，推迟作息与就餐时间，否则会合不上当地的生活节拍。这下你明白了吗？许嘉两次打电话的时间分别是北京时间9:00、14:00，相对生活在新疆地区的人来说，正好是早晨7:00、中午12:00，因而会出现不方便接听电话的结果。这则案例告诉我们，要充分考虑对方的生活作息、工作节奏后再决定打电话的时间。

（2）拨电话前要梳理思路。说什么，怎么说，如何回应都要心中有数。若要沟通的内容较多，则应把相关事件罗列在纸上，避免遗漏重要事件。

（3）调整自己的情绪状态。要对自己充满信心，相信自己不比别人差。别人能做好的，你同样可以做好，并且能够取得成功。

（4）熟悉开场白。熟练的开场白会让对方感受到你的自信和较强的业务能力。最初，你可以对着镜子或同事进行练习。

（5）带着微笑说话。脸上的微笑会带来亲切的态度。虽然对方无法看到你的表情，但却可以感受到你的微笑给语音语调带来的影响，所以，即使在电话中，也要抱着"对方看着我"的心态去应对。

（6）表达要准确、条理清晰。工作电话力求简洁有效，目标明确。因而拨打电话时要口齿清晰、简明扼要，让客户在短时间内理解你所要表达的意思。

（7）经常性地用一些提示语言向对方表示你正在听。例如，"是的""我明白"或"对"之类的。

活 动设计4-4　课堂讨论

拨打电话时行业用语的使用

以班级为单位，分小组利用课上10分钟的时间完成以下任务。

课程实训

目标：掌握金融行业员工在拨打电话时行业用语的规范使用，做到彬彬有礼、用语得体，声音自然亲切，创造友好氛围，给公众留下良好的印象。

任务：根据金融行业工作人员拨打电话的要求正确完成操作。

要求：

（1）请在拨打电话时注意行业用语及电话礼仪的规范使用。

（2）请思考：如何在拨打电话时自报家门？

（3）小组成员讨论：在陈述事项时需要注意哪些问题？

（8）准备好纸和笔，随时记录与客户的谈话重点与关键信息。

（9）要及时确认电话中的关键信息，以便于让听者能更清楚地理解对方的意思，以免发生误会。

同 步案例4-5

一流推销员的打电话技巧

一位十分出色的销售人员，曾经在某个晚上10点睡下后突然想起未与顾客商约第二天见面的准确时间、地点。于是，他把被子掀开，把睡衣换下，穿上衬衫、西服，打好领带，梳好头发，之后才打电话给顾客。挂了电话后，他回到卧房又换上睡衣睡觉。他老婆感到非常奇怪，问："你给顾客打电话时，他们又看不见你，为什么要换衣服、打领带、梳头发？"他说："虽然顾客看不见我，可如果我穿睡衣跟客户通电话，我感觉那不是我，那不是一流推销员的做法。我穿上西装打上领带，电话里面的语气都会不一样，顾客在电话中也能感觉到我的态度，以此向对方表达我发自内心的尊重。"

问题：这位推销员换上职业装再给客户拨打电话，哪些细节可能会发生变化？

分析提示：拨打工作电话，需要做好充分的准备，不仅需要与客户清晰地沟通工作事宜，也要善于通过电话的"形象声音"来传递你对客户的真诚与尊敬。

三、转接电话的处理

（1）如果对方要求转接电话，应重复一遍以确认要转接给部门里的哪一位。如"×××对吗？这就为您转接，请稍等。"

（2）如果要转接的对象正在打电话，不要让对方一直等，而要说："真不巧，他正在接别的电话，我能为您做些什么呢？"

（3）如果要转接的对象暂时离开，这个时候可以不挂电话，但最多可以让对方等一分钟。因为即使自己感觉才一分钟，等着的一方却会感到很漫长。如果估计要等的时间较长，就要说"对不起，可能还需要一些时间，我会转告他待会儿再打给您"，在确认对方的电话号码和姓名后暂时挂断电话。

四、电话留言的处理

（1）如果要接电话的人不在，应从积极的方面解释你的同事不在的原因。任何情况都只需要告知什么时候回来，而不需要说明为什么不在、去了哪里等。

（2）在询问打电话的人的姓名之前，先告诉他要找的人不在。

（3）应主动为客户留言：客户的姓名、部门、公司名、电话号码及解释客户打电话的原因、客户打来的时间及日期、客户要联络的那个人的姓名。写完后可以问："您好，我刚才记录了一下，你看是不是这几个要点？"

五、投诉电话的处理

接待投诉电话要语言温和，把握好分寸。语言的使用要体现出对客户的理解、尊重以及对问题处理的明确态度，避免激化矛盾。

（一）给客户提供解决方案

"您别着急。您详细描述一下具体经过（情况），好吗？"

"您看这个问题这样处理好不好？"

（二）承诺解决时效

"我能够理解您的心情，您提到的这个问题非常重要。"

"发生这样的事情真的是非常抱歉（遗憾），我们都不希望这样。"

被激怒的客户

"非常抱歉，因为您提到的问题比较复杂，我暂时还无法给您明确答复。我马上去处理这件事，尽快给您答复，最多不会超过明天下午（或×月×日），您看这样可以吗？"

小常识

微 信 礼 仪

无论是何种沟通方式，礼仪的内核都是一样的，那就是尊重他人，懂得控制自己，让跟你沟通的人感到舒服自在，努力让沟通变得更真诚、更有效。因此，我们要多注意自己的微信礼仪规范。

（1）微信必回复原则（重要信息及时回复，日常交流信息24小时内回复）/发朋友圈前检查有没有必要信息未回复。

（2）除了几个重要的核心亲友、重要工作群，将大多数不重要的群消息都设置为"消息免打扰"。

（3）跟客户、上级发信息时尽量避免发送语音信息。

（4）在群里（特别是内外部的工作群、项目沟通群、商务交流群）有事要特别跟某人说时要特意"@某人"，重要事项要跟所有人说的时候要请群主发公告"@所有人"，并且在重要事项需要回复时补充说明收到请回复，收到的人要及时回复。

（5）避免未经他人允许随意拉人入群。

（6）如无必要，不要在微信中向他人发送重要的、需存档保存的文件。

<<<<<<<<<<<< **知** 识巩固 <<<<<<<<<<<<<<<<<<<<<<<<<<<<<<<<<<<<<<<<<<<<<

习题库

一、填空题

1. 礼貌用语的种类包括（　　）、（　　）、（　　）、（　　）、（　　）、（　　）、（　　）。

2. 使用文明用语要注意：（　　）、口齿清晰、（　　）等方面问题。

3. 使用金融行业用语的原则包括（　　）、（　　）、（　　）、（　　）。

4. 电话留言应主要记录（　　）等内容。

5. 拨打客户电话前，应注意（　　）。

二、判断题

1. 给对方打电话时，先介绍自己。　　　　　　　　　　　　（　　）

2. 在工作场合中应尽可能多地使用行业专业术语，以显示自己具有深厚的金融知识背景。　　　　　　　　　　　　　　　　　　（　　）

三、简答题

1. 请写出您理解的处理工作电话的基本礼仪。

2. 请找出下面一段话的关键词，并整理成电话记录：

我想跟你们廖总谈一下项目的贷款额度，我是他的老朋友，我姓刘。我明天上午就要离开上海了。有时间的话最好能跟廖总面谈，让他有时间给我回个电话。

3. 遇到以下情境，你会如何处理？

"你们证券公司的工作人员太差劲了！我说的两个问题，一个也答不上来。问其他人问了半天还是不知道该怎么处理，误我时间误我事！拖到现在还没等到你们公司的回复。你们是不是专业证券公司？怎么这样对待客户？"

<<<<<<<<<<<< **专业能力训练** <<<<<<<<<<<<<<<<<<<<<<<<<<<<<<<<<<<<<<<<

综合实训

实训题一

当你遇到以下情形时，你会如何处理？

（1）当客户排队等候时间较长，情绪十分焦躁，你可以说：

（　　　　　　　　　　　　　　　　　　　　　　　　　　　　）。

（2）在你为客户办理业务过程中，发生了误会，你可以说：

（　　　　　　　　　　　　　　　　　　　　　　　　　　　　）。

（3）如果你是值班大堂经理，看到客户与工作人员发生了矛盾，你可以说：（ ）。

实训题二

1. 仿真操作：模拟金融行业工作人员与客户电话沟通贷款事宜。

活动要求：在实验室情景下，以小组为单位，利用课上约20分钟的时间自拟情节，结合金融行业员工语言礼仪的知识要点，模拟演练工作电话的全过程。

活动组织与步骤：

（1）组织设计：每小组选派2位代表参加，主讲教师全程负责，指定专人负责录像和演练记录。

（2）模拟形式：分别模拟演练金融行业工作电话中每一步骤的内容要点，每一小组模拟演练的时间在8分钟之内。

（3）学生点评：结合"自测项目"（见表4-2），其余小组为每一组模拟演练的情况给予点评并给出成绩评价。

（4）成绩评定：结合"自测项目"，教师给出成绩评价，加总后一并计入学生课堂成绩。

（5）成果展示：演练记录和全程录像由教师存档，作为课堂学习成果予以展示。

你觉得你在职场接打电话时是否符合礼仪，能给客户留下良好的印象吗？请与表4-2中的自测项目对照一下吧。

表4-2 电话礼仪自测表

自测项目		自测结果
个人形象	是否发出清晰悦耳的声音	□是　□否
	是否微笑着说话	□是　□否
	语速和语调是否得当	□是　□否
	是否传达出积极的情绪状态	□是　□否
事前准备	是否核对了客户信息	□是　□否
	是否准备了纸、笔等	□是　□否
	是否列出内容提纲或内容要点	□是　□否
沟通过程	是否主动问好	□是　□否
	是否感谢对方接听	□是　□否
	是否自信地说出拜访的理由	□是　□否

续表

自测项目		自测结果	
沟通过程	是否条理清晰	□是	□否
	是否以客户为中心	□是	□否
	是否向客户对专业术语加以必要的解释	□是	□否
	是否及时向客户核实重要信息	□是	□否
	是否善于分辨关键性字句	□是	□否
	是否及时恰当地使用了文明礼貌用语	□是	□否

2. 角色扮演：自选话题，以小组为单位模拟客户向金融机构的投诉过程。

（1）组织设计：以班级为单位，教师全程把控，指定1人负责录像，1人负责记录，1人主持模拟演练。

（2）模拟形式：每个自然学习小组分别选出若干人(人数不限，各小组可根据情节自行安排)，分别扮演客户、金融机构工作人员。在角色扮演过程中，工作人员要充分使用文明礼貌用语、恰当地使用行业用语、灵活地处理突发情境，以展现金融行业工作人员的职业素养。

（3）学生点评：按规定的标准，学生点评并给出成绩评价。

（4）成绩评定：教师给出成绩评价，加总后一并计入学生课堂成绩。

（5）成果展示：演练记录和全程录像由教师存档，作为课堂学习成果予以展示。

专业能力考核（自评）

一、专业能力自评

📖 专业能力自评表

	能/否	任务名称
通过学习本章，你		了解/理解/运用金融行业工作人员礼貌用语、文明用语
		了解/理解/运用金融行业工作人员的行业用语
		了解/熟悉/掌握金融行业工作人员接打电话的基本操作流程及注意事项
		培养良好的语言礼仪素养

注："能/否"栏填"能了解/熟悉（理解）/掌握（解释、分析、辨析）"或"否"。

二、核心能力自评

🔍 核心能力自评表

	核心能力	是否提高
通过学习本章，你的	信息获取能力	
	口头表达能力	
	书面表达能力	
	与人沟通能力	
	解决问题能力	
	团队合作精神	
通过学习本章，你的		
自评人（签名）：　　年　月　日	教师（签名）：　　年　月　日	

注："是否提高"一栏可填写"明显提高""有所提高""没有提高"。

【关键职业概念】

　　1. 了解称谓礼仪和介绍礼仪，掌握正确称呼他人，自我介绍、为他人介绍、递接名片等礼仪规范。

　　2. 了解会面礼仪，掌握握手礼、鞠躬礼、致意礼、亲吻礼、拥抱礼等的使用方法。

　　3. 了解日常交谈礼仪的基本原则和技巧，了解在一般公共场所应注意的礼仪。

　　通过本章学习，应达到以下目标：

　　● 知识目标：

　　1. 知晓称呼礼仪的使用原则。

　　2. 掌握自我介绍与为他人介绍的礼仪规范。

　　3. 掌握递接名片的礼仪规范。

　　4. 知晓金融行业常用见面礼节的适用场景。

【学习目标】

　　5. 掌握握手、鞠躬、问候等会面活动的礼仪规范和基本要求。

　　6. 掌握日常交谈礼仪的基本原则和交谈技巧。

　　7. 知晓公共场所的一般礼仪规范。

　　● 技能目标：

　　1. 能正确地使用各种金融服务过程中的称谓。

　　2. 能恰当地进行自我介绍和为他人作介绍。

　　3. 能根据不同场景得体地使用不同形式的见面礼节。

　　4. 塑造良好声音形象，把控交谈距离。

　　5. 学会在沟通中使用聆听与赞美等技巧。

【内容结构】

```
                                              ┌─────────────────┐
                                              │   正确称呼他人    │
                                              └─────────────────┘
                              ┌─────────────┐ ┌─────────────────┐
                         ┌────│ 称谓与介绍礼仪 │─│    自我介绍       │
                         │    └─────────────┘ └─────────────────┘
                         │                    ┌─────────────────┐
 金                      │                    │   为他人介绍      │
 融                      │                    └─────────────────┘
 行                      │                    ┌─────────────────┐
 业                      │                    │    递接名片       │
 工                      │                    └─────────────────┘
 作  ────────────────────┤
 人                      │                    ┌─────────────────┐
 员                      │                    │  施用得体的见面礼节 │
 的                      │                    └─────────────────┘
 日                      │    ┌─────────────┐ ┌─────────────────┐
 常                      │    │   会面礼仪    │─│  控制声音、认真倾听 │
 交                      └────│             │ └─────────────────┘
 际                           └─────────────┘ ┌─────────────────┐
 礼                                           │   交谈文雅、礼貌   │
 仪                                           └─────────────────┘
                                              ┌─────────────────┐
                                              │ 知晓一般公共场所礼仪 │
                                              └─────────────────┘
```

【学习内容】

引例

谁惹了"大姐"？

一位衣着时尚的女士步入某银行营业大厅，她站在大厅中央四下张望。新来的大堂经理小王迎上前去，问："大姐，你需要帮忙吗？"女士斜眼看了看小王，没有搭理他。小王以为女士没有听清楚，抬高了声音又问："大姐，你需要帮忙吗？"这一次女士发话了，"你是谁啊？"小王没有意识到自己没有穿制服、没有佩戴胸牌，还是热情地问"你需要帮忙吗？""我找这里的客户经理。""我带你去找。"小王一边说，一边用手指引。女士转过头说："不用了。"随即走出了营业大厅。

问题：这位女士为什么不办理业务了呢？小王的接待出了什么问题？"大姐"这个称谓，通常在什么场合、对什么人使用？

分析提示：称呼对方，引起对方的注意，意欲与之交流。但不当的称呼，会让人不快，引起情绪的抵触，不愿交流。

第一节　称谓与介绍礼仪

一、掌握正确称呼他人的礼仪

称呼是指人们在日常交往应酬之中，彼此之间所采用的称谓语。在工作中，金融工作人员选择正确、适当的称呼，不仅反映了自身的教养、对对方尊敬的程度，而且体现着双方关系的密切程度，以及社会风尚。依据不同环境和金融工作场合的要求，了解和掌握称呼中的礼仪规范，有助于社交活动的成功和优质服务的实施。

为他人介绍礼仪

（一）称呼的基本功能

一般而言，称呼具有以下三种基本功能：

（1）呼唤。呼唤，意在引起对方的注意。如"小王"，被呼唤人了解到呼唤人欲与之交流的意愿。

（2）体现关系。称呼他人时，呼唤人即是对与被呼唤人之间关系的主动定位。如"张经理"，表示工作关系，或明确上下级关系。

（3）明确态度与情感。称呼，是表明呼唤人对被呼唤人的态度与情感的重要表达方式。如"唐勇先生""唐勇同志""唐勇""小唐""小勇""勇哥""勇儿""勇"等不同称呼，不仅体现呼唤人与被呼唤人之间的关系，而且反映了呼唤人对被呼唤人的不同态度和不同情感。

（二）使用称呼的规范

1. 工作场合中的称呼

工作场合是一种典型的正式场合，要求人们彼此之间的称呼正式、庄重和规范。

（1）职务性称呼。以交往对象的职务相称，以示双方的尊次关系，且敬意有加，这是一种最常见的称呼。主要有以下三种情况：

① 仅称职务。如"经理"。

② 姓氏＋职务。如"张经理"。

③ 姓名＋职务。适用于极正式的场合。如"张明远经理"。

（2）职称性称呼。对于具有技术职称者，尤其是具有高级、中级职称者，在工作中直接以其职称相称。主要有以下三种情况：

① 仅称职称。如"教授"。

② 姓氏＋职称。如"王教授"。

③ 姓名＋职称。适用于极正式的场合。如"王刚教授"。

（3）学衔性称呼。以学衔作为称呼，常用于强调被称呼者的权威性。主要有以下四种情况：

① 仅称学衔。如"博士"。

② 姓氏+学衔。如"方博士"。

③ 姓名+学衔。如"方洪雅博士"。

④ 将学衔具体化进行称呼。如"经济学博士方洪雅"。此种称呼适用于极正式的场合。

（4）行业性称呼。在日常工作中，有时可以行业来称呼。对于从事某些特定行业的人，可直接以对方的行业或职业作为称呼；也可在其行业或职业前加上姓氏或姓名。如"医生""欧阳医生""欧阳丽医生"等。

2. 社交中的称呼

社会交往中的称呼既要符合社会环境、时代背景，又要符合国情民俗、民族习惯等因素；既要掌握称呼的一般规律，又要符合其特殊要求。

（1）一般性称呼。

① 对于女性，无论婚否，均可统称为"女士"，通常的称呼方式是在"女士"前冠以她自己的姓氏或姓名，如"黄女士""宋红女士"。

② 对于已婚女性，可以称"夫人"，并冠以丈夫的姓名，如宋庆龄被尊为"孙夫人""孙中山夫人"。

③ 对于未婚女性，无论年轻还是年长，均可称"小姐"，并冠以她的姓名，如"舒小姐""向华小姐"。注意：在称呼"小姐"时加上姓氏，避免某些特殊场合引起不必要的误会；当不清楚女性的婚姻情况时，一般称"女士"或"小姐"。

④ 对于成年男性，最普遍的称呼是"先生"。有时也冠以姓名或职称、衔称等，如"张先生""张斌先生""董事长先生"。

（2）姓名性称呼。姓名称呼一般用于年龄、职务相仿的交往对象，如同事、好友、熟人之间。通常有三种情况：

① 直呼全名。如"赵刚"。

② "老""大""小"+姓氏。如"老王""大李""小张"。

③ 只呼其名，不称其姓。通常限于同性之间，用于上级称呼下级，长辈称呼晚辈等，也用于非常熟悉的人之间，如亲友、同学、邻里之间。

（3）特殊性称呼。主要指在一些涉外社交和特殊场合中，遵循交往对象的国情、身份标识的称呼。如对有爵位者，可称"阁下""爵士""公爵""大公"等；对宗教界人士，一般称"牧师""神父""传教士""住持""方丈""大师"等。

不同的国家和地区，在称呼上会有些特殊规则和禁忌，在称呼时一定要注意。例如，欧美国家的女性，婚前、婚后姓不同，称呼便不一样；关系很亲密的人士，只称其名，不称其姓；家人之间、亲友之间称呼，有时也使用爱称。

（4）敬称与谦称。

① 称呼他人，使用频率最高的是敬语"您"，以表示尊敬。

称呼德高望重的年长者时，可用：姓氏＋"公"或"老"。如"李公""王老"等。

② 称呼自己，一般用谦词。在前辈面前宜自称"晚辈"，或者在自己的姓氏前加"小"，如张姓年轻人可自称"小张"。

3. 生活中的称呼

（1）亲属性称呼。日常生活中，对亲属的称呼已约定俗成，人所共知。对辈分或年龄低于自己的亲属可直呼其名，或使用其爱称。

（2）亲近性称呼。对于邻居、熟人，可采用"大妈""大叔""大哥"等类似于亲属性称呼，使人感到亲切。这类称呼也可在前面加上姓氏，例如"李大姐""郝大妈"等。

（三）使用称呼的技巧

（1）口齿清楚。称呼对方时，微笑，一定要口齿清楚，采用标准普通话，吐字清楚，让对方清晰听到，称呼完毕，停顿1～2秒，再谈论要说的事情。其目的是引起对方的注意、好感和兴趣，使之认真地听你说话。

（2）区分对象。称呼应符合对方的身份，既要符合对方的年龄、职业、职位、性别，又要符合对方的国籍、民族、信仰等习惯。

对外宾要用国际通用的称呼。"先生"一般用于称呼男性，但在一些国家，对有身份的女性也称"先生"。"老"字，在我国是一种尊称，但在西方一些国家，人们忌讳说"老"，因此在称呼西方国家的老年人时，不要称"老先生""老夫人"，以免引起不快。对神职人员，要尊重他们的宗教信仰，称呼他们的宗教职位，如"牧师先生"。在汉语中的称呼中，习惯把男性放在女性前面，而西方的习惯是女性在前，男性在后，除了主宾，要先称呼女性，如"女士们、先生们"。称呼自己的配偶时，一般不要互称"爱人"，因为在外国，"爱人"即是"情人"之意。

面对多位交往对象时，称呼应"面面俱到"，切勿只称呼其中的几位，而疏忽另外的几位。标准的做法有三种：

一是由尊而卑，即在进行称呼时，先长后幼，先女后男，先上后下，先疏后亲。

二是由近及远，即先对接近自己者进行称呼，然后依次向下称呼他人。

三是统一称呼。假如几位被称呼者一起前来，可对对方一起加以称呼，而不必一一具体到每个人。如"各位""诸位""女士们""先生们"等。

（3）区分场合。初次见面或在正式场合，尤其要注意称呼，要称呼姓氏＋职务或职称，并一字一句说得特别清楚。注意：如果对方是副职，一般可忽略"副"字，但在某些地区则应谨慎；如果对方是"总经理""总会计师"等，则不能把"总"字去掉。

（4）严防犯忌。在称呼时，要避免一些错误的做法，如不要乱用可能引起误会的称呼，不能使用低级庸俗的称呼，不能使用带有侮辱性质的称呼，不能随便使用别人的小名，不能使用绰号，不要随便拿别人的姓名开玩笑等。

（四）使用称呼的忌讳

（1）没有称呼。不使用称呼，或直接呼以"喂""哎"，这是对他人极其的不尊重，也毫无保留地暴露了称呼者的低素质。

（2）误读姓名。一般表现为念错对方的姓或名。

（3）使用不规范的称呼。不规范的称呼是指在正式的社交场合和有一定层次交往中使用随意性、习惯性的称呼。例如：在商务谈判桌上称"哥们"，在正式会晤中称"兄弟"等。

二、掌握自我介绍、为他人介绍的礼仪

介绍是指人与人之间相互认识的沟通过程。介绍最重要的作用，就是缩短人与人之间的距离。在社会交往或金融服务场合，如能正确地运用介绍的方法，既可以扩大自己的交际范围，广交朋友，又有助于必要的自我展示、自我宣传，还能为自己在人际交往中消除误会，减少麻烦。介绍一般可分为：自我介绍、他人介绍、集体介绍三种类型。

同 步案例5-1

案例
自我介绍成关键

自我介绍成关键

小王第一次去拜访客户时，与对方负责人谈了半个小时，对方负责人连他姓什么都不知道，只好问他："先生，冒昧地问一句，请问怎么称呼您？"小王这才恍然大悟："不好意思，刚才忘记介绍自己了，免贵姓王。"对方负责人判断这人肯定是新手，办事不可靠，便说："对不起，我们现在不需要，以后需要的时候我们一定联系您。"

问题：小王失败的原因在哪儿？

分析提示：当第一次见面，双方互不相识的时候，首先应该礼貌地自我介绍，以便对方认识自己，方便交流，也给对方留下自信、专业的第一印象。

（一）自我介绍

在社交活动中，如欲结识某些人或某个人，而又无人引见，如有可能，即可向对方自报家门，将自己介绍给对方。

1. 自我介绍的时机

（1）需要让其他人了解、认识自己时。外出到一些单位办理业务时，或在社交场合需要相互了解时，都需要进行自我介绍。如："您好！请允许我自我介绍一下。我叫李伟，是杭州银行的职员。"

（2）自己想结识他人时。例如你对某人早有耳闻，但一直没机会认识他，在一次聚会上，你遇见他，这时，就有必要进行自我介绍。或者在聚会上你对某人感兴趣，也可以进行自我介绍。

（3）他人想结识自己时。在社交场合，有不相识的人对自己感兴趣，点头致意，表示出想结识的愿望时，自己应当主动作自我介绍，表现出对对方的好感和热情。如："先生，您好！我叫李静。"

2. 自我介绍的方式

自我介绍时，应先向对方点头致意，得到回应后，问好，再向对方介绍自己。

自我介绍的方式如表5-1所示。

表5-1　自我介绍的方式

类型	适用场合	介绍的主要内容
应酬式	某些公共场合、一般社交场合	姓名
工作式	工作场合	姓名、单位及部门、职务或从事的具体工作
交流式	社交活动	姓名、工作、籍贯、学历、兴趣、与交往对方的某些熟人的关系
礼仪式	讲座、报告、演出、庆典、仪式	姓名、单位、职务 加入适当的谦词、敬语
问答式	应试、应聘、公务交往	有问必答 【求职、应聘时，应详细介绍：姓名、籍贯、年龄、毕业学校及专业、工作经历、特长爱好等】
自我介绍时，可同时递上名片。有时，自我介绍还可以通过直接使用介绍信和名片进行		

此外，在非正式场合，自我介绍要注意一些细小的礼仪环节。如果甲与乙正在交谈，你想加入，而你们彼此又不认识，你就应该选择甲、乙谈话间歇再上前自我介绍，并说："对不起，打扰一下，我是×××。"或

"很抱歉，可以打扰一下吗？我是×××。"或"你们好，请允许我自己介绍一下……"之类。如果你参加一个集体性质的活动迟到了，你又想让大家对你有所了解，你就应当说："女士们，先生们，你们好！对不起，我来晚了，我是×××，是×××保险公司的经理，很高兴和大家在此见面。请多关照。"

3. 自我介绍的礼节要求

（1）抓住时机。注意把握好介绍的时机，在适当的场合进行自我介绍。

（2）控制时间。自我介绍时内容要简洁，以半分钟左右为佳。为了节省时间，可利用名片、介绍信加以辅助。

（3）讲求态度。进行自我介绍时，态度一定要自然、友善、亲切、随和。

（4）善用体态。善于利用自己的身体语言：站姿端庄，微笑自然，眼睛注视对方，要善于用眼神、微笑和亲切的面部表情来表达渴望结识对方的热情。

（5）内容真实。进行自我介绍要实事求是，真实可信，不可自吹自擂，夸大其辞。

实 例示范5-1

自我介绍举例

场景一：

"各位老师好！我叫李冰，与2 000多年前修建伟大的都江堰水利工程的李冰同名。我是四川成都人，今年22岁，毕业于成都职业技术学院金融与证券专业……"

场景二：

"抱歉，可以打扰一下吗？我是金证2班的王琴。听到你们的谈话非常有趣。我可以加入讨论吗？"

场景三：

来访者："你好，请允许我自己介绍一下。我是德信公司销售部的张强……"

场景四：

"你们好！对不起，我来晚了。我是刘静，是家和公司的销售部经理，很高兴和大家在此见面。请多关照。"

活 动设计5-1　模拟操作

学习金融行业工作人员正确称呼他人、自我介绍的礼仪

以班级为单位，分小组，利用课上30～45分钟的时间，练习在不同情境中，正确称呼他人，并进行得体的自我介绍等礼仪规范。

课程实训

目标：掌握金融行业工作人员正确称呼他人、自我介绍的礼仪规范。能依据不同交际场景的需要，按照规范的自我介绍的要领，礼貌、得体地进行自我介绍，促进人际交往的顺畅。

任务：

（1）根据金融机构面试现场，一青年面对考官做自我介绍。

（2）甲和乙正在交谈，丙想加入，做自我介绍。

（3）大堂经理向客户做自我介绍。

（4）一个集体性质的活动，一位迟到者做自我介绍。

要求：

（1）每位同学都应积极参与，认真对待，实事求是，有针对性地加以模拟练习。

（2）各组根据不同的情境要求进行模拟操作练习，正确运用称呼他人和自我介绍的礼节。

（3）以班级为单位，将全班分为若干个小组，每组根据不同情境进行相应的模拟场景练习，各组选出学生代表相互进行点评，发言时间不得超过3分钟；学生点评与教师点评相结合。

（二）他人介绍

他人介绍，是经第三者为彼此不相识的双方引见、介绍的一种介绍方式。他人介绍通常是双向的，即对被介绍人双方各自均作一番介绍。

1. 他人介绍的时机

遇到下列情况，有必要进行他人介绍：

（1）在办公区域或家中，接待彼此不相识的客人或来访者。

（2）陪同上司、长者、来宾时，遇见了其不相识者，而对方又跟自己打了招呼。

（3）打算推介某人加入某一方面的交际圈。

（4）与家人外出，路遇家人不相识的同事或朋友。

（5）受到为他人作介绍的邀请。

（6）陪同他人前去拜访亲友不相识者。

2. 他人介绍的基本原则

应遵循"尊者有优先知情权"的原则。即进行他人介绍前，应先确定双方地位的尊卑，然后先介绍位卑者给位尊者，后介绍位尊者给位卑者。具体操作如下：

（1）先将职位低者介绍给职位高者。这种介绍顺序适用于政务、商务场合正式的介绍。

（2）先将男士介绍给女士。这种介绍顺序通常适用于同年龄、同地位的人士之间。

（3）先将晚辈介绍给长辈。这种介绍顺序适用于同性之间，或者年龄差别较大的人士之间。

（4）先将主人介绍给客人。这种介绍顺序通常适用于来宾较多的场合。当主客身份、地位悬殊较大时例外。

（5）先将未婚者介绍给已婚者。值得注意的是，如果介绍人对双方的情况不够清楚，则不存在先介绍谁的问题，可随意介绍。

（6）先将家庭成员介绍给对方。在向别人介绍自己的家庭成员时，可谦和地说出家庭成员的名字。

（7）先将同事介绍给客户。这种介绍顺序通常适用于一般工作接待。

3. 他人介绍的方式

情境不同，为他人作介绍时的方式也会有所不同，通常有以下几种方式：

（1）简介式。适用于一般性社交场合，这时候只需介绍双方姓名即可。

（2）标准式。适用于正式商务场合，内容以双方的单位、姓名、职务为主。

（3）推荐式。适用于比较正式的场合，若有意将某人推荐给另一个人，这时的介绍要有意识地介绍被推荐者的优点。如："张经理，您好！这位是我的大学同学王刚。王刚在学校时是学生会宣传部部长，擅长做活动策划。希望张经理能给他一些机会。""王刚，这位是我跟你说过的张经理。"

（4）礼仪式。多用于工作上的来往，适用于比较正式的场合，介绍时更应礼貌、谦恭。如："张经理，您好！请允许我把大鸿公司广告部经理邵斌介绍给您。""邵经理，这位就是祥龙公司公关部经理曾惠。"

4. 他人介绍时的仪态

作为介绍人，介绍具体他人时，要有礼貌地以手示意，而不要用手指指点点。正确做法是：保持身体正立，站在被介绍人之间，手心向上，五指并拢，胳膊向外微伸，斜向被介绍人，向谁介绍，眼睛就要注视谁。

一般而言，介绍时介绍人和被介绍人都应起立，以示尊重和礼貌；待介绍人介绍完毕后，被介绍双方应微笑点头示意或握手致意。有时，已经就座的被介绍的女性、年长者和行动不便者可以例外，不必起立，但应微笑点头致意。在宴会、会议桌、谈判桌上，应视情况，介绍人和被介绍人可不必起立，被介绍双方可点头微笑致意；如果被介绍双方相隔较远，中间又有障碍物，可举起右手致意，点头微笑致意。

实 例示范5-2

为他人介绍举例

5. 介绍的注意事项

（1）注意介绍人的身份。充当介绍人，一般是东道主、长者、活动的负责人或接待人员、熟悉双方的第三者等。何人担当介绍人，体现了对被介绍人的尊重程度。

（2）决定为他人作介绍，要审时度势，熟悉双方情况。如有可能，在为他人作介绍之前，最好先征求一下双方的意见，以免显得很唐突，让被介绍人感到措手不及，或为原来相识者或关系恶化者去作介绍。

（3）在介绍人询问被介绍人是否有意认识某人时，被介绍人一般不应拒绝，而应欣然应允。实在不愿意时，则应说明理由。

（4）介绍完毕后，被介绍人双方应依照合乎礼仪的顺序握手，并且彼此问候对方。问候语有"您好""很高兴认识您""久仰大名""幸会幸会"，必要时还可以进一步做自我介绍。

（5）介绍时不要使用易生歧义的简称。例如，不要用"人大"代替"中国人民大学"，不要用"消协"代替"消费者协会"等。介绍个人职位时也一样，比如，不能将"范局长"介绍成"范局"等。

（6）不能开玩笑、捉弄人。进行介绍时，态度应庄重、亲切，而不应随意拿被介绍者开玩笑，或是成心出对方的洋相。如"这位就是瘦猴李先生"等。

（三）集体介绍

集体介绍是他人介绍的一种特殊形式，是指介绍人在为他人介绍时，被介绍人其中一方或双方不止一人，甚至是许多人。集体介绍的顺序，原则上应参照他人介绍的顺序进行，但也有其特殊之处。

（1）将一人或少数人介绍给人数多的一方。当被介绍双方地位、身份大致相似时，或者难以确定时，应少数服从多数，先介绍一人或少数人给人数多的一方。

在演讲、报告时，可以只将主角介绍给大家。在会议主持介绍来宾时，应按位次尊卑顺序进行。

（2）将人数多的一方介绍给一人或少数人。当被介绍人在地位、身份之间存在明显差异，则地位、身份为尊的一方即使人数较少，甚至仅为一人，仍然应被置于尊贵的位置，最后加以介绍，而先介绍人数多的一方。

（3）人数较多的双方介绍。被介绍双方均为多人时，应先介绍位卑的一方，后介绍位尊的一方；先介绍主方，后介绍客方。介绍各方人员时，则应由尊到卑，依次介绍。

（4）人数较多的多方介绍。当被介绍人不止双方，而是多方时，应确定各方的尊卑，由尊而卑，按顺序介绍各方。介绍各方的成员时，也应按进行此种介绍时，可按位次尊卑顺序进行介绍。在介绍各方人员时，均需由尊到卑，依次进行。

三、掌握递接名片的礼仪

同步案例5-2

另一种身份证——名片

蒋伟是银行的客户经理，每次外出参加活动或拜访客户，他都会准备一些名片，虽然平时很注意这个细节，但有时会出现所带名片不够的情况。遇到这种尴尬，蒋先生也只得耐着性子，把自己的姓名、电话号码、住址、单位名称一一报出，让对方挨个记下，那时不时与人一一报上自己的姓名、兴师动众的狼狈样可想而知。

问题： 名片在社交活动中有什么作用？我们应当怎样避免类似蒋先生这样的尴尬？

分析提示： 蒋先生的尴尬，无疑说明在商务活动、社交活动中，名片是自我的另一种身份证，也是交流、合作的重要媒介。一位专业的有丰富经验的商务人士，应时刻准备好充足的名片，以方便日常交往，广交朋友。

被称为工作"介绍信"和社交"联谊卡"的名片，在人际交往中起着非常重要的桥梁作用。一张小小的名片，具有自我介绍、业务推广、广交朋友、信息储存、保持联系、拜会他人、用作短信、简短留言、用作礼单等多种功能。从个人日常交往使用的名片来看，名片可分为应酬名片、社交名片、公务名片和单位名片。在人际交往中，对不同对象要使用不同的名片，以达到不同的效果。

名片记载着个人和组织的重要信息，是一个人身份的外显。在递送、接受名片的时候应该格外重视礼仪。

（一）递送名片的礼仪

1. 递送名片的时机

（1）初次登门拜访时。

（2）被介绍给对方时。

（3）对方提议交换名片时。

（4）对方向自己索要名片时。

（5）想获得对方的名片时。

（6）通知对方个人信息的变更情况时。

注意以下几种情况不必递送名片：对方是陌生人；不想认识对方；对方对自己并无兴趣；经常与对方见面；双方之间地位、身份、年龄相差悬殊等。

2. 递送名片的顺序

递送名片应讲究顺序，一般应由地位低的人先向地位高者递送名片，年轻人先向长辈递送名片，男士先向女士递送名片，客人先向主人递送名片。若同时与多人交换名片，递送的次序，应为由尊到卑递送，或由近到远递送，一定要依次进行。

3. 递送名片的礼仪

（1）事先将名片准备好。在外出前，将名片放在容易拿出的地方，以便需要时迅速掏出。一般男士可将名片放在西装上衣的口袋里或公文包里，女士可将名片置于手提包内。

（2）呈递名片给他人时，应郑重其事。正确方法是：起身站立，走上前去，用双手持住名片的两个上角或右手持名片的上角，将名片正面朝向对方，以方便对方接后阅读。为表达对对方的尊敬，一般宜双手递上名片，特别是下级递给上级、晚辈递给长辈时，更应如此。

（3）递送名片时，动作要大方，态度要从容自然，表情要亲切谦恭。要面带微笑，并用诚挚的语调说："这是我的名片，请多联系"；"这是我的名片，请多关照"等。

4. 递送名片禁忌

（1）忌没准备好。

（2）忌厚此薄彼。

（3）忌滥发名片。

（4）忌背面朝着对方递送。

（5）忌同一个人重复递送名片。更改了名片内容时除外。

（二）接受名片的礼仪

（1）当他人递送名片给自己或交换名片时，应立即停止手中所做的一切事情，起身站立，面带微笑，目视对方。

（2）接受名片时，宜双手捧接，或以右手接过。

（3）接过名片后，说声"谢谢"，并认真仔细地看一遍，以表示对赠送名片者的尊重。

（4）看完名片后要郑重地将其放入名片夹，放进上衣口袋或手提包里。若接下来要与对方座谈，应将名片放在桌上，并保证不被其他东西覆盖，在告别时收好带走。

切记，接过名片后，勿拿在手上把玩，或放桌上拿别的东西压着，更不能将名片放在裤兜里，这些都是不尊重别人的表现。

实 例示范5-3

递接名片举例

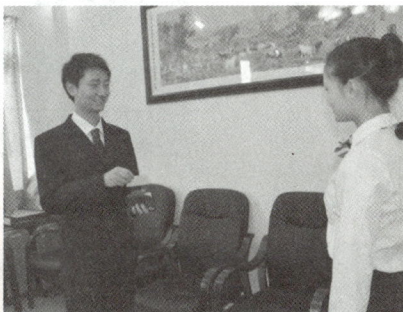

"这是我的名片，请多关照。"

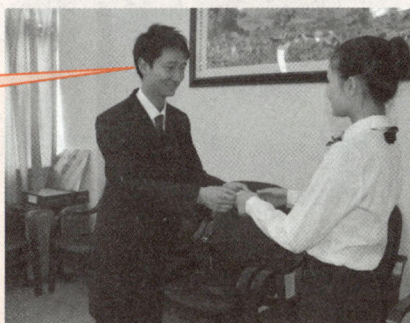

"谢谢。"

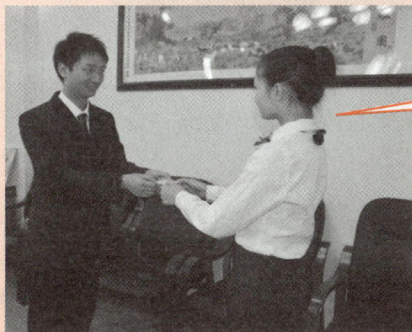

"这是我的名片，请多指教。"

"谢谢。"

手部参考图示

（三）索取名片的礼仪

如果没有必要，最好不要强索他人名片。若要索取他人名片，不宜过于直截了当。其可行之法有四：

1. 交易法

交易法是指"将欲取之，必先予之"。想索要别人的名片时，最直接的方法就是把自己的名片先递给对方。所谓"来而不往，非礼也"，当你把名片递给对方时，对方一般会回赠名片给你。

2. 激将法

若交往对方地位身份比自己高，或者身为异性，难免有提防之心。这种情况下把名片递给对方，对方很有可能不会回赠名片。遇到这种情况，不妨在把名片递给对方时，略加解释，如："李总，认识您非常高兴，不知道能不能有幸跟您交换一下名片？"在这种情况下，对方不至于不回赠名片给你。即便他真的不想给你，也会找适当的借口不致使你很尴尬。

3. 谦恭法

若对方地位很高，在索取对方名片之前，可稍作铺垫，以便索取名片。如见到一位专家，可以这样说："认识您非常荣幸，虽然我也学的是这类专业，但是与您这样的专家相比真是自惭形秽，希望以后有机会能够继续向您请教，不知道以后如何向您请教比较方便？"前面的一席话都是铺垫，只有最后一句话才是真正的目的：索取对方名片。

4. 联络法

面对平辈和晚辈，可以采用联络法。标准的说法是："认识您太高兴了，希望以后有机会能跟您保持联络，不知道怎么跟您联络比较方便？"

（四）婉拒他人索取名片的礼仪

当他人索取自己的名片，而自己又不想给对方时，或者自己目前暂时没有名片，无法赠予对方时，可以说："对不起，我忘了带名片"或者"抱歉，我的名片用完了"。

如果自己名片真的没有带或用完了，自然也可以这么说，不过不要忘记加上一句"改日一定补上"，并且一定要言出必行，改天有机会相见时一定要给对方。否则会被对方理解为自己没有名片，或成心不想给对方名片。

活 动设计5-2　模拟操作

学习金融行业工作人员正确递送名片、接受名片等礼仪

课程实训

以班级为单位，分小组，利用课上30～45分钟的时间，练习运用日常人际交往中递送名片、接受名片的见面礼节。

目标：掌握正确递送名片、接受名片、索取名片、婉拒他人索取名片等礼仪，能按照规范递接名片，礼貌、热情地与交际对方达成交往。

任务：

（1）根据金融工作人员在公司联谊会上，一青年欲结识一公司老总，主动做自我介绍，并递上名片；

（2）甲被乙介绍给丙认识，某甲递上名片予丙，丙回赠名片；

（3）公司前台：一来访的客户经理向工作人员做自我介绍后递上名片，请予引见。

要求：

（1）每位同学都应积极参与，认真对待，有针对性地加以模拟练习。

（2）各组根据不同的情境要求进行模拟操作练习，正确运用递送名片、接受名片、索取名片、婉拒他人索取名片等礼仪。

（3）以班级为单位，将全班分为若干个小组，每组根据不同情境进行相应的模拟场景练习，各组选出学生代表相互进行点评，发言时间不得超过3分钟；学生点评与教师点评相结合。

第二节　会　面　礼　仪

一、致意礼、握手礼、鞠躬礼、拥抱礼等

会面是人与人之间交往的第一步，给对方留下的印象，会直接影响到与对方交往的深度和广度。为了给他人留下美好的第一印象，取得金融活动或社交活动的成功，就应掌握和遵守会面礼仪，准确地向交往对方表达我们的尊敬、问候、友好等。

同 步案例5-3

陈晨的招数

为了有机会与总经理的见面，当面提出自己想加入新项目团队的意向，新人陈晨做了充足的功课。他详细查看了公司的网站、相关新闻报道、杂志等，收集新项目信息，并寻找机会与公司的老员工聊天，尽量收集有关公司以及总经理的信息……

机会终于来了，总经理要到部门检查工作。当总经理检查到陈晨的工作区域时，陈晨跟随部门经理，微笑着大方地迎上前去，礼貌地鞠躬并进行精彩的自我介绍。当总经理向他伸出手时，陈晨得体地伸手热情相握。随后主动当起了解说员，熟练地介绍自己的工作情况。当检查结束时，陈晨陪同部门经理热情相送，鞠躬致谢并握手告别，目送总经理一行。

不久，陈晨如愿加入了新项目团队。

问题： 陈晨的招数是什么？在人际交往中，如何才能给对方留下美好的深刻印象？

分析提示： 充分的准备工作，热情、主动的应酬，大方、得体的礼节展示，无疑是陈晨获胜的法宝。

随着社会的发展和国际化进程的加速，见面礼的形式也在不断变化、发展。现在常用的见面礼节有：致意礼、握手礼、鞠躬礼、拥抱礼、亲吻礼、吻手礼等。下面主要介绍前四种见面礼节。

（一）致意礼

致意是一种常用的礼节，通常用于相识的人之间在各种场合招呼示意，以表问候。

1. 致意礼的基本规范

男士先向女士致意；年轻者先向年长者致意；学生先向教师致意；下级先向上级致意。

2. 致意的方式

（1）起立致意。常用于重要来宾到场或离场时的致敬。学生在老师授课前后，应起立致敬；坐着的下级、晚辈在上级与长辈进出时，应起立致敬，服务工作人员在宾客进门或离开时，应起立致敬。

（2）举手致意。适用于距离较远时的致敬。一般不必出声，右臂抬起，掌心向着对方，指头并拢，轻轻向左右摆动一两下即可。

（3）点头致意。适用于不宜交谈场合的致敬。如在会议、会谈进行之中，与相识者在同一地点多次见面，或与仅有一面之交者在社交场合相逢，都可以点头示意。

（4）微笑致意。适用于不便交谈时的致敬。目视对方，微微一笑，表达尊重、友善与问候。

（5）欠身致意。适用于不便起立时的致敬。上体微微向前一躬，表示对他人的恭敬。

（6）脱帽致意。见面时若戴着有檐的帽子，则应脱帽致意。其方法是：用一只手脱下帽子，放到大约与肩平行的位置或胸前，同时微笑问好。若是迎面而过，可只轻掀一下帽子。若戴的是无檐帽，则不必脱帽。

致意的方式，往往同时使用两种，如点头与微笑并用或起立与微笑并用。遇到对方向自己致意，应以同样的方式向对方致意，毫无反应则是失礼。致意的动作不可以马虎，或满不在乎，必须是认认真真的，以充分显示对对方的尊重。

实 例示范5-4

致意礼举例

1. 起立致意：领导步入大厅，几位工作人员从座位上起身致意。

2. 微笑、点头致意：路遇领导或客户，微笑，目视对方，头部前倾15度。

3. 欠身致意：老师从门口进来，年轻男士起立致意，女士上身轻抬，微微向前一躬以示致意。

4. 举手致意：距离较远时，宜举手打招呼。

（二）握手礼

握手是世界最流行的见面礼仪，也是金融活动或社交活动中最常用的见面礼仪。规范、得体的握手，不仅能给对方留下美好的印象，更能为进一步交往打下良好的基础。

同 步案例5-4

尴尬的李先生

一次联谊会上，李先生被朋友介绍给某公司的王小姐相识。当时朋友介绍说："这位是李先生，这位是王小姐"。李先生赶紧把手伸向对方，但是没想到王小姐就是不伸手，假装没看见，不言语。结果李先生悬在半空中的手收不回来了，挺了半天，只好假装打了一下蚊子，尴尬收回。

问题：李先生哪里做错了？王小姐做的是否合适呢？

分析提示：一般社交场合，握手的顺序应由女士先伸手，再由男士伸手相握。李先生出手在先，有失礼之处。但王小姐的做法也有欠妥之处。一般而言，如果对方忽略了握手礼的先后顺序已经伸出了手，对方都应毫不迟疑地响应。拒绝他人的握手也是失礼的。

1. 握手的时机

（1）在被介绍与别人相识、双方互致问候时，应与对方握手，表示为相识而感到高兴。

（2）在办公区域、社交场合接待来访者时，迎接或送别都应与来访者握手表示欢迎或送别。

（3）对较长时间未见面的友人或多日未见的同事，相见时可热情握手，以示问候、关切和高兴。

（4）当对方获得新成绩、奖励，有喜事时（如就任新职、作品发表等），见面时应与之握手，以示祝贺。

（5）当自己取得成绩，别人对自己表示祝贺时，应与对方握手，以表示感谢。在领取奖品时，应与发奖者握手，以示感谢。

（6）当他人经历挫折或受打击时，应与之握手，以示慰问。

（7）应邀参加社交活动，如宴会、舞会之前后，应与主人握手，以示谢意。

但在有些场合，不必握手，如对方所处的环境不适合握手时；对方右手负伤或负重；对方忙于接听电话、用餐、喝饮料等时。

2. 握手的顺序

握手的顺序要遵循：尊者为先、长者为先、女士为先、客人为先的优先原则。一般说来，见面握手时，职位高者、年长者、女性、早到者和主人先伸手，职位低者、年轻者、男性、晚到者和客人应见面先问候，待对方伸手后再握手。如对方不伸手，点头微笑示意即可。

如果双方身份是交叉的，在职场中，上级先伸手；社交场合，则应由女士先伸手。在办公室、会客区或家里接待来访者时，应由主人首先伸出手来与客人相握，表示"欢迎"；而在客人告辞时，则应由客人首先伸出手来与主人相握，表示"再见"。

3. 握手的基本要求

（1）握手时，距离受礼者约1米，双腿立正，上身微向前倾，伸出右手，四指并拢，拇指张开，掌心斜向上，伸向受礼者。

（2）握手时，应面带微笑，眼睛注视对方，传达出诚意和自信。握手的同时，通常应相互问候"您好""很高兴认识你""久仰"等。

（3）握手的力度宜适度。握得太轻，对方会感觉你在敷衍；太重，对方不但感觉不适，而且会认为太粗暴。尤其在与异性以及初次相识者握手时，不可用力过猛，对待女士尤其要注意。

（4）握手的时间，以3秒为宜。上下摆动两三下，礼毕即松开。不可一触即放或一直握住不放。

4. 握手的方式

握手的方式大致分五大类：

（1）平等式握手：与人握手时手掌垂直于地面最为适当。它表示自信、不卑不亢。

（2）友善式握手：与人握手时掌心稍向上，表示谦恭、友善、谨慎。

（3）控制式握手：与人握手时掌心向下，表示自我感觉甚佳，自高自大。一般不宜使用。

（4）手套式握手：年轻者对长者、尊者或上级应稍微向前躬身，双手握住对方的手以示尊敬。此种方式的握手不适用于初识者或异性，因为它有可能被理解为讨好或失态。

（5）死鱼式握手：在与人握手时，毫不用力，毫无反应，会让对方感到缺乏诚意、怠慢无礼。忌讳使用。

实 例示范5-5

握手礼举例

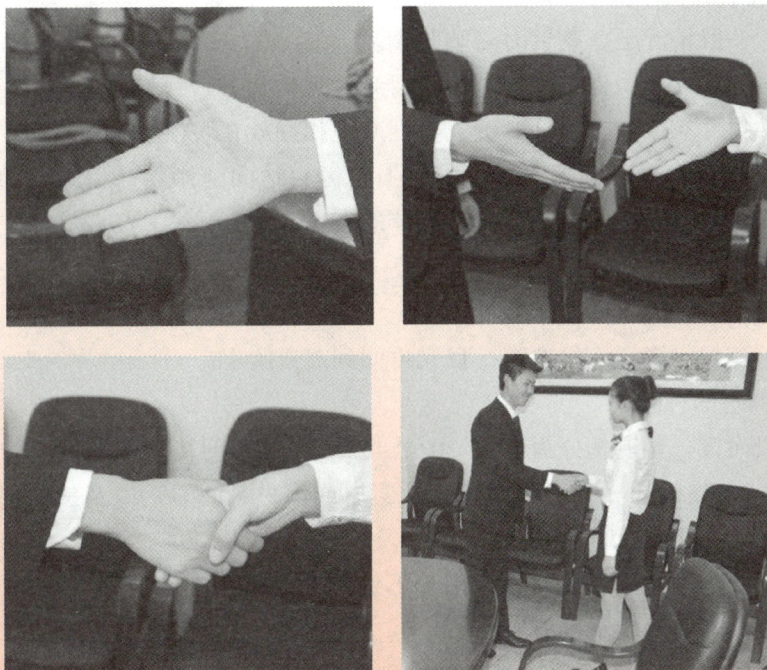

5. 握手的注意事项

（1）无论什么人，如果忽略了握手礼的先后顺序而已经伸出了手，对方都应毫不迟疑地响应。拒绝他人的握手是失礼的。

（2）不宜太用力或时间过长。

（3）多人同时握手时，不能交叉握手，应待别人握完再伸手。

（4）男士在握手前应先脱下手套，摘下帽子。女士身着礼服时戴的纱织手套可以例外。

（5）握手时双目不能斜视或环视其他。

（6）握手时不能用左手。

（7）不要用湿手、脏手同他人握手。

（8）握手后切忌用手绢等擦手。

（9）军人戴军帽与对方握手，应先行举手礼，再行握手礼。

（三）鞠躬礼仪

随着社会文明程度的提高，鞠躬礼在社交、商业服务中的使用越来越频繁，常用以表达对他人的敬意、欢迎或感激之情。一般情况下，应由地位、职务、年龄较低的或提供服务的一方，先向地位、职务、年龄较高的或接受服务的一方鞠躬。

1. 鞠躬的基本要求

（1）一般情况下，鞠躬时必须脱帽。

（2）双腿立正，保持身体端正，目光注视受礼者，距受礼者约1.5米。

（3）男性双手放在身体两侧，女性双手相握放在腹前。

（4）鞠躬时，以臀部为轴心，将上身挺直地向前倾斜，目光也随着身体倾斜。鞠躬时目光向下，表示一种谦恭的态度。

（5）问候"您好""欢迎光临"等敬语。声音要热情、亲切，并与动作协调。

（6）鞠躬完毕，恢复站姿，目光再回到对方脸上。

2. 鞠躬的种类

一般而言，鞠躬礼分为90°、30°至45°、15°等鞠躬礼。

（1）90°鞠躬礼。一般用于感谢、谢恩或悔过、谢罪，以及三鞠躬等特殊情况，属最高礼节。

（2）30°至45°鞠躬礼。通常用于下级向上级、学生向老师、晚辈向长辈、服务人员向来宾、表示致意。

（3）15°鞠躬礼。运用于一般的应酬，如问候、介绍、握手、递物、让座、让路等。

实 例示范5-6

鞠躬礼举例

1. 路遇：老师与学生在走廊相遇。

"老师好！"

2. 前台：客户来访。

"您好！"

3. 送客：办公区大门，工作人员送别来访客人。

"请慢走。"

（四）拥抱礼

多用于欧美国家，通常与亲吻礼同时进行。在迎宾、祝贺、感谢等隆重场合，无论是官方或民间的仪式中都经常采用。

拥抱的方式为：两人正面相对站立，各自抬起右臂，将右手搭在对方左肩后面；左臂下垂，左手扶住对方右腰后侧。首先各向对方左侧拥抱，然后各向对方右侧拥抱，最后再一次各向对方左侧拥抱，一共拥抱三次。在普通场合行此礼，不必如此讲究，次数也不必如此严格。

活 动设计5-3　模拟操作

课程实训

学习金融行业工作人员会面时的礼仪

以班级为单位，分小组，利用课上30～45分钟的时间，练习运用日常会面的基本礼节与交流礼仪。

目标：掌握握手礼、鞠躬礼、致意礼、拥抱礼等礼节的使用方法，掌握日常交谈礼仪的基本原则和技巧，了解在一般公共场所应注意的礼仪，能遵守相关礼仪要求，礼貌、热情地做好陪同客人参观、娱乐的工作。

银行网点办公区

任务：

（1）根据金融工作人员在信贷部工作人员甲，邀请新结识的环球公司办公室工作人员乙参观美术馆；

（2）客户经理甲邀请华为公司销售部陈先生一起去音乐厅观看演出。

要求：

（1）每位同学都应积极参与，认真对待，有针对性地加以模拟练习。

（2）各组根据不同的情境要求进行模拟操作练习，正确运用握手礼、鞠躬礼、致意礼、拥抱礼等方法，了解在一般公共场所应注意的礼仪。

（3）以班级为单位，将全班分为若干个小组，每组根据不同情境进行相应的模拟场景练习，各组选出学生代表相互进行点评，发言时间不得超过3分钟；学生点评与教师点评相结合。

二、了解日常交谈礼仪的基本原则和技巧

同 步案例5-5

小曾做错了什么？

终于有客户上门了！小曾兴奋地迎上前去，"你好！你需要看看最新的理财产品吗？"小曾边说边把产品介绍资料塞给客户。他并没有观察客户的反应，连珠炮似地大声说道："现在的成功人士都非常重视投资理财，都购买了很多理财产品。你购买过理财产品吗？你知道最新的收益最大的理财产品是什么吗？你不知道吧？那好，让我来告诉你……"客户没等小曾说完，就把资料塞还给他，"不用！"边说边转头走开了。

问题： 小曾的热情有错吗？客户为什么不高兴了？

分析提示： 交流与沟通要顺畅，必须讲究交谈的礼仪与技巧，必须要在尊重对方的基础上有效沟通。除了礼貌问候，还要注重礼节的体现、姿态的表达、说话方式的选择，重视对方的感受等。

成功的交际活动往往依赖于成功的交谈，而要进行成功的交谈，就必须遵循交谈的礼节及原则，讲究交谈的技巧，展示谈话者的风度、学识和魅力。

（一）日常交谈礼仪的基本原则

与人交流与沟通就是要将信息有效地传递给对方，并想方设法让对方接受。为了提高交流与沟通的效率，减少误解和错误，金融工作人员必须坚持交

流与沟通的三项基本原则：

1. 礼敬对方

礼敬对方即彬彬有礼、尊重对方。交谈中要排除一切心理和情绪上的干扰，始终如一地保持对对方的尊重、友好和热情礼貌，以与对方保持良好的人际关系。

2. 诚实守信

诚实守信是指遵守承诺、真诚无欺。不轻易作出承诺，但一旦形成协议，就必须严格履行应有的义务，不折不扣地执行和遵守所达成的协议，兑现承诺。

3. 求同存异

"求同"就是寻找共同观念、共同要求、共同利益，它是构建和谐的基础；"存异"就是保留不同观点、不同主张、不同利益，它是构建和谐的条件。只有求同存异，才能和睦相处。

（二）塑造良好的声音形象

声音是传递文字、思想、信息、情感的载体，我们通过声音来传递我们的教养、学识、才智、态度和热忱，良好的声音形象是建立敬重感和信赖感的基础。

说话是一种艺术，要想把话说好，首先要声音清晰、正确地表达自己的意思。交谈时，说话者的语音、语调、音色、音量、停顿、语速等均是传递信息的重要因素。讲究交谈的艺术，必须注意语音清晰、调谐语调、控制音色、调节音量、讲究停顿、运用语速的技巧，以塑造良好声音形象。

实 例示范5-7

交谈礼仪举例

1. 错误做法：餐厅内，有位客人大声说话，指手画脚。旁桌客人侧目而视。

2.正确做法：各自声音适量，各自交谈，无干扰。客人表情愉悦。

（三）善于倾听

俗话说："说三分，听七分。""会说的，不如会听的。"如果能全神贯注地聆听他人倾诉，并善解人意，一定能赢得对方的好感和信任。成功的社交者，首先应该是一个优秀的听众。倾听的重要性表现在以下方面：

（1）善听能使对方感觉受到尊重，从而易消除误会，平息不必要的感情冲突。

（2）善听是洞察人心的手段，可以增进对他人的了解。特别是人与人初次见面时，彼此陌生，你要了解对方的唯一办法就是先靠聆听。

（3）善听是集思广益、获取更多信息的保证。真正有口才的人，他的智慧很大一部分是靠听来的。

（4）善听还可提高说话的兴致，鼓励对方更好地把话讲下去，使你源源不断地获取各种信息。

（四）讲究交谈技巧

1.态度诚恳，语言礼貌

（1）表情、仪态体现尊重。一是应正面视人。交谈中，目光注视对方是一种起码的礼貌；二是仪态端庄。谈话的姿态会反映出一个人的教养、性格和心理。

谈话时，不要东张西望，左顾右盼，哈欠连天；也不要作一些不必要的小动作，如玩指甲、弄衣角等，这些动作显得猥琐，不礼貌，也会使人感到你心不在焉、傲慢无理。

（2）用语礼貌。以礼待人，才能显示出自身人格尊严，又可以满足对方的自尊需要。为此，交谈中要随时随地有意识地使用礼貌语言，这既是一种习惯，更是一种修养。

2.恰当得体，逻辑清晰

（1）学点逻辑知识，理顺说话的顺序，把握住表达的主线。

（2）说话要适时、适情、适势、适当，要考虑到交际对象的身份、性格、性别，也要看说话时的环境、场合等。

3. 风趣幽默

风趣幽默可以调节气氛。风趣幽默会表现出你的机智和聪明，给人以良好的印象。

4. 善意的恭维和真心的赞美

善意的恭维和发自真心的赞美，可以使对方产生亲和心理，不失为交际最好的润滑剂。喜欢受人恭维和赞美，是人的天性。协调人际关系，表达自己对别人的重视与尊重，增进了解和友谊，善意的恭维、多多的赞美，不失为好方法。

5. 把握好距离

研究表明，个体周围都有一个属于自己的个人空间，犹如其身体的延伸，人际交往只有在这个空间允许的限度内才会显得自然。否则，一旦冲破这个限度，就会使交往双方或某一方感到不自在或不安全。

在交谈、接待、服务时，不宜与对方靠得太近，小于半米属关系亲密的私人距离，令人感到舒服的交际距离约 0.5～1.5 米，这个距离既使人有安全感，又方便交流；在展示商品、介绍商品、引导客户时，适宜的距离约 1.5～3 米，既表示尊重，又较为自在。服务接待中，3.5 米之外属待命距离，公共交往中，不会产生误会。

实 例示范5-8

距离礼仪示意

私人距离

交际距离

服务距离

公共距离

课程实训

活 动设计5-4　模拟操作

学习金融行业工作人员日常人际中的交谈礼仪

以班级为单位，分小组，利用课上30～45分钟的时间，练习日常交际场合中交流礼仪等规范。

目标：掌握正确称呼他人、自我介绍、为他人介绍、递接名片等礼仪，在交谈中加以综合运用，能按照规范的接待流程，礼貌、热情地做好接待客人的工作。

任务：

（1）根据银行大堂经理甲，初次接待东方公司某部门工作人员乙，并向其推荐一项新的银行业务；

（2）青年甲与其父母外出，在一家酒店用餐时，与公司的部门领导丁、同事乙、同事丙相遇。

要求：

（1）每位同学都应积极参与，认真对待，有针对性地加以模拟练习。

（2）各组根据不同的情境要求进行模拟操作练习，正确运用见面的礼节掌握日常交谈礼仪的基本原则和技巧，了解在一般公共场所应注意的礼仪。

（3）以班级为单位，将全班分为若干个小组，每组根据不同情境进行相应的模拟场景练习，各组选出学生代表相互进行点评，发言时间不得超过3分钟；学生点评与教师点评相结合。

金融行业日常交际礼仪

三、了解在一般公共场所应注意的礼仪

同 步案例5-6

无奈的观众

在某市体育中心主赛场内，田径赛场上选手们你追我赶，比赛如火如荼。由于主办方设计的比赛项目趣味十足，吸引了数千名观众前来助兴。然而，一部分观众公共道德意识较差，缺乏基本文明习惯，随地吐痰、随手丢瓜果皮的现象随处可见。尤其是在许多座椅上，一排排鞋印清晰可见，不少观众为图一时方便，竟旁若无人地踏椅而行。两位晚来的观众找了十多分钟，竟找不到一个干净座位，最后只好无奈地倚在围栏上观看。

问题：案例中不文明的陋习说明了什么？

分析提示：良好的行为习惯是公民公共道德水平的表现，是个人素质与教养的标志，也是一个地区、一个国家的发达程度、文明程度的直接反映。只有从自己做起，注意点滴小节，大家才能愉快地和睦相处，才不会有这样的无奈。

在公共场所，人与人的关系是陌生的、临时的，人处于放松状态，因此自我约束力往往较弱，言行易于显示出其本来面目。而公共场所，也是公众关注最多的地方，人们常常会以一个人在公共场所的言行举止表现，来判断这是一个什么样的人。因此，了解和遵守公共场所礼仪非常重要。

（一）乘坐交通工具的礼仪

1. 乘坐公共汽车的礼仪

乘公共汽车，主要礼仪有：排队上车、主动购票、主动让座、保持安静、维护卫生。碰到他人给自己让座，要立即表示感谢。因拥挤而不小心碰到、踩到别人，应马上道歉；若被踩、被撞，宜宽容对待。

2. 乘坐轿车的礼仪

乘轿车时，主要礼仪有：主人（男士、晚辈、下级）陪同客人（女士、长辈、上级）同乘一辆轿车时，上车时，主人（男士、晚辈、下级）应先为客人（女士、长辈、上级）打开轿车的右侧后门，并以手挡住车门上框，等客人（女士、长辈、上级）坐好后，小心关门，然后自己从左侧后门上车。下车时，主人（男士、晚辈、下级）应先下车，并绕过去为客人（女士、长辈、上级）打开车门，并以手挡住车门上框，协助客人（女士、长辈、上级）下车。

注意轿车的座次讲究，一般以与司机成对角线的后排座位为上座，旁座次之。若主人驾车，则副驾驶座为上座。当有2～3位客人时，则可请身份相近的人或熟人坐前排。

3. 乘坐火车的礼仪

乘火车时，主要礼仪有：应对号入座，不宜抢座；男士、晚辈或下级应主动协助女士、长辈或上级找好座位，放好行李。

一般以与火车同向的靠窗座位为上位。

4. 乘坐飞机的礼仪

乘飞机时，主要礼仪有：等候安检和上下飞机时，要守序排队；上机后要对号入座；认真听从空中小姐的各项建议，并对她的服务表示感谢；遇到班机误点或临时改降、迫降，不要惊慌失措，而须镇定合作。

5. 乘坐客轮的礼仪

乘客轮时，主要礼仪有：有秩序地排队上船；男士、晚辈或下级应主动照顾女士、长辈或上级上船、下船；在航行中应遵守有关的规则。

（二）图书馆、博物馆、美术馆的礼仪

保持安静，是去图书馆要遵循的首要礼仪规范。走路、说话、翻书要轻，入座起座也要轻。不得在图书馆内用餐、吃零食。其次，借书或查找资料要遵守规则，要按规则办理借阅手续。要爱护书籍，不能随意涂画、撕扯书页。最后，不得占座，公共设施有空位人皆可坐；如欲坐在别人旁边的座位时应有礼貌地请问是否有人，得到回应后再入座。

博物馆、美术馆是高雅场所，参观者更要保持安静，维护严肃的学术氛围。参观时，走动的脚步要轻，不能随意用手抚摸展品，不要随地乱扔废弃物。要注意尽量不妨碍别人观赏展品，不要妄加评论。若禁止拍照或禁止使用闪光灯，要特别加以注意并遵守。如有解说员讲解，要专心聆听，不宜不停地发问，以免影响其他参观者。

（三）音乐厅、影剧院、体育场的礼仪

作为一种高雅的艺术欣赏，观众在音乐厅、影剧院等场所需特别注意仪容、仪态和言行举止，人人都应彬彬有礼。出入音乐厅、影剧院，应讲究服饰打扮，整洁、文明、端庄。提前几分钟入场，以免影响他人观看；观看时，坐姿要平稳；戴帽者应脱帽观看，以免挡住别人的视线；演出时要保持安静，不能大声说笑，也不要窃窃私语、喋喋不休。剧场内，禁止吸烟，禁止吃零食；演出中途不宜随便退场，确须退场者，应在幕间休息或一个节目结束时进行，尽量不要打扰别人，经过别人的座位，要轻声致歉；观众应尊重演员的劳动，一幕结束、全剧终了或演员谢幕时，应报以热情的掌声。

观看体育比赛，应做文明观众。应尊重所有的运动员和裁判员，在指定的观众席入座，爱护公共设施和场地卫生，不吝惜掌声，不在比赛场地大声喧哗、打闹。比赛中，应保持安静。散场时应有序退场，不推挤碰撞、乱踩座位、翻越栏杆等。

（四）旅游时的礼仪

旅游是现代人时尚的休闲方式，讲究旅游中的礼仪，不仅有利于展示自己良好的风度和教养，而且可以使我们的旅途生活愉快、顺利。

案例

文明旅游

在旅游中要做文明游客，对旅游胜地的名胜古迹、花草树木、公共设施要珍惜爱护；不乱涂乱画，随意攀摘；不乱丢杂物，随地吐痰；如厕要冲洗；不高声喧哗，追逐打闹；不要衣着不雅。

旅途中要与人为善，互相礼让。见老弱者要主动让座，别人让座，应道谢致意。请人帮忙要礼节当先，他人相求要乐于帮助。尊重民族、地区的风俗习惯和宗教信仰。不做粗俗的动作，不胡言乱语。

小常识

资料

《中国公民国内旅游文明行为公约》

营造文明、和谐的旅游环境，关系到每位游客的切身利益。做文明游客是我们大家的义务，请遵守以下公约：

1. 维护环境卫生。不随地吐痰和口香糖，不乱扔废弃物，不在禁烟场所吸烟。

2. 遵守公共秩序。不喧哗吵闹，排队遵守秩序，不并行挡道，不在公众场所高声交谈。

3. 保护生态环境。不踩踏绿地，不摘折花木和果实，不追捉、投打、乱喂动物。

4. 保护文物古迹。不在文物古迹上涂刻，不攀爬、触摸文物，拍照、摄像遵守规定。

5. 爱惜公共设施。不污损客房用品，不损坏公用设施，不贪占小便宜，节约用水用电，用餐不浪费。

6. 尊重别人权利。不强行和外宾合影，不对着别人打喷嚏，不长期占用公共设施，尊重服务人员的劳动，尊重各民族宗教习俗。

7. 讲究以礼待人。衣着整洁得体，不在公共场所袒胸赤膊；礼让老幼病残，礼让女士；不讲粗话。

8. 提倡健康娱乐。抵制封建迷信活动，拒绝黄、赌、毒。

知识巩固

<<<<<<<<<<<<<<<<<<<<<<<<<<<<<<<<<<<<<<<<<<<<<<<<

一、单选题

1. 下列不属于学衔称呼的是（   ）。

    A. 孙研究员　　　　　　　B. 法学学士李丽珍

    C. 博士　　　　　　　　　D. 杨博士

习题库

2. 他人介绍规则中错误的是（   ）。

    A. 尊者优先了解情况

    B. 先将女士介绍给男士

    C. 先将职位低的介绍给职位高的

    D. 先将年轻的介绍给年长的

3. 介绍人或为他人指示方向时的手势应该用（   ）。

    A. 食指　　　　　　　　　B. 拇指

    C. 掌心朝上　　　　　　　D. 掌心朝下

4. 根据礼仪规范，在握手时，首先伸出手来"发起"握手的是（　　　　）。

    A. 年幼者　　　　B. 晚辈　　　　C. 下级　　　　D. 尊者决定

5. 名片交换顺序正确的是（　　　　）。

    A. 客先主后　　　　　　　　　　B. 身份低者先

    C. 身份高者先　　　　　　　　　　D. 主先客后

二、多选题

1. 自我介绍应注意的有（　　　　）。

    A. 先介绍再递名片

    B. 先递名片再做介绍

    C. 初次见面介绍不宜超过 2 分钟

    D. 先介绍自己，再让对方介绍

2. 问候原则包括（　　　　）。

    A. 男士主动向女士问候

    B. 女士主动向男士问候

    C. 年轻人主动向年长者问候

    D. 别人主动伸手时，不应拒绝

3. 对索取名片的方法描述正确的有（　　　　）。

    A. 交易法：首先递送名片

    B. 联络法："如何与你联系？"

    C. 激将法：递送同时说"能否有幸交换一下名片？"

    D. 谦恭法："希望以后多指教，请问如何联系？"

4. 双方通电话，挂断电话的正确做法有（　　　　）。

    A. 客户先挂电话

    B. 被叫先挂电话

    C. 尊者先挂电话

    D. 不做要求，谁先讲完谁先挂，最好同时挂

5. 关于握手的礼仪，描述正确的有（　　　　）。

    A. 先伸手者为地位低者

    B. 客人到来之时，应该主人先伸手。客人离开时，客人先伸手

    C. 忌用左手，握手时不能戴墨镜

    D. 社交活动中，通常男士应该在女士伸手之后再伸手

三、简答题

1. 怎样确定介绍他人时的顺序？

2. 握手的基本原则有哪些?

3. 金融工作人员必须坚持交流与沟通的哪三项基本原则?

4. 请简述乘坐火车、飞机、客轮这三种交通工具时,分别应遵守的礼仪规则。

专业能力训练 <<<<<<<<<<<<<<<<<<<<<<<<<<<<<<<<<<<<<<<

实训题

活动要求:以小组为单位模拟训练,模拟银行营业大厅或VIP客户接待区,第一次与客户见面的情景。训练结束每位学生完成一份此次训练的总结报告。

综合实训

目标:正确而熟练地运用日常交际礼仪。

要求:等待客户、观察客户—主动问候,提供帮助—回答咨询—引领—介绍—敬茶水—礼貌退出—致谢、送别

提示:

(1)把握好问候的时机、礼节、姿态、距离、称呼语。

(2)注意运用交谈时语言、声音、姿态及表情等规范与技巧。

(3)为他人介绍时,注意语言与表情、手势的协调配合。

(4)客户离开时,要迅速跟随,送至大门时,站稳,鞠躬,致谢。

具体要求:

(1)分小组讨论、自评;

(2)小组间学生互评;

(3)教师总结点评。

专业能力考核(自评) <<<<<<<<<<<<<<<<<<<<<<<<<<<<<<<<<<<<<<<

一、专业能力自评

专业能力自评表

	能/否	任务名称
通过学习本章,你		了解金融行业日常交往礼仪的基本知识与规范
		能根据金融行业日常交往礼仪规范要求,在工作环境熟练地运用称谓、见面礼节与介绍礼节等规范
		能根据金融行业日常交往礼仪规范要求,在社交活动中运用见面礼节,礼貌交流,文明出行

续表

	能/否	任务名称
通过学习本章，你还		

注："能/否"栏填"能"或"否"。

二、核心能力自评

核心能力自评表

	核心能力	是否提高
通过学习本章，你的	信息获取能力	
	口头表达能力	
	交流沟通能力	
	人际交往能力	
	解决问题能力	
	团队合作精神	
通过学习本章，你的		
自评人（签名）： 年 月 日	教师（签名）： 年 月 日	

注："是否提高"一栏可填写"明显提高""有所提高""没有提高"。

【关键职业概念】

1. 了解和掌握金融行业公务礼仪的概念。

2. 了解办公室布局的原则，能合理地布置办公室。

3. 初步了解会议的分类和服务流程，能组织和实施安排具体的会议事务。

4. 掌握组织和参加宴请的礼仪规范，能得体地拜访和接待客户。

通过本章学习，应达到以下目标：

● 知识目标：

1. 理解办公环境对职业形象的影响，掌握金融行业办公室整体布局的原则。

2. 掌握在办公室汇报工作的礼仪规范。

3. 了解会议的分类、会议的礼仪规范。

4. 知晓中西各式宴请的礼仪规范。

【学习目标】

5. 掌握金融行业接待、拜访礼仪的注意事项和礼仪规范。

● 技能目标：

1. 学会用礼仪规范布置办公室，把握汇报礼仪。

2. 熟悉常见会议的礼仪规范，能够胜任一般会议的服务工作。

3. 能运用所学知识组织和参加宴请活动。

4. 能根据金融行业要求得体地接待客户，成为一位有素养的来访者。

【内容结构】

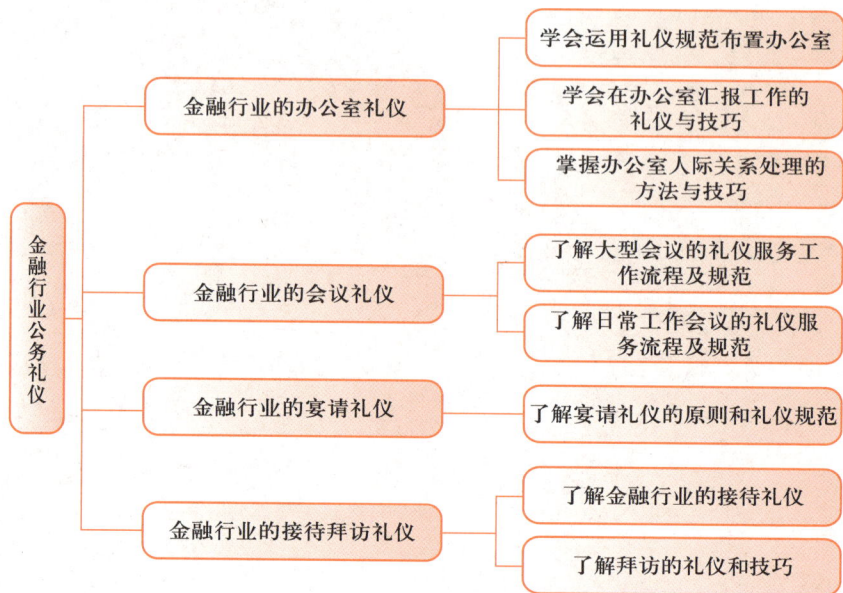

【学习内容】

引例

以"尊重"为本的公务礼仪

在美国女作家安娜·路易斯·斯特朗的80寿辰酒会上，周恩来总理的祝酒词充分体现了对女作家的敬重。

周恩来总理讲道："女士们、先生们，今天，我们相聚在一起，我们来做什么呢？我们来共同庆祝著名女作家安娜·路易斯·斯特朗的40公岁寿辰！"

听到周恩来总理的祝酒词，女作家迈着轻快的脚步，激动地走到周恩来总理的面前，她眼含泪水，声音颤抖地说："总理，您的祝酒词让我感到自己变得年轻了，让我感到自己的思维敏捷了，我还能写文章、写书。谢谢，谢谢！"安娜·路易斯·斯特朗握着周恩来总理的手，久久不愿放开。

资料来源：吕艳芝.公务礼仪标准培训（第2版）.北京：中国纺织出版社，2016.

问题：美国女作家为什么对周总理的祝酒词表现得那么激动呢？

分析提示：我们常说，中国的礼仪文化"成于孔子"。而孔子对礼仪的核心内容进行过这样的概括："礼者，敬人也。"敬人，尊重他人，周恩来总理是我们学习的榜样。在金融行业的公务礼仪学习中，我们要做到最基本的礼仪——尊重。

第一节　金融行业的办公室礼仪

一、学会运用礼仪规范布置办公室

办公室是金融组织成员处理日常公务、洽谈业务、接待来访者的场所。办公室礼仪是员工在这一特定的工作场所应具有的礼仪。它主要包括办公室环境的布置、汇报和听取汇报的礼仪、处理人际关系的礼仪等。从一定意义上说，办公室是各金融企业的门面，所以各金融企业都非常重视办公室礼仪。

办公环境的布置，是一种无声的语言，向来访者传递着信息，体现着金融行业的风格和精神面貌。在一个整洁干净、格调高雅的办公环境中，人们会自觉地要求自己与环境相协调，自然而然地变得文明礼貌、庄重大方。

（一）办公室整体布局

金融行业办公环境的设计风格，既不同于家庭环境的温馨舒适，也不同于宾馆饭店的豪华气派。办公环境的设计风格应该是庄重、整洁、高雅、安全，并能够体现金融行业的特点及品位。办公室内的布局讲究合理有序、错落有致、功能清楚、互不干扰。

（二）办公室的布置

金融行业办公室的布置应充分体现行业的经营性质和经营风格，并根据实际情况布置舒适的办公环境，配备现代化的经营设施，以展示企业现代化、高效率、高品位的形象。其中办公室的整洁是办公室环境布置的一个重要的、不可忽视的方面。同时合适配置和摆放办公设备和办公用品也极为重要。

同步案例6-1

细节决定成败

小王和小张一起应聘到一家银行，试用期为3个月，两个人在试用期间，工作都是兢兢业业、积极努力，但留下的名额只有一个，领导很难取舍。在银行做得最多的工作就是和各种单据打交道，小张每天下班前都会把各种单据分门别类整理放好，他的办公桌通常是整整齐齐的，而小王则习惯把各种单据杂乱无章地夹在一起，等到用的时候才像无头苍蝇似地乱找。3个月后，经理选择留下了小张，小王非常气愤，认为他和小张一样努力，为什么留下的会是小张。经理一言不发，把他带到两个人的办公桌前，小王一看，顿时满脸通红地低下了头。

问题：经理选择的为什么是小张而不是小王？

分析提示：一个人的成功除了工作兢兢业业，更多地取决于工作细节。遵循礼仪规范的办公室布置，不仅能让客户和同事产生好的印象，在工作中养成有条有理的习惯会对职业发展有很大的帮助。

（三）办公室的个人礼仪

办公室是金融从业人员处理日常工作的重要场所，在这里你会和同事们朝夕相处，还会经常在这里接待客户。办公室的个人礼仪，通常应当注意以下方面：

（1）穿着打扮应当符合金融行业及本单位的工作规范。一般情况下，金融从业人员都要求着制服上下班，以保持企业形象的统一。

（2）保持良好的仪态风范。正确的走路姿态应当是安静的、稳重的，不要匆匆忙忙地走路，也不要慌慌张张地做事，不要一边走路一边大声说笑，以免干扰别人办公。

（3）说话要文明，有分寸。办公场所不要使用亲昵的称呼，不要总是抱怨、发牢骚或闲聊。

（4）保持办公桌干净、整洁，物品摆放井然有序。从办公桌的状态可以看出工作人员的工作状态。任何时候桌面都井然有序的人，一般来说工作也会干净利索，一丝不苟。为了更有效地完成工作，办公桌上不能摆放太多的东西，只摆放手头上正在处理的工作的有关资料。如果暂时离开座位，应将文件覆盖起来，保密的资料应随时收存。文具要放在桌面上，为使用的便利，可准备多种笔具：毛笔、水笔、圆珠笔、铅笔等，笔应放进笔筒而不是散放在桌上。

（5）遵守公共道德和金融企业各种规章制度，不迟到，不早退。爱护工作设备，并且充分考虑其他人的需要。

同 步思考6-1

情境导入：办公室是金融从业人员处理日常工作的场所，在这里你会和同事们朝夕相处，还会经常在这里接待客户。图6-1和图6-2分别展示了两种不同的办公桌形象。

图6-1

图6-2

问题：比较图6-1、图6-2，你更能接受哪一张？为什么？

分析提示：办公室内，一言一行都需要智慧，办公桌更是长期"形象代言者"。办公桌应该是可以随时提供协助、有效率、准时完成工作并令人愉快的场所，它的桌面形象一定程度地反映了员工的处事作风和个性。

活动设计6-1　模拟操作

金融行业的办公室礼仪

——布置金融行业的办公室

课程实训

以班级为单位，分小组练习布置一个金融行业办公室。

目标：通过实训活动，让大家对金融行业办公室布置礼仪有一个深刻认识，并加以利用。

任务：按照办公室环境的布置原则，利用下面提供的办公用品布置一间办公室。

用品包括：办公桌3张，卷柜3个，书柜1个，文件筐3个，绿色植物2盆，鲜花2束，单位台历若干个，电话机1部，复印、传真、扫描一体机1台，饮水机1台，纸杯若干个。

要求：

（1）全班同学分为若干小组，以组为单位上交或阐述布置方案。

（2）如条件允许，可使用办公用品，在真实场地布置。

二、学会在办公室汇报工作的礼仪与技巧

汇报是金融行业从业人员的例行公事之一，也是下情上达，反映情况，为上级机关或领导提供决策依据的重要方式。汇报是上下级沟通的重要途径。需做到以下两点：

第一，汇报前要周密准备，设想上级可能提出的问题，备好汇报提纲和相关材料。

第二，汇报中要根据主题和重点，集中目标围绕重点，分清主次、去粗取精、力求精练。

（一）汇报工作的礼仪

1. 明确汇报的对象

向领导汇报工作时，应遵守归口管理的原则。通常应当直接向分管领导

汇报，擅自多头汇报或越级汇报都可能会给领导的管理工作带来不便。只有在无法确认分管领导或该领导不对该工作负责任的情况下，才可以向分管领导的上一级领导或其他领导汇报。只有涉及综合性问题，才适宜向全面主持工作的负责人直接汇报。

2. 把握好汇报的时间

因所汇报的工作内容具体情况千差万别，所以汇报的时间也要根据具体情况灵活掌握。例如，紧急的事情要立刻汇报，长期的工作可分期做阶段性汇报。总体来讲，要让领导能够及时了解工作的进度、工作的进展、工作的困难，才能更好地进行管理工作。

3. 根据汇报的内容，选择合适的汇报形式

汇报工作之前，应理清思路，并根据汇报的内容和时间紧迫性，选择合适的汇报形式向领导汇报。

汇报有三种常见的形式：口头汇报、书面汇报和电话汇报。工作人员在向上级汇报时，应选择合适的汇报形式。

（1）口头汇报，是指当面向领导口头汇报工作。口头汇报时，对汇报者的礼仪有以下要求：

① 守时。在现代社会，人们的生活节奏普遍加快，更需要我们有极强的时间观念。下级向上级汇报工作时，务必按约定时间到达。

② 先敲门后进办公室。到领导的办公室汇报工作，切记不可大大咧咧，破门穿堂，而应先轻轻地敲门，经允许后再进去。即使门开着，也要用适当的方式告知上级，以便上级及时调整体态、心理。

③ 语言简练。汇报内容要实事求是，汇报口音要吐字清晰，语调、声音大小适当，语言精练，条理清楚。

④ 尽量压缩汇报时间。最好限定在半小时内，若15分钟就更好。因为即使从人的精力角度看，超过半小时的效果也不好。汇报结束后，上级如果谈兴犹在，不可有不耐烦的体态语产生，应等到上级表示结束时才可以告辞。告辞时要整理好自己的材料、衣着与茶具、座椅，当领导送别时要主动说"谢谢"或"请留步"。

（2）书面汇报，是将汇报内容整理成文字，以直接递交、书信递交、电子邮件递交等途径向上级汇报工作。书面汇报通常可以较为全面、系统、深入、细致地反映情况，且说理充分、材料周全，缺点是时效性较差。书面汇报适用于需领导批办、有所参考或需要保存的事宜。一般属正式公文。

（3）电话汇报，是指通过电话向上级汇报工作。电话汇报仅适用于临时就某些必须办理的重要事务向上级进行请示或反映。电话汇报后，往往还要在适当时候再以口头、书面汇报形式对其进行补充。

4. 重视汇报的反馈意见

向领导汇报工作之后，领导给予了相关工作的反馈意见时，一定要予以重视，并根据意见改进工作，这样的汇报才能取得真正的效果。

（二）接受汇报的礼仪

1. 听取口头汇报的礼仪

听取口头汇报时，如果已约定时间，应准时等候。如有可能可稍提前一点时间，并做好记录要点的准备。及时招呼汇报者进门入座，不可居高临下、盛气凌人、大摆架子。在听取汇报的过程中，可与汇报者目光交流，配之以点头等表示自己认真倾听的体态动作。对汇报中不甚清楚的问题可及时提出来，要求汇报者重复、解释，也可以适当提问，但要注意所提的问题不至于影响对方汇报的兴致。要求下级结束汇报时，可以通过合适的体态语或委婉的语气告诉对方，不能粗暴打断。当下级告辞时，应站起来相送。如果联系不多的下级来汇报时，还应送至门口，并亲切道别。

2. 听取电话汇报的礼仪

听取电话汇报时，要注意礼貌，认真倾听。对于汇报中听不清楚或听不懂的地方要及时请对方再次说明。汇报结束时，应与对方核实报告内容的要点。听取汇报过程中，保持态度冷静、发音清晰、用语有礼貌。

3. 处理书面汇报的礼仪

收到书面汇报时，要及时、认真地查阅并给予反馈意见。下级汇报工作之后，若迟迟没有接到上级的反馈信息和指导意见，会挫伤今后汇报工作的积极性，不利于往后工作的开展。

三、掌握办公室人际关系处理的方法与技巧

金融从业人员在工作过程中，离不开上级领导以及平级和同事们的帮助。与同事相处时，应当注意遵守工作交往的礼仪，以便把握好自己与上级、平级以及下级同事的关系，这样才能为自己的工作营造良好的人际氛围，使自己的工作能够进展得更加顺利。

（一）把握好与上级的关系

上级，是指同一组织、系统中，职位较高的单位或个人。

金融从业人员在工作上，要服从上级的领导。有不同看法时，应在适当的时候、适当的场合向上级提出，不可当面顶撞领导，否则会影响工作的进展，也会影响与上级的关系。

遭到上级批评时，应当以积极的心态面对，"有则改之，无则加勉"。不要以消极的情绪面对批评，应当理智地分析具体情况，从中找到改进工作、改善沟通的机会。

平时要尊重上级，以礼貌的方式与上级相处。例如，工作场合应以尊称来称呼上级；保持与上级恰当的人际距离；不能随便开上级的玩笑；遇到问题要虚心向上级请教。

（二）把握好与平级的关系

平级之间应相互尊重，相互关心。

关系好不等于没礼貌，所以不能随便开同事的玩笑。无论是很熟还是不熟的同事，见面时都应主动向对方问好。不要把同事的错误当笑料，不要取笑同事的习惯和爱好，更不要随意传播同事的隐私。

同事之间要相互照顾，相互帮忙。年轻者应虚心向年长者求教，以尽快提高自己的工作能力。年长者则要关心爱护年轻者，学习他们身上的长处。请求同事帮忙时，要用商量的口吻提出，事成之后，要诚心地表示感谢。

同事相处，要以大局为重，求大同、存小异。在工作上发生分歧时，态度要冷静，虚心地听取对方的意见，不能把自己的想法强加给别人，也不能以自己为标准去苛求别人。

（三）把握好与下级的关系

上级对下级的一切工作负有指导的责任，下级应服从上级，并把上级的意图变为具体的行为。礼仪决定了上下级之间在遇到事情时所应对的言谈举止，都必须以礼待人。

上级应率先垂范，以优秀的人格魅力、良好的外在形象、脚踏实地的工作作风、诚信的职业道德为下级树立良好的榜样。在工作中，做到对下级既关心爱护，又严格管理和要求。

（1）在管理过程中，上级要态度和蔼，平心静气，接待下级时要热情，对下级反映的意见和问题要仔细倾听，耐心解释，合理解决。

（2）上级对下级生活要关心，但对下级的私事则不应干涉。

（3）对下级的错误要给予批评指正，但同时也要欢迎下级的批评，只有这样，才能体现出领导者的风范。

第二节　金融行业的会议礼仪

一、了解大型会议的礼仪服务工作流程及规范

会议是为了解决某个（或某些）共同的问题，或出于某个（或某些）目的，聚集（可通过网络虚拟聚集）在一起进行讨论、交流的活动。金融行业成功的大型会议具有提升形象、促进建设、创造经济效益等作用，而日常成功的小型会议则会起到沟通信息、交流思想、促进工作的作用。金融从业人员应当掌握会议礼仪知识，

才能更好地组织会议、参与会议。

（一）组织大型会议的礼仪

大型会议，一般是指与会者超过1 000人、规模较大的会议。组织该类会议，必须进行细致而缜密的组织工作。具体而言，大型会议的组织工作，在其开始前、进行时与结束后又各有不同的要求。

在会议的种种组织工作中，以会前的组织工作最为关键。它大体上包括以下四个不同的方面。

1. 会议的筹备

举行任何会议，皆须先行确定其主题（包括会议名称）。负责筹备会议的工作人员，则应围绕会议主题，将领导议定的会议规模、时间、议程等组织落实。通常要组成专门班子，明确分工，责任到人。

2. 通知的拟发

按常规，举行正式会议均应提前向与会者下发会议通知。它是指由会议的主办单位发给所有与会单位或全体与会者的书面文件，同时还包括向有关单位或嘉宾发的邀请函件。会务人员在这方面主要应做好两件事。

（1）拟好通知。会议通知一般应由标题、主题、会期、出席对象、报到时间、报到地点以及与会要求七项要点组成。拟写通知时，应保证其完整而规范。

（2）及时送达。下发会议通知，应设法保证其及时送达，不得耽搁延误。

3. 文件的起草

会议上所用的各种文件材料，一般应在会前准备妥当。需要认真准备的会议文件，主要有会议的议程、开幕词、闭幕词、主题报告、大会决议、典型材料、背景介绍等。有的文件应在与会者报到时下发。

4. 常规性准备

负责会务工作时，往往有必要对一些会议所涉及的具体细节问题，做好充分的准备工作。

（1）做好会场的布置。对于会议举行的场地要有所选择，对于会场的桌椅要根据需要做好安排，对于开会时所需各种音响、照明、投影、摄像、摄影、录音、空调、通风设备和多媒体设备等，应提前进行调试、检查。

大型会议在座次安排上最大的特点是会场上应分设主席台与群众席。前者必须认真排座次，后者的座次则可排可不排。

大型会场的主席台，一般应面对会场主入口。在主席台上就座之人，通常应当与在群众席上就座之人呈面对面之势。在每一名成员面前的桌上，均应放置双向的桌签，以便与会人员对号入座，避免上台之后互相谦让。国内目前排定主席台位次的基本规则有三：一是前排高于后排；二是中央高于两侧；三是左侧高于右侧。具体来讲，主席台的排座又有单数和双数两种情况：如领导为单数时，主要领导居中，2号领导在1号领导左手位置，3号领导在1号领导右手位置，以此类推，见图6–3；如领导为双数时，1号和2号领导同时居中，2号领导在1号领导右手位置，3号领导在1号领导左手位置，见图6–4。

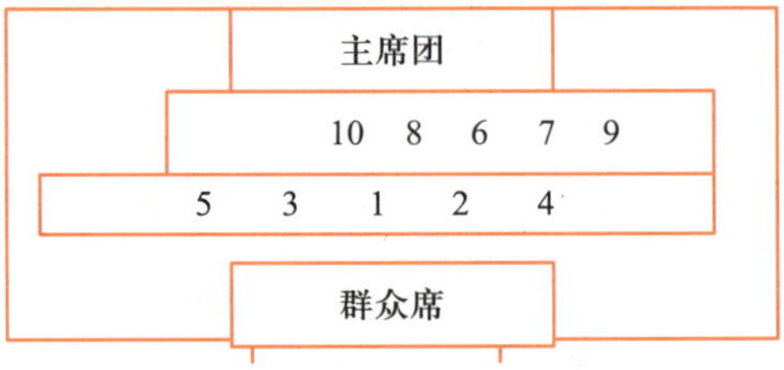

图 6–3

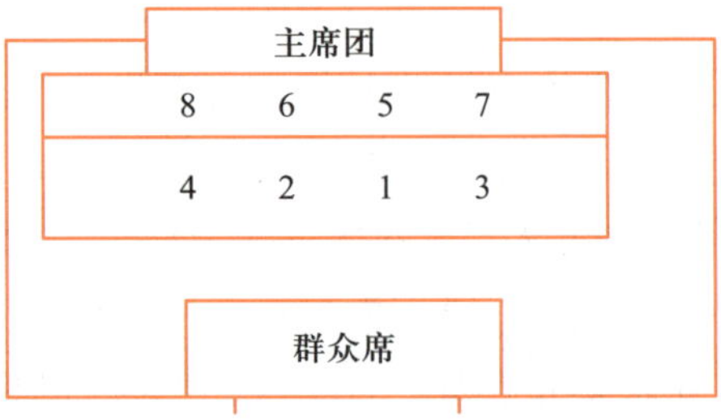

主席团				
10	8	6	7	9
5	3	1	2	4

群众席

图 6–4

主席团			
8	6	5	7
4	2	1	3

群众席

（2）根据会议的规定，与外界搞好沟通。比如向有关新闻部门、公安保卫部门进行通报。

（3）会议用品的采办。有时，一些会议用品，如纸张、本册、笔具、文件夹、姓名卡、座位签以及饮料、声像用具，还需要补充、采购。

（二）参加大型会议的礼仪

1. 参会者礼仪

（1）开会之前。

① 守时。在参加会议时，一般在规定的会议时间之前提早五六分钟进入会场，不要迟到，迟到视为对本次会议不重视或对会议主持人以及其他与会者的小视与不尊重。

② 仪表。参加会议的人员衣着应以正式服装为主，穿着不可过于随便，特别是金融行业从业人员，通常要求着制服参加。如果是户外会议等特殊会议，应事先询问主办单位穿何种服装较为得体。

③ 举止。在参加会议时，坐姿应端正，不可东倒西歪或趴在桌子上。不要有搔首、掏耳、挖鼻、剔牙、剪指甲等不雅行为。室内若无烟灰缸，表示不能抽烟。

（2）会议进行时。

① 会议进行期间，应认真倾听报告或他人发言，要做好记录，对深入领会和准确传达会议精神有很大帮助。开会时，闲聊、看书报、摆弄小玩意儿、抽烟、吃零食、打瞌睡、打哈欠、频频看表、左摇右摆、把玩手上的笔或闭眼等举动，都很不礼貌，都应避免出现的不文明行为。

② 在会议进行中，出席者要发言时，应先举手，这是发言的礼仪。会上发言时，应口齿清楚，态度平和，手势得体。在大型会议上发言，准备要充分，态度要谦虚，发言开始时要向听众欠身致意。发言要严格遵守会议组织者规定的时间。发言结束，要向听众致谢并欠身施礼。

（3）会议结束后。

会议结束后，要有序离开会场，不要拥挤或横冲直撞。

同 步案例6-2

开会中手机响了……

某银行国内业务部要开例会，徐伟作为其部门成员被告知周三上午九点开会，可是徐伟九点半才匆忙抵达公司，会议已经开始。当部门经理正在做数据报告时，徐伟的突然出现吸引了在场者的注意，部门经理的思路被打断，入座后徐伟又大声地对周围同事说："实在抱歉，昨晚朋友聚会喝了点小酒，今天很晚才起。"当全场又继续认真听经理的报告时，寂静的会场上响起了徐伟的手机铃声，部门经理对徐伟的表现很不满意。

问题：为什么部门经理对徐伟的表现很不满意？如果你是徐伟的同事，你会给他什么建议？

分析提示：准时到达会场是职场基本礼仪，入座后不宜谈论私事，且与会手机等通信设备应自觉关机或处于静音状态。

2. 其他会议参加人礼仪

其他会议参加人，主要是相对于一般与会者而言的，包括主席台就座者、会议发言人、会议来宾等。他们除了应遵循一般与会者所遵循的礼仪之外，还有一些独特的礼仪需要遵从。

（1）主席台就座者礼仪。主席台上的就座者，应遵循相应的礼仪规范。进入主席台时，应该井然有序；若此时参加会议者鼓掌致意，主席台就座者也应该微笑鼓掌作答；有些会议，座位上或主席台的长桌上已标明就座者姓名，就应按照会议工作人员的引导准确入座。会议进行中，主席台就座者应该认真倾听发言人发言，一般不应再与其他就座者交头接耳，更不能擅自离席，确有重要和紧急的事宜需提前离开会场的，应同主持人打招呼，最好征得其同意后再离席。

（2）会议发言人礼仪。对会议发言人或报告人来说，其礼仪主要表现在发言要遵守秩序。在发言之前，可面带微笑，可四下环顾会场。如会场里响起掌声，可以适时鼓掌答礼，等掌声静落后，再开始发言。发言时应掌握好语速和音量，以使会场中所有的人都能听清为宜。发言或报告结束时，应向会议全体参加人员表示感谢。

（3）来宾礼仪。对会议邀请的来宾来说，应遵守"客随主便"的原则，听从会议组织者的安排，做到举止端庄、行为有度。如果在会议开始前或进行中遇到熟人，不能把注意力只集中在一两个人身上，要照顾到来宾中的每个人，不能因为自己是来宾就不遵守会场纪律，也不能有"高人一等"的表现。

活动设计6-2　专题讨论

课程实训

金融行业的会议礼仪
——如何组织和参与公司的年末工作总结大会

年底，某保险公司为了总结一年来的工作，决定举行年末工作总结大会。王先生是该保险公司的办公室主任，受领导委托组织并落实本次工作总结大会相关事宜。

目标：通过实训练习，掌握组织参与单位工作大会的礼仪。

任务：以小组为单位，了解组织大型会议的基本流程，掌握组织会议的礼仪要求，策划、组织和实施本次工作总结大会。

要求：

（1）根据模拟工作总结大会的活动情景，进行分组。每组须提交一份工作总结的策划书。

（2）每组根据策划书进行小组分工、角色扮演，进行一次工作总结大会召开过程中的模拟情景训练。

二、了解日常工作会议的礼仪服务流程及规范

（一）例会的礼仪

例会是指固定时间、固定地点和固定与会人员的制度性会议，也称为办公会议。例会是内部会议，而且范围小、时间短，所以礼仪比较简单。

（二）座谈会的礼仪

座谈会是邀请有关人士，围绕某一议题进行讨论，或为沟通情况、征求意见、增进感情而举办的小型会议。座谈会的礼仪有以下几个方面：

（1）内部座谈会可用通知的形式告知与会者，通知要写明座谈会的时间、地点、内容和具体要求。如有外部嘉宾应提前下发邀请函。

（2）会场的选择与安排要紧凑，一般采取C形或U形排列，营造平等、轻松、友好的氛围。

（3）如有外部嘉宾，主持人要一一介绍，以表示欢迎。

（4）主持人要活跃气氛，引导发言，要求大家知无不言，言无不尽，注意要使每个到会者都有发言的机会。

（5）座谈会结束时，主持人应作简要归纳，并对嘉宾表示感谢。

（三）报告会的礼仪

报告会是请专家学者、先进人物或其他人士进行专门报告的会议。常见的有形势报告会、学术报告会、先进单位或先进人物报告会。报告会的礼仪内容主要有：

（1）会场应选择教室型，并设有主席台；会场的气氛应热烈，并挂有欢迎的横幅。

（2）报告会开始时，应由主持人对报告人予以介绍并表示欢迎。

（3）报告会的时间安排不能太长，听观众数量宜多不宜少，最好是座无虚席。

（4）报告会如要录音，应征询报告人的同意。

（5）听众如有提问，可采取递条的形式；如报告人留有空余的时间，可口头提问。

（6）听众应始终保持安静，注目倾听，不可读书看报或有其他小动作。

（7）报告会结束时，主持人应再次表示感谢，全体参加人员应报以热烈的掌声。

（四）新闻发布会的礼仪

新闻发布会，是单位为了实现某一目的，围绕某一特定的主题，邀请新闻界记者参加的一种特殊会议。它是一种主动向外部公众传播组织的有关信息，谋求新闻界对社会组织的重要信息、某一活动或事件进行客观而公正的报道的有效沟通方式。新闻发布会礼仪比较烦琐，会前应进行周密的准备，以保证发布会的效果。发布会礼仪的程序至少应当包括以下几个方面：

1. 确定好主题

常见的新闻发布会的主题有两种：一种是发布组织的某一重要信息，如经营方针的变化、新产品的推出等;另一种是对发生的事件予以解释和澄清,如公众投诉、负面报道、重大事故等,以化解危机,维护形象。

2. 确定邀请记者的范围

新闻发布会的主宾是记者,所以对记者发出邀请是一项十分重要的工作。邀请的范围要考虑媒体的权威性和覆盖面。如果是为了扩大组织的影响,提高组织的知名度,邀请的范围就要大一些;如果只是在一定范围内进行宣传、解释,邀请的范围则可小一些。邀请对象确定后,应提前一周将请柬或邀请函送达新闻单位或记者本人,并及时电话联系,落实出席情况。

3. 选定时间和地点

发布会时间选得是否合适,对发布会的效果有很大影响。时间的选择一要避开节假日,二要避免和重大社会活动相冲突。地点的选择应有利于记者的采访,既可安排在组织所在地、事件发生地,也可在隶属行业会议厅进行。地点的选择还要考虑交通是否便利,采访的条件是否优越,扩音、录音、录像设备是否完好等。

4. 选好主持人和发言人

新闻发布主持人和发言人的选择至关重要。发布会的主持人,应具有思维敏捷、反应灵活、口齿伶俐、擅长交际、经验丰富和通晓礼节的特点;发言人应由了解组织整体情况、能代表组织出面或回答提问的高层领导担任。

5. 准备好各种材料

需要准备的材料有:发言提纲、问答提纲、宣传提纲及图表、照片、实物、模型、录音、录像、影片和幻灯片等辅助材料。

6. 布置会场

发布会的会场布置尤其要注重组织精神的体现,会场环境及设施要优雅、大气、舒适、得体,台上和台下要形成一种亲切、融洽的气氛。

7. 现场主持人礼仪

主持人要根据会议主题调节好会议气氛。当记者的提问偏离主题时,应巧妙地将话题引向主题;当出现紧张气氛时,应及时调节、缓和,并把握好会议的进程和时间。

8. 现场发言人礼仪

发言人要表现出较高的风度和涵养。发言的内容要真实准确,篇幅要短小精悍,态度要热情诚恳,方式要灵活多变。如遇不友好的提问要冷静处理、婉转应对,切忌生硬无礼。

9. 发布会结束时的礼仪

发布会结束时,主持人应简评会议,并对与会记者一一表示感谢。

小 常识

视频会议礼仪

视频会议，是指位于两个或多个地点的人们，通过通信设备和网络，进行面对面交谈的会议。根据参会地点数目不同，视频会议可分为点对点会议和多点会议。日常生活中的个人，对谈话内容安全性、会议质量、会议规模没有要求，可以采用如腾讯QQ这样的软件来进行视频聊天。而金融行业企业的公务视频会议，要求有稳定安全的网络、可靠的会议质量、正式的会议环境等条件，则需要使用专业的视频会议设备，组建专门的视频会议系统。由于这样的视频会议系统都要用到电视来显示，也被称为电视会议、视讯会议。

鉴于视频会议的特点，参会人员应该注意以下几个方面：① 参会人员须提前15分钟调试好视频会议设备设施，如视频系统软件、通话设备、计算机等，保证会议过程信号畅通；② 参会人员着装应符合金融行业职业人员形象的要求，选择合适的会议地点；③ 与会过程中，参会人员发言应音质清晰、音量适中，可事先准备好发言的内容，避免抢发言或重复发言，以保证会议信息传递的有效性。

第三节　金融行业的宴请礼仪

宴请是社会交往活动中最常见的形式之一，在金融行业当中也不例外。宴请的礼仪是一场成功宴会的重要因素。它能有效增进宴请双方的了解和信任、联系彼此的感情，从而促进业务的成功。在宴请过程中，合适的宴请形式、得体的宴请安排和良好的宴请氛围能够让与会宾客精神放松、心情愉悦，更容易加深主宾双方的相互理解和沟通。

一、宴请的形式

不同的宴请目的、性质、内容需要采取不同的宴请形式，不同邀请对象的身份、人数及经费开支也决定着不同的宴请档次及形式，因此宴请形式的选择是决定这场宴会成功与否的前提条件，作为金融从业人员应对宴会的基本形式有所了解，并根据实际需要灵活运用。国际上通用的宴请形式主要有宴会、招待会等。

（一）宴会

宴会进餐时环坐，由招待员依次按顺序上菜。一般情况下，宴会持续时间为2小时左右。按礼宾规格划分，可分为国宴、正式宴会、便宴、家宴。

1. 国宴

国宴是规格最高的宴会，是国家元首或政府首脑为国家的庆典或为外国元首、政府首脑来访而举行的正式宴会。国宴需要排座次，宴会厅内挂国旗，安排军乐队奏国歌及席间音乐、席间致辞或祝酒。国宴讲究排场，对宴会厅的陈设、菜肴的道数以及服务员的个人礼仪都有严格的要求。

2. 正式宴会

正式宴会的规格仅次于国宴，除了不挂国旗、不奏国歌以及出席人员规格不同外，大体与国宴相同，有时也安排乐队演奏席间音乐，宾主均按身份排位就座。许多国家正式宴会十分讲究排场，甚至在请帖上注明对客人的服饰要求。

3. 便宴

便宴即非正式宴会，特点是较随便、亲切，适用于日常友好交往。常见的便宴有午宴和晚宴，有时也有早上举行的早宴，这类宴会形式简便，可以不排座次，不作正式讲话，菜肴道数亦可酌减。

4. 家宴

家宴即在家中所设的便宴，往往由家庭主妇亲自下厨烹调，家人共同招待。家宴在西方较为流行。

（二）招待会

招待会是指各种不预备正餐仅提供简单食品、酒水饮料的宴请形式，一般为活动进行过程中，为客人提供补充能量的餐饮方式，较为灵活，一般不排座位，可自由活动。常见的有以下几种。

1. 冷餐会

冷餐会又称自助餐，是目前国际上通行的一种非正式的西式宴会，在大型的商务活动中较为常见。菜肴与餐具一起陈设在桌上，供客人自取，可多次取食，取食时应酌量。酒水可放在桌上，也可由服务员于现场端送。菜肴以冷菜为主，也可冷热兼备。冷餐会一般不排座，较为轻松自由。但我国举行的大型冷餐招待会，主宾席通常排座位，其余各席不固定座位。举办地点可设在室内，也可设在室外花园里。举办时间一般在中午12时至下午2时，下午5时至7时。自助餐开始时，主客都可以讲几句祝贺、致意之类的话，中间也可以放几段音乐或表演小型节目，以达到活跃气氛和增进友谊的目的。

2. 酒会

酒会又称鸡尾酒会，特点是时间灵活、形式活泼，便于广泛交流。酒会不设座椅，仅置小桌，以便客人随意走动。酒会以酒水为主，但不一定都是鸡尾酒，佐以各种小吃、果汁，不用或少用烈性酒。酒会中午、下午、晚上均可举行，请帖上一般注明酒会起讫时间，客人可在期间自由退席和入席。参加者衣着方面不用过于讲究，整洁即可。

3. 茶会

茶会是一种简便的招待形式，请客人品茶交谈，一般在下午4时左右（亦可上午10时）举行。茶会通常设在客厅、会议室等场所举行，厅内设茶几、座椅，不排席位；如为贵宾举办，则应将贵宾与主人的座位安排在一起，其他人员可随意就座。茶会的茶叶、茶具一般都比较讲究，要有特色，茶具只能使用陶、瓷制品。外国人一般用红茶，也可用咖啡。此外，茶会上还可略备点心和地方小吃。

4. 工作进餐

工作进餐是现代交往中常用的一种非正式宴请形式，规格较低，双方利用进餐的时间边吃边谈，有时还需参加者各自付费，这种形式通常在特别繁忙或日程安排不开时采用。招待合作者、洽谈工作、小批客人来访、一般的会议餐等可采用这种形式招待。

二、宴请的组织过程

（一）确定宴请的名义与宴请对象

成功的宴请，首先要明确宴请的目的、宴请的对象。宴请的对象应该充分考虑邀请与特定事件有关的代表人物参加。以何种名义、谁出面邀请：按照国际惯例，确定邀请名义的主要依据是：主、客双方身份相称，参加宴请的人员彼此身份应相当，这可以使人们在心理上获得一种平衡与满足，不对等则会失礼。邀请的范围即邀请哪些人，邀请到什么级别，主人一方安排哪些人作陪等都应考虑周全。确定邀请对象之后，可草拟具体邀请名单，被邀请人的姓名、职务、称呼以及对方配偶是否参加都要明确。

（二）确定宴请的时间与地点

宴请的时间原则上因以主宾双方都合适为宜，注意避开对方的重大节假日、重要活动或禁忌，如宴请信奉基督教的人士不要选13日、星期五；伊斯兰教在斋月内白天禁食，宴请应安排在日落后举行。

宴请地点的选择，体现了主人对宴请的重视程度，因根据宴请的规格、主宾的身份以及费用而定。

（三）发出邀请

凡是宴请，须发请柬，这既是礼貌，也可以对客人起提醒备忘作用。如果是便宴、工作餐，可通过口头或电话的方式邀请，可发亦可不发请柬。如果是邀请最高领导者作为主宾，还需单独发邀请函，其他宾客发请柬。请柬一般应提前一周左右时间发出，以便客人及早安排。请柬发出后，应再与客人进一步电话联系，询问客人出席情况，以便确定参加宴会的具体人数，做好充分准备。

（四）确定宴请的菜肴

确定宴请的菜单，也是准备工作中比较重要的一环，因为客人往往会从主人准备的美味佳肴中，体会到主人热忱待客的心意，留下长久而难忘的回忆。宴请的酒菜应根据活动形式和规格，在规定的预算标准内安排。选定酒菜应考虑来宾的口味、禁忌、年龄、生活习惯、健康状况等，拟定菜单既要符合来宾的口味，又要具有地方特色、搭配合理、精致美观，让人看了赏心悦目，做到色、香、味俱全。较为隆重的宴会，可印制菜单，每桌一份，更讲究的也可每人一份。

（五）布置宴会现场

现场布置取决于宴请活动的性质和形式。正式宴会的布置应该隆重、大方，环境、气氛均能体现宴请活动的目的、性质，表达主人的愿望。

（六）安排席位

宴会席位安排是一项复杂而重要的准备工作，稍一疏忽便会失礼。具体包括桌次安排和席位安排两方面。

1. 桌次安排

宴会的桌次安排有严格的礼仪规范。中餐宴会一般采用圆桌，西餐宴会一般采用长桌。按国际惯例，中餐宴请桌次的高低以离主桌远近而定，近高远低，平行桌则左高右低。桌数较多时，应摆放桌次牌，以便辨认。而西餐的桌次与座次安排原则相对一致，详见下一知识点。图6-5 ~图6-8是几种常见的宴会桌次布置法，图中数字表示客人。

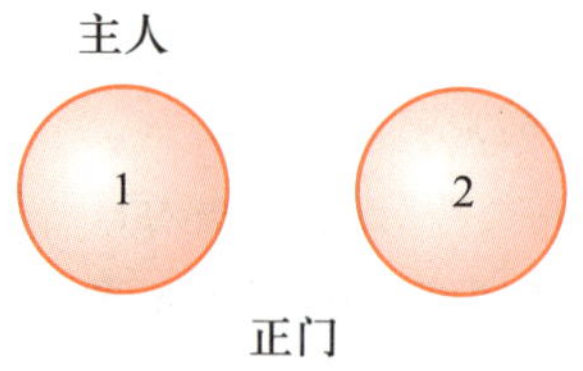

图6-5

主人

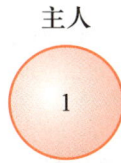

正门

图 6-6

主人

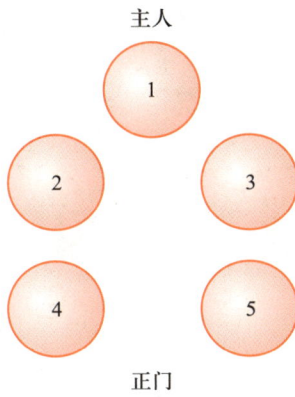

正门

图 6-7

主人

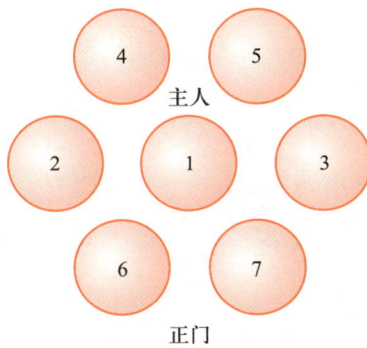

正门

图 6-8

　　两桌横排时，桌次以右为尊，以左为卑。这里所讲的右与左，是由面对正门的位置来确定的。这种做法也叫"面门定位"。当两桌竖排时，其桌次讲究以远为上，以近为下。这里所讲的远近，是以距离正门的远近而言的，此法也叫"以远为上"。

　　由三桌或三桌以上的桌数组成的宴会，也叫多桌宴会，其排列方法除了要注意面门定位、以右为尊、以远为上这三条规则外，还应兼顾其他各桌距离主桌的远近。通常，距离主桌越近，桌次越高；距离主桌越远，桌次越低。这项规则也称"主桌定位"。

2. 席位安排

按国际惯例，同一桌上席位的高低安排以离主人座位远近和左右而定，近高远低、左高右低。两桌以上的宴会，其他各桌第一主人的位置与主桌主人位置同向或面对。我国习惯按各人职务排列，以便交谈。如偕夫人出席，通常把女方排在一起，即主宾坐男主人右上方，主宾夫人坐女主人右上方。席位排定后应写座位卡，并在请柬上注明客人的座位号，使来宾心中有数。现场还应有人引导，桌次座位均应标清，以免混乱。图6-9和图6-10是中西餐常见的席位排法（图中数字表示客人）。

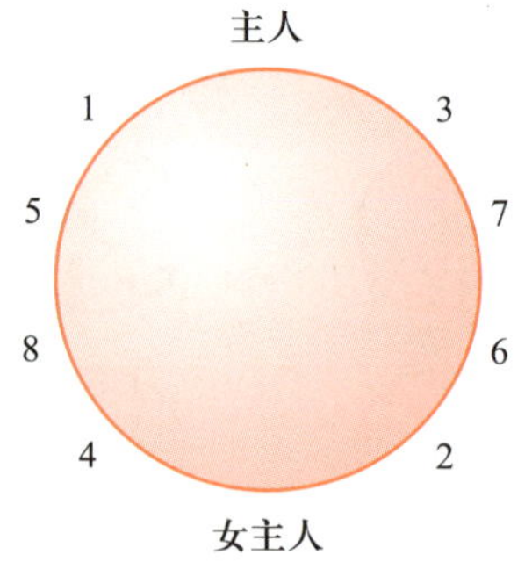

图6-9

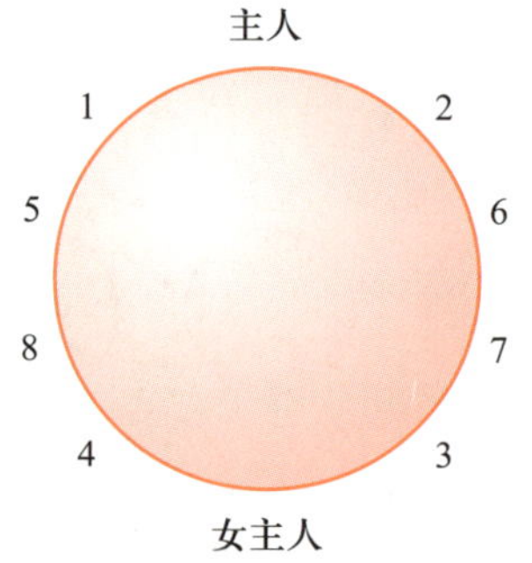

图6-10

（1）中餐座次安排规则。圆桌上位次的具体排列可分为两种具体情况：第一种为每桌一个主位的排列方法。其特点是每桌只有一名主人，主宾在其右侧就座，每桌只有一个谈话中心；第二种是每桌两个主位的排列方法。其特点是主人夫妇就座于同一桌，以男主人为第一主人，以女主人为第二主人，主宾和主宾夫人分别在男女主人右侧就座。每桌从客观上形成两个谈话中心。

（2）西餐座次安排规则。与中餐按职务排列的方式不同的是，外国人座位习惯男女穿插安排，以女主人为准，主宾在女主人右上方，主宾夫人在男主人右上方。西餐的座次排位基本体现"女士优先、以右为尊、距离定位、面门为上、交叉排列"的原则。按西餐桌形来排座次，主要有长桌、圆桌和方桌之分。

西餐长桌的座次排列主要有三种方式：一是男女主人在长桌的中央相对而坐，餐桌的两端可以坐人，也可以不坐人（见图6-11）；二是男女主人分别坐在长桌的两端（见图6-12）；三是用餐人数较多时，可以把长桌拼成其他图案，以使大家能一道用餐。

值得关注的是，随着近几年中餐西用和西餐中用的融合趋势的出现，各重大宴请场合也经常出现圆桌吃西餐，方桌吃中餐的现象，但无论形式如何变换，桌次和座次的礼仪都不容忽视。

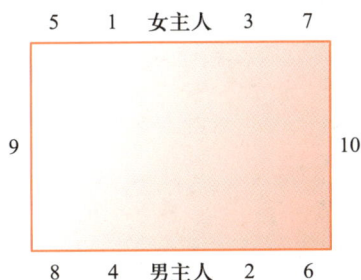

图6-11

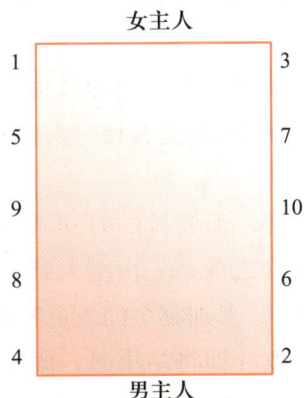

图6-12

175

就餐座次的安排

中外用餐座次

古人云"民以食为天",而在"食"中又以"坐"为先。《史记》中已有描述:"项王、项伯东向坐;亚父南向坐,亚父者,范增也;沛公北向坐;张良西向侍。"寥寥几笔却勾画出了安排席位的主宾尊幼的古礼。这是因为中餐上菜时多以顺时针为上菜方向,居右者因此比居左者优先受到照顾。

主要遵循以下原则:① 中座为尊:三人一同就餐时,居中坐者在位次上要高于在其两侧就座之人。② 面门为上:倘若用餐时,有人面对正门而坐,有人背对正门而坐,依照礼仪惯例则应以面对正门者为上座,以背对正门者为下座。③ 观景为佳:在一些高档餐厅用餐时,在其室内外往往有优美的景致或高雅的演出,可供用餐者观赏,此时应以观赏角度最佳处为上座。

三、中西餐宴请过程中的礼仪

（一）主人应注意的礼节

1. 迎宾、引客入座

作为宴会的主人,在宴会开始之前应到门口等候,迎接客人,必要时还可安排几位主要人员陪同迎接。官方活动,除男女主人外,还有少数其他主要官员陪同主人排列成行迎宾。

主动和每位来宾打招呼、问候表示欢迎。主宾到达后,由主人陪同进入宴会厅入座,接待人员随即陪同其他宾客相继入厅就座,宴会即可开始。

2. 致辞、祝酒

正式宴会,一般均有致辞,但安排的时间不尽一致。有的放在开始,也有的放在上热菜之后,上甜食之前。先由主人致辞,接着由客人致辞。致辞时,服务人员要停止一切活动,参加宴会的人员应暂停饮食,专心聆听,以示尊重。致辞毕则祝酒。故在致辞即将结束时,服务人员要迅速替所有人斟足酒,供主人和主宾祝酒用。

小 常识

敬　酒

敬酒是宴请接待饭局中的重要环节。敬酒时需致正式的祝酒词。祝酒词大有讲究，影响着宴请的氛围和敬酒的效果。一般情况下，敬酒应以年龄大小、职位高低、宾主身份为先后顺序，分明主次，避免出现尴尬或伤及感情。有人提议干杯时，应起身站立，右手端起酒杯，或者用右手拿起酒杯后，再以左手托扶杯底。即使是滴酒不沾，也要举起酒杯示意。碰杯的时候，应该让自己的酒杯低于对方的酒杯，表示你对对方的尊敬。

3. 菜序及菜肴介绍

宴请过程中，应讲究菜序。中餐一般是先上冷盘，再上汤菜，最后上甜食、水果。西餐上菜顺序则一般为开胃菜、面包、汤、菜肴、布丁、咖啡或红茶等。

进餐过程中，为调节气氛，增进客人的食欲，对于特色菜，宴请主人应进一步加以介绍，介绍菜的色、香、味及制作特点等，不但可以活跃气氛，而且能使客人对宴会留下深刻印象。

4. 侍应和斟酒顺序

按照国际惯例，侍应服务均应从男主人右侧的主宾开始，接着男主人，由此自右向左按顺时针方向进行。

西餐宴请中，所有斟酒服务均由服务员完成，而在中餐宴请中主人为了显示热情好客，通常会主动为宾客斟酒，那就应该了解：斟入的酒的多少应根据酒的种类酌定，红葡萄酒斟1/2杯，白葡萄酒斟2/3杯，啤酒2/3杯酒、1/3杯泡沫，香槟酒2/3杯，白兰地1/5杯。

5. 话题选择

席间的言语交谈是重要的礼仪环节，主宾双方应就彼此都感兴趣的话题，亲切交流。话题的选择可以广一些，宴会中不宜深入谈论具体的、实质性的问题，要"多叙友情，少谈工作"，切不可把餐桌变成谈判桌，以免陷入僵局，使双方不快。此外，交谈时还应避免谈及忌讳、敏感、容易引起争执的问题。总之，交谈一切应从增进友谊、活跃宴会气氛的角度出发。

6. 敬酒技巧

敬酒可以使宴会气氛更加热烈，主人应该察言观色，时刻注意客人的情况，以便在适当的时机敬酒，敬酒应以年长、尊贵的来宾为主要对象。宴会中如果发现一些酒量好的客人，可以鼓励他们对饮；但有些客人酒量很小，甚至不会饮酒，则不应强其所难，应以水代酒或请客人自便。在宴请过程中，主人一般要依次向所有宾客敬酒，或按桌敬酒。敬酒时，上身要挺直，双脚站稳，以双手举起酒杯，并向对方微微点头施礼，等对方饮酒时再跟着饮下。敬酒的态度要稳重、热情、大方。需要一一敬酒时，主人应按礼宾顺序先向主宾，再依次向其他宾客敬酒。在宾客较多的场合，主人可依次到各桌敬酒，并提议大家一起干杯，这时主人只要举杯示意即可，不必一一碰杯。

7. 礼貌送客

一般宴会应掌握在90分钟左右，以最多不超过2小时为宜。过早结束，会使客人感到不尽兴，甚至对主人的诚意表示怀疑；时间过长，则宾主双方都感到疲劳，反而冲淡宴会的气氛。因此，当宴请程序基本完成时，主人要掌握时机，适时结束宴会。此时，通常先由主人向主宾示意，请其做好离席准备。然后与主宾起立，主人宣布宴会到此结束，并对各位宾客莅临宴会，表示衷心感谢。如有安排助兴活动，如卡拉OK、舞会或喝茶、打牌等，可挽留有兴趣的来宾自由参加。

（二）客人应注意的礼节

1. 赴宴前的准备

（1）接受邀请。接到宴会邀请后，能否出席应尽早给对方答复，以便主人妥善安排。接受邀请后不要随意改动，万一遇到特殊情况不能出席时，尤其作为主宾，应尽早通知对方，深表歉意并作必要解释。最好事先探询一下，可依据请柬注明的时间，稍微提前一点。

（2）仪容仪表。出席宴会前，应根据宴会场合的要求对仪容、仪表做适当的修饰。衣着要求整洁得体、美观大方。国外宴请非常讲究服饰，往往根据宴会的正式程度，在请柬上注明着装要求。整洁得体的着装，精神饱满、容光焕发地赴宴，不仅会给宴会增添隆重、热烈的气氛，也会使主人因备受尊重而高兴。

（3）准备礼物。参加某些宴请还需备礼，特别是家庭宴会，礼物可根据宴请的性质和主客双方的关系而定，既可赠送花篮或花束，也可赠送食品、工艺品等。礼品价值不一定很高，但要有意义。

2. 入席和退席礼仪

应邀参加宴会，首先必须明确宴会的时间和地点，以便准时到达。当抵达宴请地点时，首先跟主人握手、问候致意。对其他客人，无论相识与否，都要笑脸相迎，点头致意，或握手寒暄，互相问好；对长辈老人，要主动让座请安；对小孩则应多加关照。宴会结束往往要由主人和主宾示意，通常主宾退席，其他客人便可离座。退席时多从左侧，男士可帮邻座女士把椅子拉开。如因故要提前退席，须向主人说明并表示歉意，切忌不辞而别。

3. 席间礼仪

进餐时，举止要文雅，应把食物送入嘴中，而不是把嘴凑近食物。菜或汤很烫时不可用嘴吹，等稍凉后再吃。口中有食物，不宜高谈阔论。嘴唇上的油污不要沾染到酒杯上，应先用餐巾拭净。鱼刺、骨头不要丢在桌布上，要放在盛残渣的碟子里。用餐时遇有酒水打翻、筷子落地，碰撞邻座，要道声"对不起"，再请服务人员帮忙。对于餐桌上的公用物品，若距离较远，不可起身去取，可请求邻座帮忙，用后放回原处，并向邻座致谢。宴会中，主人应向来宾敬酒，客人也应回敬主人。敬酒时，不一定个个都碰杯，离得较远时，可举杯用目光示意，不要交叉碰杯。宴会结束退席时，应向主人致谢，对主人的款待及菜肴的丰盛精美表示称赞。

西式宴会中的礼节比中式宴会严格和复杂。到会后，主人照例会在门口迎接，客人可简单地与主人握手问候，而不便在此长谈，因为后面的客人接踵而来，会妨碍别人与主人打招呼。入席时，右手拉开座椅，从左面进入座位坐下。待主人摊开餐巾后，客人方可摊开。大块餐巾可对折铺在腿上，折口向外。席间两肘不要抬得过高，不要在与人交谈时，手拿刀叉做手势。致辞后，主人向客人致酒，杯子不应撞得叮当乱响，也不要一饮而尽，宴会上酒要慢慢地喝。

同 步案例6-3

菜单全是法文？

江洋是某证券公司的办公室主任，一天接上级任务要求宴请公司重要客户王总经理和他的秘书小黄。宴请地点定在该市一家高档法国餐厅。江洋安排王总和秘书小黄入座后，拿起菜单，突然发现菜单全是法文。为了避免被人看不起，江洋不懂装懂地点起了菜肴。谁知，点菜员当着王总和秘书的面前说道"对不起，先生，您点的全是开胃菜，要不要考虑一下我们的主食？"闻言，江洋一脸尴尬……

问题：如果您是江洋，碰到这种场合应该怎么做？

分析提示：高档的西餐厅一般都备有双份菜单，一本外文菜单，一本中文菜单。当你碰到点菜员拿出外文菜单时，可以要求再提供一本中文菜单。这种做法在礼仪上不为失礼。如果西餐厅没有中文菜单，也可以向别人学习，或直接点套餐，甚至向点菜员请教。不要不懂装懂，适时地寻求他人帮助也是尊重人的一种行为。

四、西餐的礼仪

（一）西餐的特点

西餐极重视各类营养成分的搭配组合，充分考虑人体对各种营养（糖类、脂肪、蛋白质、维生素）和热量的需求来安排菜或加工烹调。西餐烹饪在选料时十分精细、考究，而且选料十分广泛。如美国菜常用水果制作菜肴或饭点，咸中带甜；意大利菜则会将各类面食制作成菜肴：各种面片、面条、面花都能制成美味的席上佳肴；而法国菜选料更为广泛，诸如蜗牛、洋百合、椰树芯等均可入菜。西餐的烹调方法很多，常用的有煎、烩、烤、焖等十几种，而且十分注重工艺流程，讲究科学化、程序化，工序严谨。

同 步思考6-2

情境导入：中华文明五千年，中华饮食文化博大精深、源远流长，在世界上享有很高的声誉，呈现出极大特点。其一，风味多样。我国一直就有"南米北面"的说法，口味上有"南甜、北咸、东酸、西辣"之分，主要是巴蜀、齐鲁、淮扬、粤闽四大风味。其二，四季有别。中国人善于根据四季变化搭配食物，夏天多吃清淡爽口食物，冬天多吃味醇浓厚食物。其三，讲究美感。中国人吃食物不仅讲求味，还讲究欣赏之美，无论是个红萝卜，还是一个白菜心，都可以雕出各种造型，还讲究食材，食具，以及环境的搭配与和谐。其四，注重情趣。中国人喜欢给食物取一些富有诗意的名字，例如"炝凤尾""蚂蚁上树""狮子头""叫花鸡"等。其五，中和为最。《尚书·说命》中就有"若作和羹，惟尔盐梅"的名句，意思是要做好羹汤，关键是调和好咸（盐）酸（梅）二味。中和之美是中国传统文化的最高的审美理想。

随着中西交流的融合，中国饮食文化又出现了新的时代特色。如于色、香、味、型外又讲究营养，就是一种时代进步。但中华饮食文化在与世界各国文化碰撞中，应该有一个坚固的支点，这样它才能在博采众长的过程中得到完善和发展，保持不衰的生命力。这个支点就是优秀传统文化特质！中华饮食文化就其深层内涵来看，可以概括成四个字：精、美、情、礼。这四个字，反映了饮食活动过程中饮食品质、审美体验、情感活动、社会功能等所包含的独特文化意蕴，也反映了饮食文化与中华优秀传统文化的密切联系。精与美侧重于饮食的形象和品质，而情与礼则侧重于饮食的心态、习俗和社会功能。但是，它们不是孤立地存在，而是相互依存、互为因果的。唯其"精"才能有完整的"美"；唯其"美"才能激发"情"；唯有"情"才能有合乎时代风尚的"礼"。四者环环相生、完美统一，便形成中华饮食文化的最高境界。

问题：如何看待中华饮食文化当中的"礼"？

分析提示：这是指饮食活动的礼仪性。中国饮食讲究礼，这与我们的传统文化有很大关系。《礼记·礼运》中提道："夫礼之初，始诸饮食。""三礼"中几乎没有一页不曾提到祭祀中的酒和食物。"礼"指一种秩序和规范。坐席的方向、箸匙的排列、上菜的次序……都体现着"礼"。我们谈"礼"，不要简单地将它看作一种礼仪，而应该将它理解成一种精神，一种内在的伦理精神。这种"礼"的精神，贯穿在饮食活动过程中，从而构成中国饮食文明的逻辑起点。

（二）西餐餐具的使用

西餐餐具非常之多，常常在一个宴会上，吃的菜不过几道，而使用的餐具却不下数十件。餐具的使用是否得当，关系到是否合乎用餐的礼仪。西餐的餐具主要有刀、叉、餐匙、盘、碟、杯、牙签、餐巾等。

以西餐正式宴会餐具为例，宴会刀叉摆放示意图如图6-13所示。

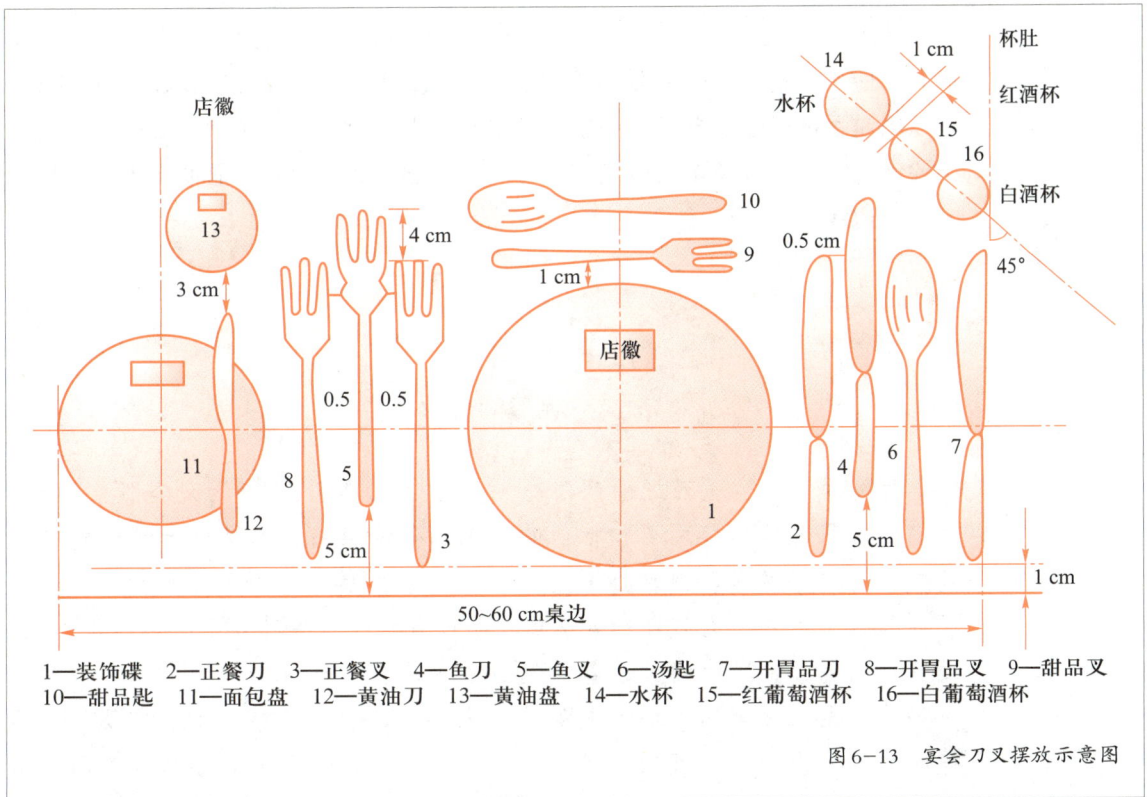

1—装饰碟　2—正餐刀　3—正餐叉　4—鱼刀　5—鱼叉　6—汤匙　7—开胃品刀　8—开胃品叉　9—甜品叉　10—甜品匙　11—面包盘　12—黄油刀　13—黄油盘　14—水杯　15—红葡萄酒杯　16—白葡萄酒杯

图6-13　宴会刀叉摆放示意图

1. 刀叉的使用

吃西餐时右手拿刀，左手拿叉。使用刀叉时，左手用叉用力固定食物，同时移动右手的刀切割食物，刀紧贴叉边，以免滑开，切割时不要用力太猛，以免发出刺耳的声响。用餐中暂时离开，要把刀叉呈八字形摆放，尽量将柄放入餐盘内，刀口向内；用餐结束或不想再吃，刀口向内、叉齿向上，刀右叉左地并排纵放，或者刀上叉下地并排横放在餐盘里。一般应吃一块，切一块，每块大小以一口的量为宜。美国人则习惯将食物全部切完后，再一块块吃。假如你习惯用右手持叉进食，那么盛取食物时，通常是叉尖朝上，每一次盛取的量应以一口为宜，盘里堆得满满的是不雅致的。刀是用来切食物的，不要直接用刀叉起食物送入口中，也不要用刀、叉同时将食物送入口中。刀上沾上酱料不可舔食。

2. 餐巾的使用

将餐巾平铺于大腿上，可以防止进餐时掉落下来的菜肴、汤汁弄脏衣服。在用餐期间与人交谈之前，先用餐巾轻轻地揩一下嘴；女士进餐前，可用餐巾轻抹口部，除去唇膏。在进餐时需剔牙，应拿起餐巾挡住口部。

3. 餐匙的使用

餐匙用来饮汤、吃甜品，不可直接舀取其他任何主食、菜肴和饮料。喝汤时，应右手持匙，左手扶着盘子，由桌沿绕桌心方向慢慢舀取。喝剩少许，可以用左手把汤盘靠自己的一边稍稍提起。喝汤时只能将汤匙的1/3放入嘴里，不要使劲吮吸，以免发出声响。喝完时，汤匙应放在盘内，匙心向上，匙柄置于右边边缘。

小常识

西 餐 简 介

西餐的"西"是西方的意思，一般指欧洲各国；"餐"就是饮食菜肴。我们通常所说的西餐主要包括西欧国家的饮食菜肴，当然同时还包括东欧各国、地中海沿岸等国和拉丁美洲一些国家如墨西哥等国的菜肴。而东南亚各国的菜肴一般统称为东南亚菜，但也有独立为一种菜系的，如印度菜。西餐一般以刀、叉为餐具，以面包为主食，多以长形桌台为台形。西餐的主要特点是主料突出，形色美观，口味鲜美，营养丰富，供应方便等。西餐大致可分为法式、英式、意式、俄式、美式、地中海式等多种不同风格的菜肴。

活 动设计6-3　**专题讨论**

金融行业的宴请礼仪

——宴请活动应该做哪些准备工作

全班分为若干组，按小组来讨论宴请具体的准备工作。

目标： 学习宴请的形式和组织过程，掌握宴请的基本礼仪，能够独立组织日常的中餐接待宴请。

课程实训

任务： 通过实训，了解宴请是金融行业公务往来最常见的形式之一，宴请过程中双方的语言交谈及敬酒互动对良好宴请氛围起到推动作用。成功的宴请活动应该充分研究客人的喜好兴趣来决定宴请的形式、环节设置、菜单等要素。

要求：

（1）全班分为若干组，每组同学讨论宴请具体的准备工作，并选出介绍代表。

（2）每组须根据宴请的礼仪规范撰写宴请方案，内容应包含宴请的规格、形式及人员、宴请的席位安排、宴请菜单的确定和宴请环节的设置。

第四节　金融行业的接待拜访礼仪

一、了解金融行业的接待礼仪

掌握得体周到的接待拜访礼仪，是联络感情、增进友谊、交流工作、扩大信息来源的有效方法。接待和拜访是一项礼节性很强的社会交流活动，讲究对客人的接待拜访礼仪，能够给客人留下良好的印象，从而为后续的金融服务工作打下良好的基础。

（一）接待的概念、作用和要求

1. 接待工作的概念、作用

接待工作是金融行业对外服务的一个文明窗口，来访人员往往直接通过这个窗口，来推论该单位的工作作风、精神面貌、员工素质等整体形象。因此，作为金融行业工作人员，必须重视和切实做好接待工作。

接待是金融行业的日常工作之一。接待不是摆设，而是最基础的工作投资。接待直接作用于来访者的首因心理和近因心理，来访者产生某些联想，因而在公务活动中具有特殊的作用，可强化客户关系、强化金融行业的整体形象、显示金融行业的文化品位、刺激客户消费欲望。

2. 接待工作的基本要求

（1）友好热情，态度诚恳。在接待过程中应以尊重和礼遇，使来访者感到受尊重，产生温暖愉快的情绪，从而容易接受金融行业所传播的信息和倡导的价值观念。

（2）文明礼貌，热情周到。在接待工作中，工作人员的一举一动都会影响到来访者对金融行业的总体评价。因此，在接待工作中一定要做到文明礼貌、热情周到。

（3）朴实自然，举止大方。在接待工作中，金融行业工作人员应庄重大方，既要注重基本礼仪，又不能过分做作，从而赢得来访者的好感。具体而言，在仪表方面应做到面容整洁、衣着得体、和蔼可亲，举止方面应表现得稳重端庄、风度自然、从容大方。在语言方面应做到声音适度、语气温和、礼貌文雅。

（4）情真意切，平等待人。在接待过程中不要给来访者一种冷冰冰的感觉，这不利于创造和谐友善的交往环境。情真意切，这是接待工作的基本要求。此外，在接待中还应做到平等待人，对所有的来访者都要一视同仁、平等相待，而不能厚此薄彼，不然就容易产生不信任甚至对立情绪。

（5）不卑不亢，积极投入。在接待工作中既要让来访者感到你的热情与尊重，又要让他看到你对本单位的自信心和自豪感。这就需要接待时做到不卑不亢。在接待工作中，既要热情真诚、谦虚有礼，又要落落大方、自尊自信。

（二）具体的接待形式及礼仪要求

1. 日常接待礼仪

在日常办公时间里工作人员经常会接待来访者，若是事先预约的应提前做好接待准备，如个人仪容、办公室的卫生、茶水等。重要宾客预约来访，还应事先向领导汇报，确定接待规格，落实合适的接待人员并根据来访者的意图准备好相关资料等。若是不速之客，应马上放下手头上的工作，起身相迎，礼貌问候，热情招呼对方入座，并沏上热茶，然后在其一侧或对面坐下，首先礼貌地询问对方的来意，若是初次见面，还应了解对方的姓名、工作单位，不轻易打断对方的谈话。

在接待来访者时应认真做好来访记录，如交谈的主要内容、来访者的意图等，可做适当的记录，必要时，要向对方复述记录，看看是否有差异和需要补充的地方，以便向有关部门、领导汇报、落实和交代。对客人提出的问题和要求要认真考虑，不必立即答复，对没有把握的问题或不属于自己权力范围以内的问题，不要轻易评说或做出许诺，应深思熟虑，向有关部门、领导汇报后再答复，以免造成被动局面。如不能立即答复，应诚恳地向客人说明。如对方的意见和要求不能满足，应委婉拒绝。总之，无论结果如何，都不能失礼和失态，一方面要尊重来宾，另一方面也要维护企业的利益和尊严。

同步案例6-4

早到的客人离开了

小欣是海洋证券公司的一名新员工，主要负责在公司前台接待来访的客人和转接电话，每天上班后一到两个小时是她最忙的时候，电话不断，客人络绎不绝。一天，有一位和国内业务部门的李经理约好的客人提前30分钟到达。小欣马上通知李经理，李经理说他正在接待一位重要的客户，请对方稍等。小欣转告客人说："李经理正在接待客人，请您等一下，请坐。"正说着，电话铃又响了，小欣匆匆忙忙地用左手指了一下椅子，就赶紧接电话了。客人面露不悦，等小欣接完电话，一回头，那位早到的客人已经离开了。

问题：那位早到的客人为什么要离开？

分析提示：对于日常访客的接待，金融行业从业人员要做到文明礼貌、热情周到。特别是对于无约而至突然来访或早到的访客，更要体现出接待人员态度诚恳、不卑不亢，做到"接一、待二、示意三"，不要冷落客人，即使无法做到马上接待，也应通过语言或眼神让客人感受到关注。

（1）一般客人的接待。在会客过程中如遇到又有新的客人来访，只要安排恰当，礼貌待人，同样会收到良好的效果。一般来说，首先应向后来的客人表示欢迎，但在迎接新客人之前，应向先来的客人表示歉意。然后向先来的客人介绍后来者，使之彼此相识。如果两批客人都是有事而来，在接待方法上，可视不同的情况，选择一起接待、按顺序分批接待、安排两处分别接待。

（2）重要宾客的接待。

在接待重要宾客的工作中，应进行必要的事前准备，要有备而行，这是做好接待工作的前提，不能省略。一般前期准备工作主要有以下几项：

一是收集背景资料。首先必须收集来宾的基本情况资料，如来宾的人数、性别、姓名、职务、级别、年龄及带队人，来访的意图、要求、目的、任务及乘坐的交通工具，起讫日期，来访者的生活习惯、饮食爱好和禁忌。

二是拟定接待方案。一般情况下一个接待方案应包括以下几项内容：接待方针、接待规格、接待形式、接待日程安排、接待经费开支、生活安排等。并根据来访的目的、任务和行程准备好相关资料及场地，安排布置会议室、欢迎标语、领导欢迎词、介绍资料等。准备有纪念意义或有特色的礼品，这对接待重要宾客尤为重要。为帮助客人尽快适应当地环境，还可准备一些有关资料，如城市简介、交通图、游览图等供客人查阅。

2. 接站礼仪

（1）接站。对远道而来的客人，根据客人到达的准确时间及所乘的交通工具，提前15分钟到车站、码头或机场等候，对未曾谋面的客人，应将事先准备好的接站牌设在显眼处，让客人远处就能看到，便于寻找。

（2）介绍。客人初到，主人宜主动与客人寒暄，首先向客人表示问候和欢迎，说一些"路上辛苦了"之类的问候语。接着将前来迎接的人员介绍给来宾，并自我介绍，便于客人称呼。随后应主动帮客人拿行李，不过对于客人手上的外套、小包、公文包或密码箱则没必要代劳。

（3）陪车。首先引导客人上车，打开车门，如是轿车还需扶住车门框，做出"请上"的手势。座位安排应根据国际惯例，如果客人先上车坐错位置，坐到了主人的位置上，则应顺应客人的意思，而不必请客人挪动位置。抵达目的地后，接待人员要先于客人一步下车，为客人打开车门，协助其下车。

（4）安排客人住宿。将客人送至下榻地点，主动帮助办理入住手续，并将客人送入房间，大致介绍日程安排，并征求客人意见，尽可能地创造条件满足客人要求，落实好有关事项后。接待人员不宜在宾馆久留，应及时告退，留给客人休息和自由活动时间。临走时应留下联系电话，便于客人有事联系。然后，按照对等礼仪，于当天或次日安排身份相当的领导前往客人下榻处看望来宾，以便相互熟悉。

3. 送客礼仪

首先协助客人办好返程手续，按客人意图和离去日期，提早帮助客人预订返程车票、船票或机票。然后是送行。客人离去一定要送行，送行的时间可以在客人返程的当天，也可以在前一天，视具体情况而定。在客人返程的当天送行，最好由原接待人员将客人送到火车站、机场或码头。送行人员要将客人送进站，待客人身影离开视线后再离去。

4. 接待投诉者礼仪

在日常的接待工作中，也许会接待一些怒气冲冲的投诉者。其实接待前来投诉的客人，并不像人们所想象的那样是烫手的山芋。只要处理恰当，不仅有利于树立本企业的良好形象，而且有利于金融行业通过投诉者了解自己的金融产品和服务，以便不断地改进和提高。因此，在日常工作中要重视对投诉者的接待工作，在礼节上注意把握如下细节：

（1）热情周到。对于前来投诉的客人，接待人员应该明白这样一个事实，不信任本单位的客户是绝对不会前来投诉的。也就是说，客户前来投诉，其实也是对本单位的信任，相信本单位会为其解决问题。因此，对于前来投诉的客户，即使他怒气冲冲，态度粗鲁，也应面带微笑，热情接待。这样一来，投诉者原本愤怒的心情也会平稳下来，而且接待人员热情诚恳的态度也会渐渐消除投诉者的心理障碍，并建立相互间的信赖感，使得投诉者在轻松、舒畅的气氛中提出自己的问题、意见和建议。

（2）耐心倾听。在接待投诉来宾时，接待人员一定要耐心聆听。不管这种批评采用何种方式，措辞如何尖锐，是否存在偏见，都应代表单位，诚恳耐心地听取，体谅他们的心情。不能一味地为自己辩护，更不能运用手中的权力企图压服对方，这样只会激怒对方，造成更大的纠纷。

（3）查清事实。对待客户上门投诉，要查清事实、了解真相。不要粗枝大叶、以偏概全、主观武断，一定要以事实为依据，客观地评价。

（4）诚恳答复。接待人员应控制情绪，多听少说，积极思索对方讲话的目的、意图和要点。准确理解对方的语意，根据有关条文规定，本着与对方达成和解的思想，当场给予明确、得当的答复。对当时不能答复，很难解决的问题，不能急于表态，更不能轻易下结论，应向对方说明原因，经请示领导后再作答复。给予对方的答复一定要慎重。

（5）以礼相送。当投诉者告辞时，接待人员应起身相送，并说些感谢和安慰的话，如："你放心，我会将你反映的问题向领导汇报，一定会给你一个满意的答复。"对于年老体弱者，接待人员还应送到门口，指出返回的乘车路线，使他们感到亲切、温暖，从而对企业产生良好的印象。

同 步思考6-3

情境导入：某企业为了争取一个项目贷款，企业老总协同秘书经过预约于周四上午十点一起到某银行国内业务部门拜访其部门经理，作为部门经理助理黄涛承担了这个接待任务，从接人、引座、介绍等环节，一切接待程序紧凑而有序，双方也就贷款一事进行了较为全面的洽谈，本以为工作事项谈得差不多了，在交谈过程，该企业老总与部门经理不经意聊到网球，于是该企业老总一时兴起，滔滔不绝地谈论了网球，眼见着已经过了半小时，该企业老总仍没有起身离席的意思，而部门经理，还需要准备去接待下一位客户的拜访，于是部门经理对这种接待情况感到非常为难。

问题：在这种接待情况下，如果你是部门经理的助理，你会委婉地结束已经超时的接待时间吗？

分析提示：首先，应当在接受客户预约时就能够较为明确地告知预留出来的接待时间；当客户忘了时间，可以在适当的时候稍微总结确认一下客户今天过来拜访时所洽谈的事项，并委婉询问是否有无遗漏，这样客人就能够意识到不宜过久打扰，应避免开门见山地说："时间到了"，这样有逐客嫌疑，造成接待场面尴尬。

二、了解拜访的礼仪及技巧

拜访是指亲自到他人家里或工作单位去拜访某人。金融行业工作拜访可分为正式拜访和非正式拜访两种方式。正式拜访是指有正当的拜访原因，通过事先预约，确定时间和地点并按时赴约当面进行的拜访；非正式拜访一般是指朋友之间的往来，原因可能是对朋友表示感谢，也可能是对朋友表示关心，还可能是向朋友求助。

日常拜访礼仪（家庭拜访）

（一）拜访准备

1. 拜访私宅的准备

要事先用电话或信件进行访问的预约。拜访应选择比较恰当的时间，不能太突然，以免给对方造成麻烦。尽量不要做不速之客，不得已必须突然拜访时，可在5分钟前打个电话。访问的日期和时间要根据对方的情况来定。由于中国人普遍有午休的习惯，登门时间最好不安排在中午，当然更不要选在用餐时间。晚上7点30分至8点也许是私宅拜访较好的时机，去私宅拜访则尽量准时到达最佳。

2. 拜访办公区域的准备

要明确拜访目的并拟好提问的目录，以提高办事效率。要准备好足够的名片及可能会用到的文字资料或电子资料，必要时应准备好适宜的礼品。要提前熟悉拜访所在地的交通路径，以免走弯路。拜访应按约定准时进行，如因故不能及时到达，应尽早通知对方，并讲明原因，无故迟到或失约都是不礼貌的。

（二）拜访着装

出门拜访之前，应根据访问的对象、目的等，将自己的衣物、容貌适当修饰一下：头发要梳理好；面容要干净并且应作适当的装饰；指甲要修剪好，以免到拜访地后出状况；衣帽应整洁，该扣的衣裤扣子应扣好，鞋带应系好。蓬头垢面、衣冠不整的形象不但给别人不愉快的感觉，而且是不尊重主人的表现。

整洁的衣帽反映的是你对访问者的尊重程度。私宅拜访的着装要求：穿着要整洁得体，但不用太隆重，不要给人一种拘谨的错觉。办公区域拜访的着装要求：如拜访的地点设在对方的办公区域则应着正装或你所在单位的制服，因为你的拜访在很大意义上代表的是你单位的形象，这样着装可以传递出"你很重视这次拜访"的友好信息；而制服作为你所在单位的公关识别系统的重要组成部分，能让被访者感受到你所在企业的良好企业文化，进而对你的单位留下良好的印象，愿意与你合作。

（三）拜访举止

1. 拜访办公区域时的举止

从到达接待处起，拜访就开始了。先要清晰地、有礼貌地自报姓名、所在单位，有无预约。被带进接待室后，先在下座的位子上坐下。在等待的时间内，要安静地等待，不要在室内来回走动。当被访的对象进来时，要起身打招呼，并对对方抽出宝贵的时间来接待表示感谢。初次见面的场合，此时互换名片，如有同行者的话要主动进行介绍。

2. 拜访私人住宅时的举止

进门访问前，应当先轻声敲门或按门铃。主人开门请你进屋时，应礼貌询问是否要换鞋，并要询问鞋的放置（有的家庭是放在门外而不是地垫上）。雨天携有雨具拜访时，进屋前就应向主人征询雨具该放在什么地方。进屋以后，应主动向所有人打招呼、问好，或适当寒暄；对陌生人也应点头致意，按主人指点的座位入座，不可见座位就座。当主人上茶水时，应欠身双手相接，并致谢。

3. 告辞的礼仪

逗留的时间不宜太长，一般情况下要控制在30分钟之内，或者要办的事结束后就应告辞。告别前，应向主人的友好、热情等给予适当的肯定，并说一些客套话。如果是家访，还不应忘了向主人家里的其他成员说再见。

起身告退时，如主人处还有其他客人，这些客人即使你不熟悉，也应遵守"前客让后客"的原则，礼貌地向他们打招呼，或者说"你们谈吧，我先走一步了"。当他们有起身相送之意时，应说："别客气，您请坐。"要委托主人办事或者是向主人致谢的拜访，最好带些礼物。主人送你出门时，应劝主人留步，并主动伸手握别。

小 常识

拜访礼品的选择

古今中外的交往几乎都离不开送礼这个内容，虽然公共关系或人际关系并不完全是用物质手段维系的，但绝离不开礼品，它是情感的象征和媒介。

1. 要搞清对象，注重效果

首先，置办礼物前，要搞清赠礼对象是单位还是个人，以及和拜访者是什么关系。其次，要对送礼的性质有清醒的认识。搞清送礼的性质，对于赠礼目的的达到至关重要。最后，要掌握一些与赠礼有关的禁忌。

2. 抓准时机，注意场合

从时间上讲，赠礼贵在及时、准确。毫无理由的过早赠送或"马后炮""雨后送伞"等赠送行为不但没有好结果，而且可能失礼。从地点上讲，赠礼要考虑场合。一些高雅而清廉的礼品适宜送到办公室，而生活用品或价值较高的礼品则应送至私宅。向受礼者呈送礼品，一般在相见时或分手道别时。

3. 挑选礼品要精心包装

礼品选好后，应检查一下是否有价签，如果你不想让受礼者知道价格或价格偏低则应取下，如果你的礼品价格较高则可保留。认真地对礼品进行包装既可以表达出诚意，也可以提高礼品的艺术性，进而更有利于交际。

活动设计6-4　模拟操作

金融行业的接待拜访礼仪
——学习拜访贵宾

以全班为单位，分成小组进行练习。

目标： 掌握具体的日常接待、拜访形式及礼仪规范，能够有礼有节、大方得体地接待单位客户。

任务： 各组选代表模拟王伟：王伟是某银行某支行业务人员。有一次，他获悉有一家著名的德国企业中国办事处的负责人正在本市进行访问，并有寻求合作伙伴的意向，于是想尽办法，请有关部门为双方牵线搭桥。让王伟欣喜的是，对方也有兴趣同他的银行合作，而且立刻安排了与他在其入住的酒店会面的日期。到拜访的那一天，王伟对自己的形象刻意地进行一番修饰。他根据自己对时尚的理解，上穿夹克衫，下穿牛仔裤，头戴棒球帽，足蹬旅游鞋。无疑，他希望自己能给对方留下精明强干、时尚新潮的印象。然而事与愿违，王伟的这身"行头"却坏了他的大事。各组分析王伟的错误在哪儿？

要求：

（1）总结贵宾拜访工作的要点。

（2）模拟练习贵宾的拜访工作。

课程实训

知 识巩固 <<<<<<<<<<<<<<<<<<<<<<<<<<<<<<<<<<<<<<<<<<<<<<<<<<<

一、单选题

习题库

1. 西餐吃开胃菜时，喝（   ）。

    A. 鸡尾酒　　　　　　　　　B. 白葡萄酒

    C. 红葡萄酒　　　　　　　　　D. 干红葡萄酒

2. 参加会谈的双方人员，其人数和（   ）应大体相当。

    A. 年龄　　　　　　　　　　　B. 性别

    C. 身份　　　　　　　　　　　D. 学历

3. 引客人到会议室，入座的惯例是（   ）。

    A. 不拘形式，客人随意就座

    B. 离门近为上座，请客人靠左边就座

    C. 若与门等距离，左边相对于右边为上座，请客人靠左边就座

    D. 先远后近，先右后左

4. 公务接待时涉及位置的排列，原则上讲究（   ）。

    A. 右尊左卑　　　　　　　　　B. 左尊右卑

    C. 左右一样　　　　　　　　　D. 不同场合不同尊卑

5. 拜访客户并与客户交流时，男性的坐姿要求是（   ）。

    A. 两膝平整

    B. 膝顶部分开 1 ~ 2 个拳头的距离

    C. 两手轻轻放在膝上，使脚尖与脚跟平行一致

    D. 以上全是

二、多选题

1. 宴席座次的安排有（   ）。

    A. 面门为上　　　　　　　　　B. 以右为尊

    C. 居中为上　　　　　　　　　D. 以远为上（离门）

2. 在接待来宾时，必须对来宾的情况有充分的理解，包括（   ）。

    A. 来宾的个人简况　　　　　　B. 来宾的具体人数

    C. 来宾此前来访的记录　　　　D. 来宾的计划

3. 下列各项为酒会特点的有（   ）。

    A. 不必准时　　　　　　　　　B. 不限衣着

    C. 不限席次　　　　　　　　　D. 自选菜肴

4. 办公室礼仪中要注意的礼节很多，下列各项属于忌讳的范围之中的有（　　　　　）。

    A. 在办公的时候打扮自己

    B. 借用同事的办公物品

    C. 与同事谈论自己的成功经历

    D. 办公时看小说等与工作无关的资料

5. 有三种情况下通常不宜使用公务礼仪，这三种场合为（　　　　　）。

    A. 初次交往   B. 老朋友相聚

    C. 夫妻之间   D. 与少数民族交往

三、简答题

1. 金融从业人员在会议结束阶段工作时，主要有哪几项工作？

2. 简述拜访礼仪的注意事项。

3. 请简述办公室人际交往的礼仪。

<<<<<<<<<<<< **专**业能力训练 <<<<<<<<<<<<<<<<<<<<<<<<<<<<<<<<<<<<<<<<<<<<<

综合实训

实训题一

以 6 ~ 8 名同学组成一个学习团队，运用本项目所学的会议礼仪知识完成下面的任务。

任务：如果你是某银行的办公室工作人员，银行领导要求你筹划召开一个新闻发布会，主题围绕该银行理财新产品的发布，请问你应如何进行筹划和实施这个新闻发布会？讨论分析后形成实施流程并撰写实训报告。

实训题二

以 6 ~ 8 名同学组成一个学习团队，运用本项目所学的宴请礼仪知识完成下面的任务。

任务：假如你是某保险公司的办公室主任，年底了根据惯例要举办一场员工聚餐。在宴请活动准备和组织中，要注意哪些服务流程和事项？讨论分析后形成操作流程并撰写实训报告。

专业能力考核（自评）<<<<<<<<<<<<<<<<<<<<<<<<<<<<<<<<<<<<<<<<<<<<<<<<<<<<<<<

一、专业能力自评

专业能力自评表

	能/否	任务名称
通过学习本章，你		学会布置办公室
		掌握办公室工作汇报的礼仪
	·	学会处理办公室人际关系
通过学习本章，你还		

注："能/否"栏填"能"或"否"。

二、核心能力自评

核心能力自评表

	核心能力	是否提高
通过学习本章，你的	信息获取能力	
	口头表达能力	
	书面表达能力	
	与人沟通能力	
	解决问题能力	
	团队合作精神	
自评人（签名）：　　年　月　日	教师（签名）：　　年　月　日	

注："是否提高"一栏可填写"明显提高""有所提高""没有提高"。

【关键职业概念】

1. 了解金融行业岗位服务礼仪的内涵；

2. 掌握金融行业岗位服务礼仪的基本规范。

通过本章学习，应达到以下目标：

● 知识目标：

1. 了解岗位服务礼仪的作用、特点及基本内容，理解柜面服务仍是银行的主流服务。

2. 明确银行规范化服务的作用、主要内容及开展规范化服务的原则和注意事项。

【学习目标】

● 技能目标：

1. 掌握金融营业服务工作中的具体礼仪规范要求。

2. 能够熟练掌握商业银行柜台服务、顾客接待、纠纷处理等金融服务岗位开展各项业务活动的技能技巧与开展服务工作的礼仪规范。

【内容结构】

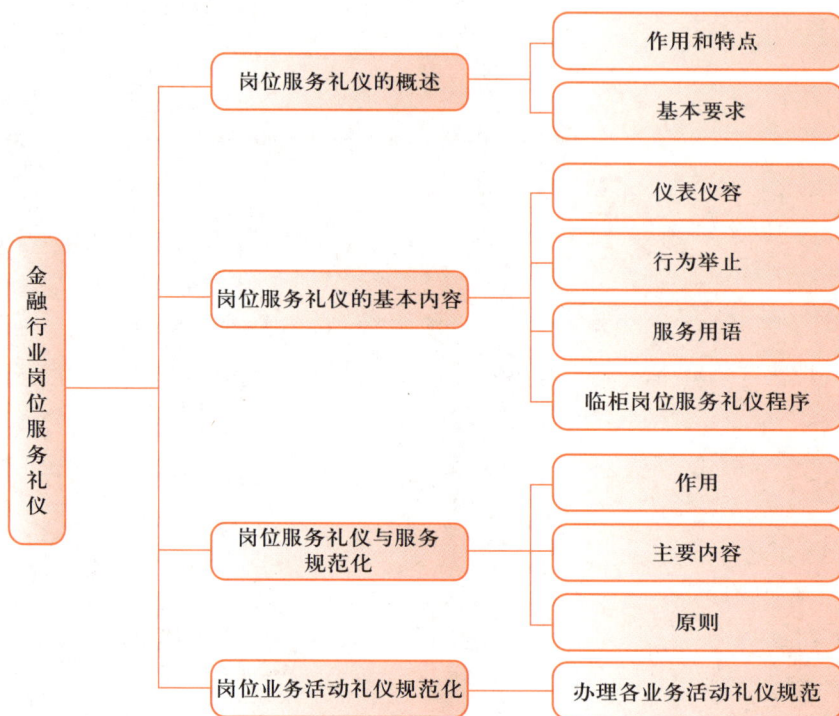

【学习内容】

引例

营销金融产品也讲礼仪

一天某个顾客到银行柜面存款，于是柜面工作人员微笑着，起身相迎，双手接过钱款和单据。由于存款的金额相对较大，柜面人员就非常热情地花了许多时间向这位顾客介绍银行的各种理财或代理产品，游说顾客购买。最后顾客不但没有购买任何一款产品，反而满脸的不高兴。

问题：上述案例中，为什么工作人员会让顾客不高兴？

分析提示：由于工作人员完成销售任务心切，因此全然不管顾客此时的感受和存款目的，花了许多时间游说顾客购买银行的理财或代理产品，因而引起了顾客的反感。服务礼仪和服务语言在服务接触点的管理中起到很重要的作用。而柜面人员在服务过程中的表现则是评价服务质量的关键要素。

第一节　岗位服务礼仪的概述

一、岗位服务礼仪的作用和特点

岗位礼仪是指金融行业员工在岗前准备、柜台服务、顾客接待、纠纷处理等履行岗位职责时以约定俗成的、规范的程序、方式来表现的律己敬人的完整行为，具体包括仪容、仪表、仪态和言行等方面。金融行业的岗位按与客户接触的程度来分主要有三大类：一是临柜岗位和大堂经理。此岗位接触的客户最多，每天所有的营业时间几乎都是与客户打交道。二是客户经理岗位。此岗位经常与客户打交道，但不是所有的营业时间都与客户打交道。三是内部管理岗位。此岗位很少与客户打交道。所以，对金融行业来说，最需要也最有意义的岗位服务礼仪是临柜礼仪。本章要讨论的岗位服务礼仪主要是指临柜礼仪。它是一种服务礼仪，又因为它是员工在临柜服务或营业过程表现的礼仪行为，所以也称柜面服务礼仪或营业礼仪。

服务是金融行业永恒的主题。在金融企业高度同质化的今天，唯有服务品质才能凸显一家金融企业的比较优势。岗位服务礼仪是金融企业展示给顾客的第一印象，所以提升服务水平也应首先从岗位服务礼仪开始。

（一）金融业的主流服务——柜面服务

以银行为例，随着电话银行、自助银行、网上银行等新电子化服务手段的兴起，过去必须依靠临柜才能完成的交易，得到了大量的分流，柜面的业务量同过去相比有所下降，于是一些银行放松了对柜面服务的管理，减少了对外窗口，忽略了对岗位服务礼仪的培训。事实上，现在各银行的营业场所的业务量与过去相比是有所减少，但复杂性和难度有增加，导致营业场所内客户等候时间过长的现象时有发生，客户抱怨有增无减。专家认为，在中国相当长一段时间内，柜面服务仍是金融业的重要服务。提高柜面服务水平任重而道远，以柜面服务岗位为主的岗位服务礼仪仍不能放松，对岗位服务礼仪的培训应与时俱进。

（二）岗位服务礼仪的特点

1. 职业性

金融业是与钱打交道的行业，经营的是货币信用，有着非常广泛的客户群体，属于服务行业。岗位服务礼仪也必须体现金融行业员工的庄重、严谨、自信、可亲和可信的职业素养。

2. 完整性

岗位服务礼仪是多种礼仪的整合，个人容貌、神态、语言和举止等都必须纳入礼仪管理的范畴。岗位服务礼仪应覆盖并渗透到服务的全方位、全过程。

3. 规范性

礼仪是约定俗成的行为规范。礼仪只有规范统一，有标准可依，有制度约束，才能成为全体员工的共同行为，才能体现金融行业的整体形象。

4. 个性化

客户需求的多样性、客户个体的差异性决定了岗位服务礼仪应有的个性化内容。

（三）岗位服务礼仪的作用

得体自然的服务人员形象、规范的岗位服务礼仪对于现代金融企业提升服务水平，展示窗口形象，增强竞争能力具有十分重要的意义，其作用主要表现为：

（1）满足客户需求，体现服务人员的精神文明。礼仪是社会文明的标志，社会越进步，人们对"礼"与"仪"的要求越高。礼仪的本质就是尊重人，愉悦人。

（2）展示窗口形象，弘扬先进文化。临柜是金融行业的窗口，员工的柜面表现能反映出金融行业的管理水平、文化底蕴，能体现员工的精神面貌、职业素养，是金融行业的金字招牌。构建先进的服务文化，首先从讲究礼仪开始。

（3）提升服务质量，促进产品营销。礼仪是服务的包装，能使服务更加完美，能提高营销的成功率和服务的质量。

（4）规范员工行为，提升人生品位。礼仪是现代社会人际交往的润滑剂，金融行业员工讲礼仪，能为自己的职业生涯增添光彩，也可通过言传身教影响下一代。

同 步思考7-1

情境导入：这几天，某银行储蓄所主任连续接到客户投诉，反映开办业务的窗口少，自动柜员机又总出毛病。储蓄所主任就让新来的员工小张在营业厅内观察客户接受服务时排队时间有多长，还有何其他服务问题，以此来研究储蓄所工作改进的方法。

问题：

（1）如果你是小张，要求对观察的结果进行分析并提出改进的建议。

（2）在模拟实训室，以小组为单位进行现场模拟操作练习。

分析提示：

（1）充分发挥柜台服务中各类人员的作用，如大堂服务人员、个人客户经理、保安等的咨询、协助、维护工作，减轻柜员的工作压力；

（2）银行柜台服务的管理具有很强的综合性，做好柜面服务的内部管理，尽可能减少业务销售时可能出现的礼仪服务、系统交易操作服务等问题。

二、岗位服务礼仪的基本要求

注重礼仪是出于对客户的尊重和友好。结合金融服务的特点，我们对做好岗位服务礼仪提出以下几点基本要求。

（一）主动热情

主动，就是要服务在客户开口之前。一个简单的主动问候包含着自信和期待：我准备好了，我有能力为您提供更好的服务；也意味着有更强的情感在投入。金融行业的员工们只有把自己的情感投入到一举一动、一人一事的服务中去，真正把客户当做自己的亲人，真正从内心理解他们、关心他们，才能使自己的礼仪行为更具有人情味，更富有特色，让客户倍感亲切，从中体会到银行较高的服务水准。

热情，是指银行员工出于对自己从事的职业有明确的认识，对客户的心理有深刻的理解，因而富有同情心，发自内心地、满腔热情地向客户提供良好的服务。服务中多表现为精神饱满、热情周到。

（二）周到细致

周到，是指在服务的内容和项目上，做到全方位、全过程，处处方便客户、体贴客户，千方百计帮客户排忧解难。这些服务是实质性的，客户能直接感受到。周到还体现在不但能做好共性、规范的服务，还能做好特色服务。

周到，还要求有更为灵活的服务。金融行业的规章制度和服务规范，只是解决了服务的技术标准和大致的行为规范问题。而周到细致的岗位礼仪应是在规范的基础上创造性地、灵活地处置各种意外情况，尽量满足客户突发而至的各种需求，从而在客户心目中留下深刻的印象。

周到，还体现在细致入微。细节往往决定成败。客户到银行办事，寻求的不只是办理业务本身，还希望享受到银行舒适的环境、方便的设施以及服务人员的声声提醒和殷切关照。这就要求银行能从客户的角度出发考虑问题，根据他们的不同需要提供有针对性的更具体的服务。

（三）"四心"待人

与人为善，礼貌待人，是岗位服务礼仪的起码要求。举止源自内心，强调岗位服务礼仪要体现"四心"：诚心、热心、细心和耐心。

（1）诚心。就是要诚恳待人，想客户之所想，急客户之所急，虚心听取意见，不断改进工作。要是因为银行方面的原因增加了客户等候的时间，就应该主动向客户致歉；在迎送客户、向客户致歉以及听取客户意见时，都应该起立，以体现诚恳和尊重的态度；在递出单证或现金时，应双手有礼貌地递到客户手里，不扔不摔，成捆的现金不便直接递到客户手中时，也应有礼貌地向客户示意。这都体现了一个"诚"字。

（2）热心。需要发扬"一团火"精神，主动热情地为客户服务。银行开办的各种业务种类繁多，特点各异，应根据客户的具体情况，主动热情地进行介绍，当好客户的参谋。热心，还体现在对待客户一视同仁，做到生人、熟人一样亲切，存款、取款一样热情，金额大小一样欢迎。

（3）细心。就是要在细微处见精神，处处体现周到、细致、关心、方便。另外，柜面服务人员在细心办理业务时，还应该有足够的警惕性，及时识别假币、假票据等，防止金融诈骗活动的发生，保证银行资产的安全，避免客户的资金损失。

（4）耐心。是指办理业务不怕麻烦，执行规章制度做好解释。银行业务种类和服务项目繁多，服务对象广泛，在柜面服务时也会遇到很多复杂情况，对有不同要求的客户，应诚恳热情、耐心细致地满足其合理要求。在执行的过程中应该注意向客户做好宣传解释，即使发生纠纷时，也要以克制忍让、冷静耐心的态度来对待，做到"得理也让人"。

（四）语言文明

语言是心灵的表白，是人们交流思想感情的重要工具。柜面服务时，应该讲究语言艺术，做到亲切、准确、得体。

亲切，就要和颜悦色，诚挚热情，使用好"十字"文明用语（请、您好、谢谢、对不起、再见）。提倡微笑服务，让笑意写在脸上，尊称不离口，"请"字在前头。

准确，就是要口齿清楚，语言表达既通俗易懂，又合乎规范。对客户不应使用银行内部术语，既要注意语言通俗易懂，也要避免使用不规范语言。比如，询问客户存定期还是活期说成是"要死的还是活的"，就容易产生误会，甚至出现争执。

得体，就是要根据不同客户和不同的业务需求，采取恰当的表达方式。例如，在储户有问题需要我们帮助解决时（如定期储蓄提前支取），在不引起储户反感的前提下，也可以直接询问。这都需要根据情况灵活掌握。

语言文明还应注意以下"八个不"：

不信口开河。有些话不该说，有些话不宜在公开场合说，有些话不能用某种方式说，避开一些不适当的内容、形式，要比信口开河好。

不议论别人。议论别人的短处绝不能显示自己的高明，有好的建议找对方当面去说，在公众场合对别人说三道四只能暴露自己的短处。

不夸大其词。尊重别人的意见，但不是盲从。可以适度称赞对方，在交际场合更不宜毕恭毕敬地说些奉承话。对晚辈或地位比你低的，请勿用轻视、冷淡的口吻说话。

不出言不逊。恶语中伤、斥责、讥讽对方，不会起到良好的效果。

不泄露机密。将该保密的事泄露于人，同将隐私暗示于人一样不对。

不窃窃私语。凑到某个人耳边说话，容易引起别人反感。

不使用方言。文明用语，应用普通话交流。

不分散注意力。谈话双方须互相正视、互相倾听，否则不礼貌，也使自身显得缺乏修养。

（五）真诚微笑

在许多情况下，微笑可以帮助你应付自如。

（六）上岗前准备

上岗前业务准备要求，上班必须提前15分钟到岗，按规定做好上岗各项准备工作。

同 步思考7-2

情境导入：作为银行的一名工作人员在正式走上工作岗位之前，应掌握相应的服务技能和服务礼仪，在心理上和行动上要做好上岗前的准备。而环境和工作规范是展示银行形象的重要方面，工作人员到岗开始营业前应做好银行的临柜服务的各项准备工作。

问题：

（1）按规定做好上岗的各项环境的准备工作。包括打扫卫生，整理并添置宣传资料及各类凭条，更换、摆好当日临柜人员工号牌等，有序摆好桌面营业用品，更换、调好业务章日戳等。

（2）调整好心态，从面部表情、迎候语言、动作举止等方面加以体现。对待客户应精神抖擞，面带微笑，让客户有贴心的感觉。

（3）4人一组，在柜台练习，相互观摩，相互分析和讨论。

分析提示：服务是一个过程，具有不可逆性，是"一次性"消费，练习时要求服务人员做好准备工作，要按规定程序进行作业，准确到位。

活 动设计7-1　模拟操作

金融行业岗位服务礼仪

——金融岗位服务礼仪的基本要求练习

以班级为单位，分小组练习金融行业岗位工作人员应有的礼仪。通过实训活动，让大家对金融行业应有的岗位服务礼仪有一个深刻认识，并加以运用。

目标：通过实训活动，使每位同学能自然地展示出自己最为真诚、美好的表情。

任务：以班级为单位，分小组练习。根据金融行业工作人员岗位服务礼仪要求进行。

要求：

（1）主动热情。

（2）周到细致。

（3）"四心"待人。

（4）微笑永恒。

（5）自我练习与小组同学互助观摩，完成金融行业工作人员岗位服务礼仪练习活动。

（6）自我检查与小组成员相互观摩结合，教师最后加以点评和提出改进意见。

第二节　岗位服务礼仪的基本内容

金融行业服务人员岗位服务礼仪的基本内容主要包括以下方面。

一、仪表仪容

金融行业服务人员的岗位服务礼仪的总体要求是：端庄得体，整洁大方。要求员工着装统一，上班时一律穿行服，并保持整洁，不卷裤挽袖，衬衣下摆系裤（裙）内。因季节更替需要换装时，应以网点为单位统一换装。系领带（结），不歪斜，长短适宜；着深色皮鞋，并保持光亮；发型：男女发型自然大方，不染异色。

提倡淡妆，鼓励员工对自己的容貌作适当的修饰，但不浓妆艳抹。男士以"洁"为原则，女士以"雅"为原则。

二、行为举止

金融行业员工上岗前应摆放好统一的工号牌。工作时应保持良好的姿态，做到精神饱满，面容和气，表情自然，略带微笑，目光亲切。上班时不聚谈闲聊、喧哗和笑闹。不看各类书报，营业场内不吸烟；站立时应挺胸收腹，双脚与肩同宽，双手自然下垂或向前交叉。坐时不跷二郎腿，臀部坐在椅子的三分之二处，双脚平放地上。女同志穿裙子时特别要注意双腿并拢；行走时，速度要适中，身子不要向前后倾斜，也不要左右摇摆。乘电梯应请客户先上下，并为客户确定楼层。对迎面而来的客户应侧身礼让，同时也不要超越同向行走的客户。

三、服务用语

服务是人与人彼此的相悦，心与心的交流，沟通用语非常重要。金融行业的服务人员临柜接待客户时必须使用标准服务用语，语言文明、礼貌，语气和蔼、谦逊，体现语言美。提倡临柜服务说普通话（特殊情况除外），使客户有亲切感。

以银行为例，金融行业员工在临柜服务时应使用下列标准用语。

在办理业务过程中应使用：请进；您好；请稍等；请您拿好号牌（单）；请排好队；请问您办理什么业务；请把凭证（条）某项内容填上；请用钢笔填写凭条；请您到某号柜台办理；请收好您的存折（单）；请出示您的身份证（单位证明）；谢谢合作；请对号；请输入密码；请您点好；请签名；请问提款金额多少；请您到某号柜台等候取款；这是您的单据请签收；请收好您的回单；请把号牌（单）交回；请多提意见；谢谢；您慢走，欢迎再来，再见。

客户在办理业务中出现有误时应使用：您的款项有误，请重新点一下好吗；你的票据（凭条）上某项内容与规定要求不符，请予更换好吗；请您重新填写存（取）款单好吗。

遇到突发性通信线路（计算机）发生故障时应使用：对不起，通信线路（计算机）出现故障，请稍等；让您久等了；不好意思，让您跑了几趟。

作为金融行业的服务人员在岗位上服务时，应坚决杜绝服务忌语。

四、临柜岗位服务礼仪程序

金融服务礼仪适用于所有金融行业和机构，作为现今金融行业的主要岗位，银行的临柜服务仍是金融服务的主流业务，因此了解和学习临柜服务的岗位服务礼仪规范是非常必要的。现将农业银行多年总结并坚持的"站相迎、笑相问、双手接、快速办、双手递、热情送"的"十八字"临柜服务程序介绍如下，以供参考借鉴。

（一）站相迎

分为准站立服务和半站立服务两种。准站立服务是：客人来了站立迎送客，站立办理业务，无客户时可以坐。半站立服务是：站立迎送客，坐着办理业务。客户临近柜台时，如手头没有业务，应起立迎候客户，站立姿态为面带微笑、身体保持正直，双目注视客户，待双手接过客户提交凭证和钱款后方能坐下，并迅速办理业务。如果几个窗口同时接待一位客户，无业务的窗口人员均须同时起立迎候客户，等一窗口接下业务后，其他窗口员工方可坐下。办好业务后须起立，双手将办好的凭证或钱款交给客户，站立姿态与迎接客户时相同，待客户转身离柜台后坐下。

临柜时，要做到"四个站立"：即客户走近窗口和离开窗口时；客户交解钱款不符或发现假币时；客户递交的单证有疑问时；为老弱病残、孕妇等特殊客户办理业务时。

遇到上级或同级单位领导、嘉宾来考察、检查、参观时，机关和网点的员工都应起立、问好，体现对领导和客人的尊重。

（二）笑相问

微笑是一种艺术，是一种具有穿透力和征服力的艺术。微笑表现的是一种自信。当客户前来办理业务时，我们应微笑地对他/她说："您好，请问您要办理什么业务？"

当客户前来要求办理私人外汇买卖时，我们应微笑着对他/她说："非常抱歉，我行暂不提供个人外汇买卖服务。"

如果机器出现故障，我们应微笑着对客户说："请稍等，机器线路有故障。"

微笑要做到四个结合：与口眼结合、与气质结合、与语言结合、与仪表举止结合。微笑要发自内心，结合目光，温柔含蓄，不要浮，而且光张嘴不行，要学会用眼睛微笑。

（三）双手接，双手递

一个接，一个递，都需要用手。手是体态语言中最重要的传播媒介。在接递客户手中的凭证回单时，临柜人员必须要用双手。另外，注意递单时，凭证回单的正面朝客户。接过或递出客户的存单或钱款时，还要与客户核实一下户名和金额。应说："请您核对一下，然后在这儿签个字""这里是两万元钱吗？请输入您的密码""存单上的金额全部提取吗？""这里是6万元钱，请收好""您叫什么名字？"……这样做对一些免填写凭条的储蓄网点显得尤为重要，可以避免不必要的差错和纠纷。

手势语言中应将掌心向上，同时忌用手指指人。

（四）快速办、热情送

时间就是效率，就是金钱。有人说，效率比态度更重要。快速办，不仅要求员工要增强时间观念，更重要的是要不断提高自身的业务素质。快速办的背后，是平时技能的训练和积累。

热情送，就是办理一笔业务要有始有终，不能忽视最后的礼貌。从服务礼仪方面讲，当客户离去时，主人送别客人以后，主人还应目送客人，目视三秒钟，说些"请走好""再见""再会"之类的告辞语。

同 步思考7-3

情境导入：某天上午，一位先生到银行办理定期储蓄提前取款业务。由于正值社保划拨工资日，这位先生等候了20分钟才轮到他办理业务，于是非常焦急。

问题：

（1）以2～5人为一小组，使用恰当的文明服务用语设计活动。

（2）在职业礼仪实训室进行现场模拟练习。

分析提示：对于出现让客户等待时间较长等情况，应面带笑容地起身致歉，然后再询问和办理业务。

活 动设计7-2　模拟操作

金融行业岗位服务礼仪

——岗位业务活动礼仪规范

金融行业岗位服务礼仪的"十八字"临柜服务程序练习

课程实训

以班级为单位，分小组练习金融行业工作人员应有的岗位服务程序。通过实训活动，让大家对金融行业岗位服务礼仪的"十八字"临柜服务程序有一个深刻认识，并加以运用。

目标：通过实训活动，使每位同学能自然地展示出"十八字"临柜服务程序。

任务：以班级为单位，分小组练习。根据金融行业工作人员应有的岗位服务礼仪服务程序进行。

要求：

（1）站相迎。

（2）笑相问。

（3）双手接、快速办。

（4）双手递、热情送。

（5）自我练习与小组同学互助观摩，完成金融行业岗位服务礼仪的"十八字"临柜服务程序练习活动。

（6）自我检查与小组成员相互观摩结合，教师最后加以点评和提出改进意见。

第三节　岗位服务礼仪与服务规范化

近年来，国内的一些金融企业大力开展服务规范化活动，取得了很好的效果。服务规范化是对临柜服务的标准化、制度化建设，涵盖了临柜服务的全部内容，当然也包括岗位服务礼仪的规范。

一、岗位服务规范化的作用

服务是一个过程，具有不可逆性，这就决定了服务是"一次性"消费，要求服务人员一开始就要按规定程序进行作业，准确到位。只有这样，才能把缺陷减少到零（当然这也有赖于客户的配合），才能谈得上提升服务质量，提高营销效率和降低经营成本。规范化的服务除了能提升服务质量外，还有两个重要作用：一是巩固服务质量；二是保障服务安全。

二、岗位服务规范化的主要内容

岗位服务规范化的主要内容有五个方面：服务礼仪规范化、业务操作规范化、营业环境规范化、服务纠纷处理规范化和客户投诉处理规范化。

（一）岗位服务礼仪规范化

金融行业的服务人员岗位服务礼仪规范化的内容主要是服务人员的仪表仪容、行为举止、服务用语以及相应岗位服务礼仪的程序等，在上一节已做介绍，在此不再赘述。

（二）业务操作规范化

1. 上岗前要求

上班必须提前15分钟到岗，按规定做好上岗各项准备工作。包括打扫卫生；开启监控设备，更换录像带；开启电子屏；整理并添置宣传资料及各类凭条；更换、摆好当日临柜人员工号牌等。员工接库箱后，必须立即进入营业场内各自工作岗位，打开终端，有序摆好桌面营业用品，更换、调好业务章日戳等。

2. 岗位纪律

每位员工都必须遵守劳动纪律，不得迟到、早退。上岗时要精力集中，不得擅自离岗、串岗，因事需离岗时，应在柜口摆放"暂停营业"的牌子以提示客户。办理业务过程中不准中断业务去接打电话；工作时不大声喧哗，保持环境安宁；严防泄密，确保安全，尊重客户意愿，维护客户利益，严守客户秘密。

3. 办理业务准则

总的要求是：忠于职守，遵章守纪；优质服务，诚信待客；服从分配，团结协作；廉洁奉公，不谋私利；敬业爱岗，乐于奉献；敢与内部不良现象作斗争，尽心尽责维护整体利益、全行（公司）形象。具体应做到准、快、好三项要求。

（1）准：熟知业务知识，熟练操作技能，熟悉规章制度，办理业务要准确，让客户一次成功。

（2）快：坚持按照临柜操作程序和先外后内的原则，办理业务要快捷，减少客户等候时间。

（3）好：服务态度要热情，对待客户要诚恳，解答提问要耐心，咨询回话要准确。做到想客户所想，急客户所急。办理业务时，不准抛掷卡、钱和单证；不顶撞、刁难、冷落、讽刺客户；不推托、拖延、拒绝办理业务；不准压票、随意退票和无理拒付。柜面发生纠纷时，要善解人意，得理让人；如一时无法解决，应及时报请单位领导处理。

此外，还有"五优先，七一样，八有声"。①五优先：老弱病残优先；儿童孕妇优先；申请挂失优先；对外业务优先；急用款项优先。②七一样：大小客户，存多存少一样对待；存款、取款、借款、还款一样热情；生人、熟人、新老客户一样周到；时间早晚、业务忙闲一样耐心；表扬、批评一样诚恳；新钞、旧钞、主辅币一样办理；自营业务、代理业务一样认真。③"八有声"：客户临近柜面时有亲切的迎客声，如"您好""请问您办理什么业务"等；客户询问时有应答声，属办理范围的及时办理，属查问的应速查询后答复，属他人办理的要介绍到位；办理业务过程有关照声，如遇正在办理业务时有另一客户到柜，不能起立接业务时要说"请稍等"；办好业务双手交接时要有提示声，如取款的，在向客户交接现金时应提示本金多少、利息多少、共多少，请点一下；遇客户不懂业务或客户差错时，要有指导声，使用"您的凭条某某项填写有误，请重填一下"等语言予以纠正；遇到计算机故障或内部差错而引起客户有意见不满意时要有歉意声，要和气解释，使用"对不起""请稍候""马上办理"等语言稳定客户情绪；遇到客户表扬时要有谢意声，应以"没关系""不客气"等语言致谢；客户离柜时要有送客声，如："慢走""欢迎再来"等。

4. 安全防范

员工应树立安全防范意识，严格遵守安全防范制度。随时关注营业场所的安全状况，边门必须上锁，报警器、灭火器保持完好；自卫武器应放置在随手可取位置；严禁非本单位人员进入营业场内；营业终了，现金、重要空白凭证、印章、机证、有价单证、账（簿）、卡等应全部入库，电器、计算机设备应及时关闭。

（三）营业环境规范化

1. 网点门面

各网点的门楣标识，包括字体、徽标的规格和颜色，必须按总行（部）统一制定的标准加以规范，给人以"天下某银行（公司）是一家"的视觉感和认同感。在大门的两侧还必须挂有规范的机构名称牌、营业时间牌。门面应保持整洁，营业时间牌所示时间应与实际营业时间一致。

2. 营业场所布置

营业场所环境须整洁、明亮、美观，地面保持清洁、光亮。根据场地大小设立客户休息处，配置沙发、茶几若干并保持清洁，无污垢。严禁与业务无关的物品任意堆放。有条件的应设置"一米线"。

营业场所正面醒目处悬挂金融业务许可证、工商营业执照、日历和时钟，时间应保持准确。其他服务设施，如业务种类指示牌、利率牌、服务公约牌、公告牌、客户书写台、意见簿、暂停服务提示牌、服务监督电话号码、便民措施提示牌、宣传资料架等应设置齐全并摆放有序。

3. 柜面布置

柜面按员工窗口座位放置统一规格的工号牌、密码机、书写笔、老花镜，有条件的可放置若干盆花卉。

4. 工作台面

工作台面上只允许放置的用具有：计算机、计算器、算盘、印章、印泥、海绵缸、笔筒、现金分格箱、防伪鉴别器。不要在工作台上放置书报、毛巾等，椅背上也不能搁置衣服、领带等物。个人物品应统一放置在洗手间或柜子内。

（四）服务纠纷处理规范化

在临柜服务中，经常会碰到一些比较棘手的问题，如计算机发生故障、没收假钞、ATM机吞卡等，也会碰到一些态度不够友好、脾气急躁的顾客，引起纠纷。在这样的情况下，首先要记住千万不要与顾客争吵，处理此类问题的基本程序是：

（1）始终以友好的态度，耐心倾听，冷静解释，得理让人；

（2）将顾客请进办公室，进一步沟通，在本岗位职权内满足其合理要求；

（3）如顾客提出更多要求，应向上级报告，由上一级负责人出面协商解决。

如果还不能"私了"，可以通过第三者如银行同业协会、消费者协会出面仲裁。最后还可以通过法律途径来解决。

总之，处理此类纠纷关键是要核实和判定这是否是一起服务质量事故及其严重程度。如银行方确有过错，并确实造成了对客户利益的损害，除赔礼道歉外，还应酌情给予赔偿或适当补偿。化解和处理服务纠纷是对临柜人员的制怒能力、应变能力、规劝能力和法制水平的综合考验。

（五）客户投诉处理规范化

投诉是抱怨的升级。服务失误后，尽管工作人员进行了有效的补救，但也不可能做到十全十美，不能保证不会引起客户向上级投诉。其实投诉并不可怕，关键在于我们对客户投诉的态度。要把投诉的客户当成银行的朋友，把客户的每一次投诉都看成一次新的机会，即提高服务质量的机会，培养客户永久忠诚的机会，创造效益的机会。银行对外要做的事情：一是要鼓励客户投诉；二是告诉客户如何进行投诉；三是方便客户投诉（如建立举报中心、公开举报电话和设置客户意见箱等）；四是迅速处理客户投诉；五是向客户及时反馈投诉处理结果。

银行处理投诉的内部流程是：

（1）记录清楚投诉内容；

（2）判定投诉是否成立及问题的严重程度；

（3）确定投诉处理责任部门；

（4）责任部门分析投诉原因并提出处理方案；

（5）提交主管领导批示；

（6）实施处理方案；

（7）总结评价。

目前各家银行的客服电话或呼叫中心，已成为对外受理客户投诉的主要渠道。

三、开展岗位服务规范化的原则

临柜岗位是展示金融行业形象和员工风貌最主要的窗口，时刻面对着形形色色的客户，工作难点多，情况变化多。要搞好规范化服务必须掌握以下原则：

1. 客户第一

客户包括自然人客户和法人（公司、企业、事业单位）。顾客一般指自然人。要以客户为中心，按照客户是否满意为标准，整合金融企业的所有服务要素，组织服务规范化活动。

2. 信誉第一

客户为什么要把家庭财富交给银行打理？无非就是看中了银行的信誉。从某种意义上说，银行经营的就是信誉。组织服务规范化活动的目的，就是更好地为客户服务，从而提升企业的美誉度。

3. 效率第一

强调服务的效用性、单位时间的成功率。客户来银行主要不是来享受礼仪的，也不是来感受规范的，而是来完成一种使命，获取某种效用，即要解决实际问题。员工的礼仪再标准，态度再亲切，环境再优美，但不能提供有效用的服务，不能实现他的主要目标，则一切努力等于零。在"时间就是金钱"的今天，对大多数顾客来说，效率比什么都重要。

4. 安全第一

安全服务对于高风险的金融企业尤为重要。临柜服务中的安全主要是财务安全和人身安全。规范化服务措施的制定和落实要服从安全经营。反过来，临柜员工只要不折不扣地执行有关规章制度和操作程序，落实技术防范措施，经营安全就有保障。关键是要找到安全与服务的结合点。

四、岗位服务规范化的注意事项

（1）要把客户当作自己的父母、兄弟姐妹、好友一样对待，发自内心地为他们服务。语言应亲切、柔和，动作要自然、到位，眼神要凝视顾客，面带微笑，始终以良好的仪态、饱满的精神出现在客户面前，让客户体会如沐春风般的感受。

（2）不能用"连这你都不知道"的眼神对待客户。始终牢记，我们没有权力要求顾客知道这或知道那，我们所拥有的权力是始终为客户提供所需信息或了解信息的渠道。

（3）当我们已经对顾客反复解释过办理业务的手续，但他就是不明白时，千万不要说"我已经说过了"。虽然会再次为他解释，但此时顾客会以为向他解释是一种施舍，而不是他享有的权利，从而产生受辱的感觉。

（4）不要只同顾客说"这是规定"。如果一味强调"规定"，会让顾客觉得你在用规定来搪塞他，甚至压他，导致不必要的纠纷。

（5）不能在旁边有顾客或来客的时候顾自几个人说笑，或与正在接待顾客的同事说话，分散其注意力。在顾客面前不要把手插在口袋中，不得抖腿、斜站，前后左右摇摆或左顾右盼，也不要对顾客皱眉头，也不应该一边接待顾客一边把茶杯、热水袋抱在手中。

（6）不要说"不知道"，应该说"对不起，这个我不是很清楚，我来帮您问一下，请稍等一会儿"。如果实在有急事，应该向他表示歉意，为他再找另一位同事解决问题。

（7）因人制宜，量体裁衣。为最大限度地满足客户的需求，需要临柜人员针对不同客户的特点提供相应的服务或不同的接待技巧，让每位顾客都感到银行的安全、可信并受尊重。

（8）维护客户利益，站在客户的立场，为他们出谋划策，当好理财参谋，减少不必要的损失。仔细告知办好业务需要准备的有关资料及注意事项，以免客户不必要地往返。

同 步思考7-4

情境导入：某日上午，一位古稀老妇人来到银行办理取款业务。由于时间久，年纪大，老妇人忘记了存折密码。银行工作人员应该用怎样的语言接待并帮她办理，能让她顺利取到款，满意回家呢？

问题：
（1）迎客送客礼仪的表现。
（2）顾客愉悦程度的判断，关怀性语言的使用。
（3）柜面人员的仪表仪容、精神状态等。

分析提示：
（1）了解服务操作质量评价流程。
（2）对银行柜面日常的服务操作过程与标准化进行匹配对照。
（3）进行操作时间和行为效率分析。
（4）对柜面人员与客户的互动质量进行评价等。

第四节　岗位业务活动礼仪规范化

一、办理储蓄业务

客户如有疑问，应本着"一切为客户"的理念，耐心详细地向客户解释清楚，但要坚持银行的基本原则。客户的要求也许很没有必要，但又不违反制度，这时就应顺着他的意愿去办，切不可不屑一顾。

钱款要与客户当面点清。对大小客户应该一视同仁，对所有客户热情周到。

实 例示范7-1

储蓄付款业务活动

员工：（起立，欠身，微笑，目光注视对方眼睛）您好！请问您办理什么业务？

客户：我要取钱（递上存单）。

员工：好的。（看存单）噢，您这张存单还有一个月就要到期了，提前支取按人民银行规定，利息是按活期计算的，要损失好多钱呢！

客户：我家现在有急用，还是取出来好。

员工：如果您有急用，我可以向您推荐小额质押贷款业务。您这张存单是1万元，可以贷到9 000元钱，只要付一个月的贷款利息，比您现在取出来合算多了，您看怎么样？

客户：算了，我还是取出来好。

员工：那好，请问您身份证带了吗？

客户：哎呀，我没带。怎么，取自己的钱，还要身份证吗？

员工：真对不起，因为您是提前支取，按规定需要本人的身份证。

客户：帮帮忙，我是好远的路跑过来的，给我取一下吧。

员工：真抱歉，提前支取一定要有身份证的。希望能得到您的理解和合作。

客户：请相信我，这真是我的存单。

员工：对不起，这样做不是不信任您，而是为了维护您的利益。您想，万一有人拿了您的存单前来冒领，支取时又不需要身份证，这不是给您造成损失吗？

客户：这倒是，那就按规定办吧。

员工：真不好意思，让您再跑一趟了。再见！

（过一会儿）

员工：您好。

客户（同一人）：小姐，我要取钱。

员工：好的，请问您身份证带了吗？

客户：带了。

员工：（双手接下身份证）请稍等（坐下，验证）。请先放好（双手送还身份证，办业务）。请您输一下密码。……您的密码输入有误，请您重输一遍，最后按一下确认键。

客户：啊呀，我按错了键。

员工：没关系，请按一下删除键，重新再来一次。可以了。（办完业务后起立）好了，您的税后利息是72元6角，本息一共是10 072元6角，这是利息清单，请您清点核对一下。

客户：（复点）对的，谢谢。

员工：不客气，欢迎您下次再来。

实 例示范7-2

储蓄存款业务活动

员工：（起立）您好，请问您办理什么业务？

客户：小姐，我要存钱（递上钱与凭条）。

员工：好的。（双手接过）请问您存多少钱？

客户：1 000元。

员工：请稍等。（坐下，点钞后）是1 000元，定期一年吗？

客户：是的。

员工：（起立）请出示您的身份证。（双手接过后）请稍等。（坐下办理业务）请您输入密码。（起立）已经存好了，请您核对一下。（双手递上存单、身份证）

客户：对的，谢谢！

员工：不客气。欢迎您下次再来。

储蓄业务开展过程中的注意事项：

（1）客户如有疑问，应耐心详细地为他解释清楚。

（2）面对客户提出的一些与制度不相符的要求，我们在坚持原则的前提下，要本着"一切为客户"的理念，向客户解释清楚为什么要这样做，并为客户带来的不便表示适当的歉意。

（3）遇到客户的要求很没有必要但又不违反制度时，就应顺着他的意愿去办，切不可不屑一顾。

（4）钱款要与客户当面点清。

（5）对待大小客户应一视同仁，对所有客户都要热情周到。

二、办理相关委托业务、汇款、存单、挂失等个人业务

实 例示范7-3

办理现金缴费委托业务活动开展

员工：（见客户走近，欠身起立）您好。请问办理什么？

客户：我想缴电费，刚搬进新房子，不知道怎样缴。

员工：好的，缴电费可以办银行存折或银行卡，这样每月自动扣款，您不必每月都要跑银行，也可以用现金缴费，不知您愿意用哪种方法？

客户：我还是用现金缴吧。

员工：好的，请问您带电费单子了吗？

客户：带了，给你，这是钱。

员工：（双手接过）这里是200元。（办理业务后，将代收付业务收据和找零交给客户）请拿好，这是收据，这是找您的钱，请您核对。

客户：不错的。谢谢。

员工：不客气，再见！

实 例示范7-4

办理个人汇款

员工：（欠身起立）您好。

客户：请问，可以办理个人汇款吗？

员工：可以。请问您要汇到哪里去？

客户：我要汇到深圳。

员工：请问是否急用？

客户：是的。

员工：我向您推荐实时汇兑，它到账迅速，而且费用也不贵，您看怎么样？

客户：好的。

员工：那么请您填一下实时汇兑凭证，并在第二联签上您的姓名和电话号码，以便我们和您取得联系。

客户：可以。

员工：请稍等（坐下办业务后，双手递出凭证），请拿好，请您到旁边的出纳柜交款。再见。

（出纳柜）员工：（欠身起立）您好。

客户：请问个人汇款的钱是这儿交的吗？

员工：是的。（双手接过钱）请稍候。（坐下办业务后起立，递出回单）请您核对一下。

客户：对的。

员工：欢迎下次再来。

实　例示范7-5

办理存单（存折）挂失业务活动

员工：（欠身起立）您好。

客户：（急促地）我的一份某行定期存单不见了，这是我的账号。

员工：（双手接过纸头，目光急人所急）哦，请别着急。我这就帮您办理挂失手续。请把您的身份证给我看一下。因为您的存单不是本所开的，我先给您办理口头挂失手续，请稍等一下。请问您存单上的地址是留哪里的？

客户：就是我身份证上的地址。

员工：（办完手续后，起立，双手递上挂失单和身份证）请核对。

客户：（接过）是不是我办了这个挂失后，就不会被人冒领了？

员工：对，我现在帮您办理的是临时止付手续，正式挂失手续请您5天内到开户行办理，去的时候请不要忘了带上您的身份证。如果您有事要请人代办，请不要忘了带上代办人的身份证。

客户：好的。谢谢。

员工：不客气，再见。

客户：再见。

（一）办理委托业务活动的注意事项

（1）这类业务因涉及内容较多，应向客户简明、扼要地介绍办理过程中所注意要素，不要让客户无谓地往返。

（2）对一些关键要素必要时可重复征询、核实，以求办理时就使客户清楚他的权益和义务，减少因交代不清，造成客户误解，以致日后发生不快的可能。

（3）耐心回答客户提问，理解专业人员为客户解释是义务，也是一种荣耀。

（4）对容易疏漏的问题，应主动提醒，如"账户要保留一定的金额，以便扣款成功"等。

（二）个人汇款业务活动的注意事项

由于办理个人汇款对大多数人来说可能是陌生的，就需要耐心、详细地为顾客解释其中的每一个要素。目前，银行的汇款方式有数种，工作人员应运用掌握的银行知识为客户做好参谋，维护客户利益，让客户既省钱又方便、安全、快捷地到达目的账户。

（三）办理存单（存折）挂失业务活动的注意事项

（1）此类情况因客户往往比较着急，即使他们有过激的言行，也应本着体谅、理解的态度对待他们。

（2）如因挂失对客户的利益有着直接的影响，应详细、清楚地把有关要素都交代明确。

（3）要注意加快语言和动作的节奏，使客户感到您在尽力为他分忧，切忌漠不关心，慢慢吞吞。

三、办理银行卡

实 例示范7-6

办理各类银行卡业务

员工：（欠身起立）您好，请问办什么业务？

客户：我想办一张银行卡。

员工：好的。请问您带身份证了吗？是办贷记卡还是借记卡？

客户：带了。办张借记卡吧。

员工：好的。请您先填一张办卡的申请表。（稍后，双手接过客户的申请表看一遍）办卡，需要存入一定的现金并付10元的开卡费。

客户：给，这是310元。（递上钱、存款凭条和申请表）

员工：（双手接过）这里一共是310元，请稍等一下。（坐下办业务后起立）请您在申请表和开户表上签上您的名字。（客户签好后）谢谢。还有请您在这张卡的背面也签上您的名字。

客户：是这样吗？

员工：对的，这样就可以了。好了，您的手续办完了，您的初始密码是6个8，这是您的身份证和手续费收据，请拿好。为了您的资金安全，请及时修改密码并注意保密。

客户：请问怎样修改密码？

员工：您可以在我这里修改密码，也可以到自动取款机上，根据提示自己修改密码。

客户：好的，谢谢啊。

员工：不客气。再见。

客户：再见。

办理银行卡业务活动的注意事项：

（1）因这类业务涉及的内容较多，应向客户简明、扼要地说清楚办理过程中的所有要素，不要让他无谓地往返。

（2）对一些关键的要素必要时可重复询问、证实，以求办理时就使客户清楚他的权益和义务，减少今后发生不快的可能。

（3）对客户容易疏漏的问题，要主动提醒，如"某某卡不要和密码袋放在一起"，从而体现服务礼仪中的关照。

四、办理假钞收缴

实 例示范7-7

没 收 假 钞

员工：（欠身起立）您好，请问要办什么业务？

客户：存钱。

员工：好的，请问要存多少？

客户：3 000元。

员工：好的（双手接过），请稍等。（点钞，发现有问题，在点钞机上重点，点钞机发出提示声）小姐，真是对不起，您这里有一张是假币（出示假币，并当着客户的面对假钞盖专用章）。

客户：（嗓门提高）不可能，绝对不可能，这是我单位刚刚发的年终奖，怎么会有假钞呢？

员工：真对不起，您看一下，这张纸比较薄，而且没有凹凸感，水印也比较模糊，如果您真的不信，我可以用仪器再帮您测试一下。

客户：真不可思议。

员工：（仪器声响）请听一下，这张确实是张假钞。

客户：真倒霉，气死我了，那你把它还给我。

员工：对不起，根据人民银行规定，发现假钞是一定要没收的，希望您能够理解我们。我给您开一张没收假钞的收据。

客户：那也没办法。

员工：请问，接下来您是存2 900元，还是3 000元呢？

客户：存3 000元吧。

员工：请再给我100元。（双手接过钱，办业务）好了，您的钱存好了，请您核对一下，这张是假钞的收据，请拿好。再见。

没收假钞业务活动的注意事项

（1）理解，对客户而言，假钞被没收意味着一笔损失。要体谅他们此时的不满甚至愤怒，对他们表示出足够的理解和同情。千万不要因为客户的喧哗而提高自己的嗓门。

（2）虽然没收假钞是按规定办事，但切不可凭"规定"一句话简单了事，因为客户也是受害者。我们要在坚持原则的基础上，尽可能地做好解释工作。

（3）应主动教给客户识别假钞的知识，使他们增强反假能力，以免再次上当，体现关心。

五、开展大堂咨询

实 例示范7-8

大堂咨询服务

员工：您好，欢迎光临，您请坐。

客户：谢谢。

员工：请问，您有什么事要帮忙吗？

客户：我来看看我的工资到没到。

员工：请问您的存折带了吗？

客户：带了。

员工：那我领您去办一下补登折好吗？

客户：好的，谢谢。（来到营业柜口）

员工：小王，请给这位女士补登一下存折吧。

小王：好的，请稍等。（双手接过存折，计算机操作）请您输入密码。（客户输密码）您的工资已经来了，一共是5 800元，请看一下。

客户：对的，谢谢，谢谢！

小王：不客气，欢迎下次再来，请走好。

明确大堂咨询的责任和工作要求：

（1）咨询的责任之一是眼观六路，及时发现并帮助那些需要帮助但尚未提出或羞于开口的顾客。老年人、小孩、孕妇都是需要帮忙的，而对残疾人则要注意分寸，要在适当的地方以适当的方式关注他，并在他确实需要时帮助他，以维护他的自尊心。

大堂经理服务礼仪

（2）除此咨询的责任还有维护营业场所内的秩序、做好保洁工作、疏导客户等，尤其是疏导客户。当柜台上人头攒动时，就应该根据经验和同事的工作情况，主动分流储户，并对他们表示歉意。如果发现客户在柜口有问不完的问题，咨询人员也有责任帮助同事解答他的问题，使柜台上减轻压力。

案例
保险业务岗位礼仪规范

（3）咨询员在营业场所内，一定要微笑，切忌板着脸。因为一位咨询员的冷若冰霜，有可能使柜台内几位同事的微笑都化为乌有。

六、开展车船、人寿、财产等保险业务

（一）保险业务服务流程

保险业务服务流程如图7-1所示。

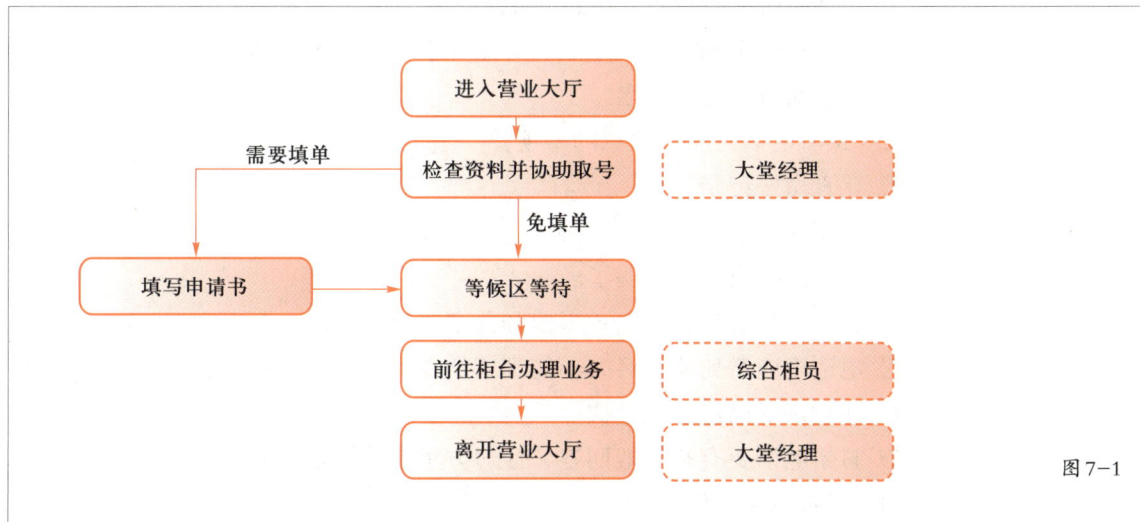

图7-1

（二）综合柜员岗位服务礼仪规范

综合柜员岗的主要职责包括：准确、高效地为客户办理业务，并提供客户满意的服务。提前10分钟到岗，检查仪容仪表是否符合基本要求；检查工作台是否清洁；检查工作必需品是否齐全；检查机器设备是否运转正常。

不同情形下的礼仪规范如下：

（1）客户来到柜台办理各类保险业务，柜台服务人员应在距离客户3米以内目视客户，面带微笑，主动问候客户"您好"，并请客户坐下。

（2）客户递交过来保单、申请书、证件等物品时，服务人员需双手接过。

（3）服务人员需迅速按照客户需求办理相应业务，做到热情、耐心。

（4）客户办理业务过程中，服务人员如果需要称呼客户时，应使用"某某先生/小姐（或女士）"这种个性化的称呼，给客户以亲切感。

（5）客户办理业务过程中，服务人员如果需要暂时离开座位时，应主动告知客户，并说"对不起，我需要离开一会儿，请您稍等"。回来后，服务人员需向客户致歉，说"对不起，让您久等了"。

（6）业务办理完毕后，需要客户签名时，服务人员应双手递出单据，并请客户核对后在指定位置签名确认。

（7）如果客户办理的是比较大额的现金业务，服务人员需主动为客户提供信封等。

（8）客户离开柜台时，服务人员应礼貌地与客户道别，说"再见"。

（三）电话服务礼仪规范

1. 接听电话服务礼仪

（1）接电话的四个基本原则。

① 电话铃响在3声之内接起。

② 电话机旁准备好纸、笔进行记录。

③ 确认记录下的时间、地点、对象和事件等重要事项。

④ 告知对方自己的姓名。

（2）接听电话时应该注意的事项。

① 认真做好记录。

② 使用礼貌语言。

③ 讲电话时要简洁、明了。

④ 注意听取时间、地点、事由和数字等重要词语。

⑤ 电话中应避免使用对方不能理解的专业术语或简略语。

⑥ 注意讲话语速不宜过快。

⑦ 打错电话要有礼貌地回答，让对方重新确认电话号码。

（3）接听电话实例。

商业银行服务规范

接听电话实例如表7-1所示。

表7-1　接听电话实例

顺序	基本用语	注意事项
1. 拿起电话听筒，并告知自己的姓名	◆ "您好，××保险公司××部×××。"（直线）"您好××部×××。"（内线）如上午10点以前可使用"早上好"。 ◆ 电话铃响应3声以上时接听要说："让您久等了，我是××部×××"	◆ 电话铃响3声之内接起； ◆ 在电话机旁准备好记录用的纸笔； ◆ 接电话时，不使用"喂"回答； ◆ 音量适度，不要过高； ◆ 告知对方自己的姓名
2. 确认对方	"×先生，您好！"	◆ 必须对对方进行确认； ◆ 如是客户要表达感谢之意
3. 听取对方来电用意	"是""好的""清楚""明白"等回答	◆ 必要时应进行记录； ◆ 谈话时不要离题
4. 进行确认	"请您再重复一遍""那么明天在××，9点钟见"等	◆ 确认时间、地点、对象和事由； ◆ 如是传言必须记录下电话时间和留言人
5. 结束语	"清楚了""请放心……""我一定转达""谢谢""再见"等	
6. 放回电话听筒	无	等对方放下电话后再轻轻放回电话机上

2. 拨打电话服务礼仪

（1）拨打电话时应该注意的事项

① 要考虑打电话的时间（对方此时是否有时间或者方便）。

② 注意确认对方的电话号码、单位、姓名，以避免打错电话。

③ 准备好所需要用到的资料、文件等。

④ 讲话的内容要有次序，简洁、明了。

⑤ 注意通话时间，不宜过长。

⑥ 要使用礼貌语言。

⑦ 外界的杂音或私语不能传入电话内。

⑧ 避免私人电话。

（2）拨打电话服务礼仪实例。

拨打电话服务礼仪实例如表7-2所示。

表7-2　拨打电话服务礼仪

顺序	基本用语	注意事项
1. 准备	无	◆ 确认拨打电话对方的姓名、电话号码； ◆ 准备好要讲的内容、说话的顺序和所需要的资料、文件等； ◆ 明确通话所要达到的目的
2. 问候、告知自己的姓名	"您好！我是×××部的×××"	◆ 一定要报出自己的姓名； ◆ 讲话时要有礼貌
3. 确认电话对象	"请问××部的×××先生在吗？""麻烦您，我要找×××先生。""您好！我是××保险公司××部的×××"	◆ 必须要确认电话的对方； ◆ 如与要找的人接通电话后，应重新问候
4. 电话内容	"今天打电话是想向您咨询一下关于××事……"	◆ 应先将想要说的结果告诉对方； ◆ 如是比较复杂的事情，请对方做记录； ◆ 对时间、地点、数字等进行准确的传达； ◆ 说完后可总结所说内容的要点
5. 结束语	"谢谢""麻烦您了""那就拜托您了"等	语气诚恳、态度和蔼
6. 放回电话听筒	无	等对方放下电话后再轻轻将话筒放回电话机上

七、客户经理开展相关业务礼仪

实 例示范7-9

案例
客人来访

客人来访

客人：（敲门）请问小张在吗？

员工：请进，请问您是……

客人：我是宏达公司的小陈。

员工：噢，小张去会计部了，您先请坐。（倒茶）请喝茶，我帮您先联系一下。（打电话）您好，请问小张在吗？小张吗？办公室有位宏达公司的陈小姐找你，请你马上过来一趟好吗？

员工：陈小姐，小张马上过来，我还有点事情，请您稍等一下。

客人：没事，您忙。

小张：（热情地）小陈，您好，不好意思，让您久等了。要不我们去会客室坐一下。

客人：好的。

小张：这是您的茶吧，我给您带过去。

（办公室其他员工欠身，目送。）

（过一会儿，送客）

客人：那好，这事就麻烦您了。

小张：没关系，请放心好了。

客人：那我先走了。

小张：我送送您。（为客人按电梯）有空经常来坐坐。

客人：好的。（电梯开门）那麻烦您了，再见。

小张：不客气，再见。

实 例示范7-10

询问款项是否到账

员工（女）：（电话铃响两下后，提起话筒）您好，农行城东支行朝晖分理处。

客户：我是宏达公司的，请问一下最近我公司一笔500万元的货款是否到账？

员工：噢，您是张会计吧？我帮您查一下，请稍等。（打开计算机查询）对不起，贵公司最近没有资金入账，请问对方是在哪家银行开户？什么时候汇出的？

客户：是在深圳的建行吧，就这几天汇出的。

员工：请不要着急，因为不是同一家银行，款项需转划后才能到我行。这样好不好，张会计，款到后我们立即通知您。

客户：谢谢。

员工：不客气，再见。（对方搁下电话后，放下电话）

实 例示范 7-11

电 话 找 人

员工（男）：（电话铃响两下后，拿起话筒）您好，农行西湖支行客户部。

客户：请问小李在吗？

员工：请您稍等，我去看一下（看留言板）。对不起，小李外出了，请问您有什么急事，或者有什么事需要我转告吗？

客户：好的，谢谢，请他回来后给我回个电话。

员工：那您的电话号码是多少？

客户：我单位的电话号码是××××××××。

员工：××××××××，（写下）对吗？他回来后我一定通知他。

客户：谢谢。

员工：不客气，再见。

客户经理是展示银行形象的流动窗口，因此其一举一动要显得落落大方，文明优雅。穿着整洁、得体。如穿行服，则应严格遵守穿行服的规定；如不穿行服，也应穿职业装。可以有适当的时尚装扮，但不能太显眼。过于随便的休闲服饰也不能穿，如砖头鞋、紧身衣等。夏天，女性要注意衣着的质地、厚薄和长短。

（一）拜访客户

客户经理前去拜访客户应注意：

（1）事先与客户约定时间。

（2）无论门开着还是关着，进房间都要敲门。

（3）进出时要尽量和在场的每个人打招呼。

（4）要遵守该单位安全保卫规定，譬如，进大门时要登记。

（5）递、接名片用双手。

（二）接待来访客人

（1）客人来访，起立、让座、倒茶、交谈、送客"五部曲"是不可少的，更重要的是，要为他们营造一个良好的交流氛围，每位员工为来访的客人让一下路，微笑一下，都是这种良好氛围的一部分。

（2）如果客人要找的人不在，别的同事要像办自己的事一样积极为他联系。不要漫不经心，事不关己。我们每个人都有义务让来到银行的客人感到满意。

八、证券岗位服务礼仪规范

证券岗位服务的礼仪规范是服务质量构成的基本要素，服务行为不仅是员工自身素质、文化修养和服务能力的外在体现，更是企业良好形象的具体表现。强化服务意识，提高服务质量，首先应从员工服务礼仪规范化做起。

（一）握手

（1）与客户见面时一般双方之间的距离为一步。服务人员两脚正立，上身稍微前倾，伸出右手，四指并拢，拇指张开，肘关节微屈与对方相握，目视对方。

（2）送别客户握手应根据性别确定。男员工视客户的性别，若客户为男性，则应主动握手告别；若客户为女性，则可以微笑配以自然亲切的送别手势，或待客户伸手示意后，伸手握手。女员工应主动与客户握手送别。

（3）握手不宜太用力且时间不宜过长，一般2～3秒钟即可。

（4）遇到手脏或者手上有水、汗，不宜与客户握手时，则要主动向对方说明不握手的原因。

（5）禁止戴手套与客户握手。

（二）交换名片

（1）对来访客户，接待的员工应主动自报姓名和岗位名称。

（2）应双手郑重地递送名片。递出的名片正面朝上，名字向着对方，并目视对方，面带微笑，同时说"请多关照"等礼貌用语。

（3）接客户名片时用双手，态度恭敬，同时说"谢谢"。接过名片后应认真地看一遍，轻轻地念一下，以示尊重。

（4）与客户的交流中，将其名片放在桌子上或让客户能看见的地方，不被其他物品阻碍，以让客户倍感重视。

（三）进出礼让

1. 上下楼梯

（1）减少在楼梯上的停留。楼梯为人来人往的通道，不应停在楼梯上休息、与人交谈或慢慢行进。

（2）坚持右上右下原则。上下楼梯时，均不得并排行走，应自右而上，自右而下，以便于急事的人快速通过。

（3）注意礼让客户。上楼梯时客户在前，下楼时相反；当自己陪同、引导客户时，则应上下楼梯时先行在前。

2. 进出电梯

（1）牢记先出后进。里面的人出来后，外面的人方可进去，避免拥挤。

（2）员工在乘电梯时，遇到不相识的客户，应以礼相待，请客户先进先出。

案例
证券岗位员工在握手、交换名片、进出电梯等方面的服务礼仪规范

（3）进出电梯时，应侧身而行，避免碰撞、踩踏别人。进入电梯后，应尽量站在里面；下电梯时，应做好准备，提前换到电梯门口。

（4）不得在电梯里大声说话或吸烟。

3. 进出房门

（1）先通报。进入房门前，应采用叩门、按铃的方式，向房内人进行通报。

（2）以手开关。出入房门时，应反手关门，并始终注意面向对方，不把背部朝向对方。

（3）与他人同时进出房门，坚持后入后出，让对方先进出。

（4）接待客户进出门。进入房门时，应反手关门，并始终注意面向对方，不把背部朝向对方。

（5）为客户开门。陪同引导客户时，员工有义务在出入房门时替对方开门。

（四）接打电话

1. 打电话

（1）拨打电话前，应先明确打电话的目的和原因，理清思路。

（2）打电话应避免在对方休息的时间。

（3）接通电话首先应说"您好"，确定对方为所需拨打的电话后，简要报出自己的身份、姓名及要通话人的姓名。

（4）电话交谈时间一般以3～4分钟为宜，若需5分钟以上，应先说明大意，再征询对方是否方便，不方便时，请对方另约时间。

（5）说话简明扼要，言简意赅，语调明快热情，语速适中，音量应以对方听清为原则。

2. 接电话

（1）电话铃声响起，三声以内接起电话。

（2）接起电话时，应用规范语言问候客户："您好，×××证券公司。"

（3）在客户陈述期间，应随时记录。客户结束陈述后，应重复陈述要点，与客户确认。

（4）对客户所咨询的问题能解答的应立即给予肯定的答复。不能确切答复的，应说明原因，请客户留下联系电话，并告诉答复时间。

（5）通话结束后应在客户挂机后再挂断电话。

（6）接听公司内部人员电话，言谈要直截了当，讲求效率，不拖泥带水，更不允许聊天。

接电话禁忌：话语啰唆、长时间通话、态度冷漠、语言粗鲁，转接时大声喊叫。

（五）接待

接待工作需注意以下事项：

（1）做到平等待人，热情相迎，亲切招呼。

（2）对事先约定的客户应提前做好接待准备；对重要宾客的来访，应事先向领导汇报并准备好相关资料；对突然来访，应马上放下手头工作，起身相迎，热情招呼。

（3）接待时，应在客户的一侧或对面坐下，认真倾听客户陈述，可做记录。在客户陈述后，重复客户陈述的要点，与客户确认。

（4）对客户所提出的问题，能立即答复的，应当场答复；不能给予确切答复的，应说明原因，并请客户留下联系电话，明确答复时间，将记录以书面形式提交给有关部门或领导协助处理。

（5）对可直接介绍给有关部门或领导的客户，应亲自领引；若繁忙时应告知客户行走路线，不得简单推诿。

（6）若接待交谈中，电话突然响起或有紧急事务须处理，应先向客户说明理由，暂时中断彼此交谈。接听电话应尽快结束，避免客户等待时间过长。

（7）若在接听电话时有客户来访，应点头微笑示意对方坐下。通话结束后，应先向对方致歉。

（8）在接待中，对声音过高或情绪激动的客户，应及时用手势暗示对方保持安静，以免干扰他人。

证券服务岗位的礼仪规范是服务质量构成的基本要素，服务行为不仅是员工自身素质，文化修养和服务能力的外在体现，更是企业良好形象的具体表现。强化服务意识，提高服务质量，首先应从员工服务礼仪规范化做起。作为金融服务岗位的工作人员，每天要接待各种各样的客户，办理多种业务，正确掌握证券服务岗位的程序和礼仪规范，是其为客户提供优质服务的基础和保障。

知 识巩固 <<<<<<<<<<<<<<<<<<<<<<<<<<<<<<<<<<<<<<<<<<<<<<<<<<<<<

一、单选题

1. "一米线"服务是（　　　）中提出的。

　　A. 酒店礼仪　　　　　　B. 宾馆礼仪

　　C. 银行礼仪　　　　　　D. 企业礼仪

习题库

2. 服务人员使用书面用语的首要要求是（　　　）。

　　A. 书面规范　　　　　　B. 正确无误

　　C. 工整清晰

3. 岗位服务规范化的原则是（   ）。

    A. 客户第一   B. 业务第一

    C. 利益第一   D. 服务第一

4. 办理业务准则中，具体应做到（   ）。

    A. 准确   B. 安全

    C. 高效

5. 下面属于"十字"文明用语的是（   ）。

    A. 没关系   B. 拜托

    C. 谢谢   D. 打扰

二、多选题

1. 金融行业的岗位按与客户接触的程度来分主要分为（   ）。

    A. 临柜岗位   B. 客户经理岗位

    C. 内部管理岗位

2. 岗位服务礼仪的特点有（   ）。

    A. 职业性   B. 完整性

    C. 规范化   D. 个性化

3. 岗位服务礼仪的作用有（   ）。

    A. 满足客户需求，体现精神文明

    B. 展示窗口形象，弘扬先进文化

    C. 提升服务质量，促进产品营销

    D. 规范员工行为，提升人生品位

4. 金融服务岗位服务礼仪要体现"四心"，即（   ）。

    A. 诚心   B. 热心

    C. 细心   D. 耐心

5. 在工作岗位上，人们彼此之间的称呼是有其特殊性的，其总的要求是要（   ）。

    A. 庄重   B. 正式

    C. 规范

三、简答题

1. 金融行业岗位服务礼仪的核心是什么？具体体现在哪些方面？

2. 为什么说在中国相当长一段时间内，柜面服务仍是金融业的主流服务？

3. 如何将"十八字"柜台服务程序贯穿在金融行业工作人员的日常工作中？

4. 岗位服务规范化的主要内容有哪些？

5. 根据金融行业的职业特点和岗位服务礼仪的要求，进行一次走访金融机构的实践活动，并对柜台服务礼仪现状中存在的不足提出具体的改进方法和措施。

专业能力训练 <<<<<<<<<<<<<<<<<<<<<<<<<<<<<<<<<<<<<<<<<<<<<<<<<

实训题

目标：通过实训练习，作为一名商业银行的柜台工作人员，每天要接待各种各样的客户，办理多种业务，能正确掌握银行的柜台服务的程序和礼仪规范，是其为客户提供优质服务的基础和保障。

综合实训

任务：某天10：00左右，营业厅内顾客较多，都坐着等叫号，这时一位客户径直急匆匆地来到3号柜台前。3号柜台的工作人员、大堂经理、保安等应该用什么语言和手势接待顾客和办理业务呢？

要求：

（1）在模拟训练室的模拟操作台前4人一组模拟接待顾客和办理银行业务的练习。

（2）注意银行操作规范和服务礼仪"站相迎、笑相问、双手接、快速办、双手递、热情送"的具体运用，用心为顾客服务。相互观摩，并在实训后进行讨论总结。

（3）银行的临柜服务仍是金融服务的主流业务，学习临柜服务的岗位服务礼仪规范是非常必要的。

（4）对"站相迎、笑相问、双手接、快速办、双手递、热情送"的每一个细节都需要细细体验，灵活运用，练习到位，营造一个个无可挑剔的真实瞬间。

专业能力考核（自评）

一、专业能力自评

专业能力自评表

	能/否	任务名称
通过学习本章，你		金融行业岗位服务礼仪的基本内容
		金融营业服务工作中的具体礼仪规范要求
		金融行业岗位业务活动礼仪规范
通过学习本章，你还		

注："能/否"栏填"能"或"否"。

二、核心能力自评

核心能力自评表

	核心能力	是否提高
通过学习本章，你的	柜台服务能力	
	服务礼仪能力	
	书面表达能力	
	与人沟通能力	
	解决问题能力	
	团队合作精神	
通过学习本章，你的		
自评人（签名）：　　年　月　日		教师（签名）：　　年　月　日

注："是否提高"一栏可填写"明显提高""有所提高""没有提高"。

【关键职业概念】

1. 了解金融行业营销礼仪的内涵；

2. 掌握金融行业营销礼仪的基本规范。

通过本章学习，应达到以下目标：

● 知识目标：

1. 熟悉金融营销、金融产品和不同营销方式下的营销礼仪规范，了解金融营销礼仪对金融营销工作的重要性。

2. 掌握金融产品营销礼仪的基本要求和规范，做好金融营销工作。

【学习目标】

● 技能目标：

1. 能够掌握不同金融产品的特性。

2. 能够根据金融产品的特性进行有效营销。

3. 在金融产品营销过程中，能够运用金融产品营销礼仪要求和规范来操作。

【内容结构】

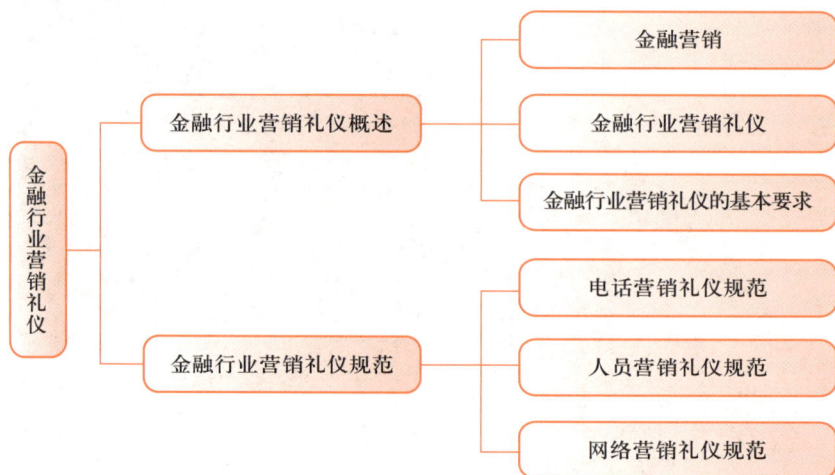

【学习内容】

引例

金融行业营销礼仪很重要

一天，唐某去某银行办事，看到营业大厅摆放着醒目的理财产品宣传广告，其中周期短、风险低、收益高等引起了唐某的注意。一位男营销员热情地迎上来，满脸职业微笑，主动打招呼介绍这种理财产品。他的介绍很在行、很流畅，从产品优势到产品特点，从低投入、低风险到高回报率，说得头头是道，还不停地说某某客户已经获得收益，准备再次投入资金购买云云。一开始听到他热情而熟练的介绍，唐某对产品颇感兴趣，本想深入咨询一下，可他总是喋喋不休，也不顾及唐某的反应如何，似乎唐某不买他决不罢休，在褒扬自己银行做的理财产品的同时还贬低其他银行的理财产品。唐某不免对他的动机产生了疑问，也没了先前的兴趣，幸好这时又来了一位客户，唐某便借机离开。唐某想，那位营销人员肯定为自己的白费口舌有几分失望。

问题： 为什么营销人员滔滔不绝地介绍反而扑灭了客户的购买欲望呢？

分析提示： 上述案例说明，在现实的金融营销过程中，营销交往礼仪的运用是否恰当将对营销结果起相当重要的作用。金融营销人员只有把握好营销礼仪方面的问题，然后在金融营销过程中不断创新，方能取得良好的营销业绩，为银行赢得良好的服务形象。

在金融业竞争日趋激烈的今天，强化营销已无可置疑地成为金融业谋取自身生存与发展的重要策略和途径。这就要求金融营销人员熟悉金融产品不同营销方式下的营销礼仪规范，掌握金融产品营销礼仪的基本要求，明确在营销产品活动中应注意的行为规范，做好金融营销工作。

第一节　金融行业营销礼仪概述

银行柜面营销礼仪

一、金融营销

（一）营销

营销学家菲利普·科特勒在其《营销管理》(第11版)中，将营销定义为：市场营销是辨别和满足人类与社会需要，把社会或私人的需要变成有利可图的商机的行为。该定义反映了市场营销的实质内容，就是以交换为中心，以顾客需要为导向，通过协调企业资源使顾客需求得到满足，并且在此基础上实现工商企业所追求的目标。该定义强调了三点：

（1）营销是一个管理过程，包括一系列活动，从辨别需要到变成有利可图的商机，需要开展一系列活动并加强管理。营销不同于销售，也不同于推销，销售或推销是营销中的一部分。

（2）营销是以满足消费者需要为出发点与归属点。识别需要的目的就是为了满足需要，这就是出发点。对于购买者而言，能实现交换则意味着需求得到了满足，这就是归属。

（3）营销以达成交易为最终目的。营销的目的就是努力实现交易，使交易双方都有利可图——购买者满足特定消费需要，企业在向购买者提供需要的产品或劳务中实现所追求的目标。

（二）金融营销

金融营销是市场营销在金融领域的发展。

金融行业是一组专门为客户提供金融性服务，以满足客户对金融产品消费需要的服务性行业（商业银行是这组服务性行业的主体）。金融行业的营销目的是借助精心设计的金融工具，辅以金融服务以促销某种金融运作理念并获取一定的收益，其目标就是要争取新客户，留住老客户。为了实现这样的营销目的，金融行业在其经营过程中所采取的营销行为可以是多种多样的，一般可以概括为产品、价格、渠道、促销四个方面。

金融营销活动的最终目标是能够满足客户的需要，金融营销的主要任务是要将客户的社会需要转化为赢利的机会，即金融营销是以适当的产品价格、适当的促销方式，通过适当的路径和网点，适时地把适当的产品和服务提供给适当的客户，并在适度地满足顾客需要的同时，使企业自身获得盈利和发展。

金融营销是指金融行业以市场需求为核心，通过采取整体营销行为，以金融产品和服务来满足客户的消费需要和欲望，从而为实现金融企业利益目标所进行的经营管理活动。

（三）金融产品

1. 金融产品

从市场营销的角度说，产品是指企业向它的顾客销售或建议的所有一切。

关于金融产品的定义很多，如英国著名金融营销专家亚瑟·梅丹认为："金融服务产品可以被合理定义为以特定市场为目标，由一种金融机构为任意用户所提供的一整套服务。"金融产品是指金融市场的交易对象，是金融活动中与资金融通的具体形式相联系的载体，即金融工具。由于金融产品与金融服务在大多数情况下可以互换，金融产品与金融服务难以截然分开。因此，我们认为，金融产品可以被定义为：金融机构向市场提供的使顾客可以取得、利用或消费的一切事物。它既包括各种金融工具，也包括与各种金融工具有直接关系或间接关系的各类金融服务。

2. 金融产品的特征

一般而言，金融产品的基本特性主要包括以下几个方面：

（1）无形性。金融产品在自然形态上经常是无形的。诸如存款、贷款、结算、代理、信托、咨询等。在购买与使用时，金融企业一般通过文字、数据等方式与客户进行交流，让客户了解产品的性质、职能、作用等。由于金融产品可能并不具备某些鲜明的物理特性，具有较强的抽象性特征，这就使得金融产品在扩展方面有比较广泛的想象空间。如何通过某些有形的形式与特点设计，使金融产品具有吸引客户的强大魅力，是金融产品设计开发的关键性因素。

（2）不可分割性。由于金融业向客户提供的金融产品大多为一种服务，企业一旦向客户提供了产品，就是将一系列服务同时分配给了该客户，因而金融产品的提供与服务的分配具有同时性，两者不能分开。正是基于这一特性，金融产品与金融企业也就密不可分。

（3）易被仿效性和价格的一致性。金融产品并不像各种工业产品一样，具有专利保护。任何一项新的、有利可图的金融业务或服务品种，都可能而且可以在短时期内以较低的成本被其他金融机构引入，金融产品具有极易被仿效的特点。这样，一方面使得开发和创新金融产品的金融机构极难维持其创新利润，另一方面也使得某一金融机构的金融产品和服务若想区别于其他金融机构的产品和服务成为非常困难的事情，整个金融业呈现出金融产品"你有，我也有"的局面，产品"克隆"的速度非常迅速。并且，由于引进金融产品的金融机构，其产品开发费用较低，引进速度较快，也会造成这类产品的增幅大大提高，从而更加剧了各类金融机构之间的产品竞争。

由于金融产品具有以上特点，金融行业的营销活动也就有别于其他企业，因此金融行业更多地采用直接销售渠道。只有在营销的过程中注重树立企业形象，营销人员注重自身的言谈举止，不断地提升自身服务的质量，才能满足不同层次的客户需求，提高顾客的满意度，从而拥有更多的忠诚客户，更好地实现企业自身的盈利目标。

二、金融行业营销礼仪

服务是最能够创造价值的营销利器，体现服务的手段主要就是礼仪的运用。礼仪同时贯穿在营销的各个程序，它可以帮助营销人员从细节上区分顾客的心理，避免或及时地挽救顾客的异议和投诉。

营销礼仪是新市场环境下竞争的核心，营销礼仪就是要把无形的服务有形化。

金融行业营销礼仪概述与规范

三、金融行业营销礼仪的基本要求

金融产品营销方式的不同，决定了在不同的环境，面对不同的客户需要我们遵循不同的行为规范。以下是金融营销人员应当共同遵守的基本的礼仪要求。

（一）以尊重为前提

社会交往中的各种礼仪，实际上体现的就是对对方的尊重。尊重是建立友谊、加深交往、发展关系、达成协议的前提，让客户感觉自己是受人尊重的，是受欢迎的和有地位的，感到与你交往心情愉快，这样才能深入沟通，建立感情，达到目的。

（二）积极的工作态度

金融营销是一种特殊行业特殊产品的营销，其产品的共性化、争取客户时的被动性，决定了金融营销较一般的营销有更大的难度，因而也更富有挑战性。积极的工作态度是营销成功的重要保证。

自信是营销员必备的心理素质，它影响着一个人的思维和言谈举止。只要抱着积极的心态去开发自身的潜能，就有用不完的智慧与能量，从容应对，从而达到心想事成的理想境界。

作为营销员，被客户拒绝是很常见的事，再成功的营销员也会不时地遭到客户的拒绝，问题就在于成功的营销员把被拒绝视为正常，他们不管遭到怎样的拒绝，都能恰到好处地面带微笑、彬彬有礼、轻声细语地与客户从容交谈，并且从一次次失败的经历中总结经验，寻找对策。天长日久，他们遭到的拒绝就会越来越少，应付拒绝的能力越来越强，成功率越来越高。

（三）接受挑战，不卑不亢

在金融产品的营销过程中，我们会遇到形形色色的人，包括身份地位都比我们高出许多客户。一般来说，一些大客户都比较关心他们的健康，关心他们的善名，关心他们事业的发展，关心他们亲人的现状与前景，这样我们就可以有针对性地选择适当的话题，来激起他们的兴趣，博得他们的"欢心"，达到我们营销的目的。

小 常识

资料

客户不喜欢的服务态度及其示例或弊端

客户不喜欢的服务态度	示例或弊端
假装没有看见客户接近	客户：请问一下，今天的牌价是多少 服务员斜眼望着客户，一言不发 客户：小姐，你就不能回答我一句吗
一副爱理不理的面孔	客户进门没有人打招呼，没有人欢迎
以貌取人	看到客户的穿着很普通，就认定他没有钱，也没有地位
言谈粗俗无礼	服务员：又来一个，你去吧。我正在忙着呢，我不去
语调高昂，缺乏耐心	客户：对不起小姐，我写错了，能不能再给我一张单子 服务员：自己拿，我给了你几次，你还写错，你到底会不会写字
工作效率低下	员工工作效率低下，令客户对你的服务乃至你所在的公司产生怀疑
无精打采	无精打采的情绪会影响到客户以及其他同事的情绪
问话不搭理 与同事高声喧哗 边与同事聊天，边回答客户的问题	这三种态度都是忽视客户的典型表现，会令客户觉得你是一个做事随便，非常不专业的服务人员，也会对你所在的公司产生恶劣的印象

同 步案例8-1

案例
营销需要积极的态度

营销需要积极的态度

小李是某公司的营销员，每次到客户家里去营销时，在敲门以前，总是先放松自己，然后想一些值得自己感谢和高兴的事情，直到脸上展现出富有感染力的微笑，自我感觉到有一种真诚、热忱、自信的心绪在胸中涌动时，才去敲门。在李小姐看来，情绪具有很强的"传染性"，自己热情洋溢、满面春风，也一定能使客户热情起来，亲切友好起来，这对于推动营销的顺利进行具有不可忽视的积极作用。如果自己情绪不好，势必会在脸上、在言谈举止中有意无意地流露出来，客户一旦受到感染，必将会影响营销的成功。

问题：根据金融营销利益的基本要求，对实训案例中小李主动积极的营销态度你有何体会？

分析提示：金融营销是一种特殊行业特殊产品的营销，也更富有挑战性，营销人员需要树立积极的营销意识，具备积极的工作态度，要有极大的工作热情和敬业精神，全身心地投入，在整个营销过程中用极大的热情去感染客户，以美好的形象去面对每一位客户。因此，积极的工作态度是营销成功的重要保证。

活 动设计8-1　模拟操作

电话营销礼仪规范
——金融行业营销礼仪的基本要求练习

课程实训

以班级为单位，分小组练习金融行业工作人员营销基本礼仪。通过实训活动，让大家对金融行业营销礼仪的基本要求有一个深刻认识，并加以运用。

目标：通过实训活动，使每位同学能自然地展示出自己最为真诚、美好的表情。

任务：以班级为单位，分小组练习。根据金融行业营销礼仪的基本要求进行。

要求：

（1）根据营销礼仪以尊重为前提等基本要求进行练习。

（2）自我操作与小组同学互助完成。

（3）自我检查与小组成员相互观摩结合，教师最后加以点评和提出改进意见。

第二节　金融行业营销礼仪规范

金融产品的营销方式主要有：电话营销、上门推销、柜台推销、网络营销等。不同的营销方式对营销人员提出了不同的要求。

电话营销

一、电话营销礼仪规范

"对不起，我很忙""谢谢！我们不需要"……在电话销售中我们经常会遇到客户诸如此类的委婉拒绝。面对这些问题的时候，我们首先要思考的是：顾客对我们是否建立起了足够的信任。

要想让顾客对我们产生好感，获得他们的信任，在营销过程中，需要营销人员掌握电话营销的一些技巧、方法和行为规范。

（一）电话预约的基本要领

营销人员在访问顾客之前用电话预约是有礼貌的表现。成功的电话预约，要牢记"5W1H"，即什么时候（When）；对象是谁（Who）；什么地点（Where）；说什么事（What）；为什么（Why）；如何说（How）。电话拨通后，要简洁地把话说完。

电话预约的要领是：

（1）以客户的时间为基准。

（2）力求谈话简洁，抓住要点。

（3）考虑到交谈对方的立场。

（4）使对方感到有被尊重、重视的感觉。

（5）没有强迫对方的意思。

（二）电话营销的基本礼仪

打电话完全靠语言美和动听的声音来吸引和打动客户。所以，电话营销尤其要注意用我们的声调和语言表达我们的微笑、诚意和修养。

（1）电话的开头语直接影响顾客对你的态度、看法。通电话时要注意使用礼貌用语。打电话时，姿势要端正，说话态度要和蔼，语言要清晰，保持良好的心情，对方会被你欢快的语调所感染，留下极佳的印象。特别是早上第一次打电话，亲切悦耳的招呼声，会使人心情开朗。电话接通后，主动问好，并问明对方单位或姓名，得到肯定答复后报上自己的单位、姓名。

（2）打电话时，一般来说我们的口要正对着话筒，嘴唇离话筒10厘米左右，吐字要清楚，发音要准确，数字、时间、地点等关键字眼要特别注意，最好能重复一遍，直至确知对方或自己完全听清楚。

（3）打电话时，应礼貌地询问："现在说话方便吗？"要考虑对方的时间。一般往家中打电话，以晚餐以后或休息日下午为好，往办公室打电话，以上午10点左右或下午上班以后为好，因为这些时间比较空闲，适宜谈工作。

（4）接听电话要及时。一般铃响不超过三声接听，以表示对客人的重视。

（5）通话三分钟原则。通话时间要简短，长话短说，废话不说。一般应该在三分钟内了结，一定要注意语言的简明扼要。

（6）在打、接电话时，如果对方没有离开，不要和他人谈笑，也不要用手捂住听筒与他人谈话。如果不得已，要向对方道歉，请其稍候，或者过一会儿再与对方通电话。

（三）电话营销技巧

在没有任何身份证明，也没有出示任何商业契约的情况下，仅仅通过声音就让客户产生强烈的信任感，这无疑是件非常困难的事情。正是如此，在电话的营销中使用一些技巧才显得尤为必要。

1. 建立信任关系是一个过程

人与人交往是一个过程管理，电话营销需要长期地跟进。一位优秀的电话营销人员首先是一个相当有自信和耐心的人，而不是一打电话就谈产品，要让顾客感觉到"销售人员是为我着想的，而不是单纯地卖产品"。一旦顾客对销售人员产生了信任，不仅能达成现有交易，还能发掘潜在消费。

2. 营销人员必须在极短的时间内引起客户的兴趣

在电话拜访的过程中如果没有办法让客户在20 ～ 30秒内感到有兴趣，客户可能随时终止通话，因为他们不喜欢浪费时间去听一些和自己无关的事情，除非通电话让他们产生某种好处。这就需要有选择地去说一些可能引起对方兴趣的话，同时尽量用声音的魅力吸引客户。

3. 电话营销是一种你来我往的过程

在电话沟通的过程中，最好的过程是销售员说1/3的时间，而让客户说2/3的时间，如此就可以维持良好的双向沟通模式。

4. 把握适当机会赞美客户

真诚地赞美是拉近与客户距离的最好方式，在电话交流中，声音是可以赞美对方的第一点。在与客户的交流中，只要销售人员细心凝听，实际上可以通过声音掌握到客户很多方面的信息，如年龄、教育程度、做事情的态度，等等。而营销人员正好利用这些获取到的信息，适当地赞美对方，以很好地营造谈话的氛围并能很快地改变顾客的态度。

除了声音以外，对方公司和顾客的一些履历（通过网络等途径查询）都是赞美的亮点。不过，赞美一定要把握适当的时机，不要过了，如果过了反而会适得其反，因此"真诚"二字尤为重要。

同 步思考8-1

情境导入：小张是保险公司的销售员，平日比较注重与客户建立良好的关系。车险快到期的前一个月，小张给客户打了一个电话。小张表示他们保险公司有一个免费的卡可以送给客户，如果客户的车发生了意外，公司免费提供24小时拖车服务。毕竟，免费的东西总是有吸引力的。那个客户当时还不相信。小张表示三天之内可以帮他寄过去，并提醒客户注意查收。三天之后，小张第二次打电话给那个客户，确认免费卡是否已经收到。而那个客户已经收到了小张所在保险公司寄给的免费卡，而且是快递寄的。小张表示，如果他的车有任何问题，可立即跟保险公司联系。这让那个客户非常感动。两个星期之后，那个客户的车险到期了，小张第三次给他打电话。他对客户说，"考虑到您的保险快到期了，我能不能帮您送些资料过来，这样您方便一些"。结果呢，小张顺利地让那个客户买了他保险公司的车险。之前，有十几家保险公司打电话给这位客户，他烦得要命。

这是个比较典型的以关系为导向的电话营销案例，小张注重与客户在关系层面建立联系，通过这种关系，让客户自然而然地接受自己公司的产品。

问题：

（1）根据电话营销礼仪的规范要求，实训案例中你在小张的做法中得到了什么经验？

（2）在现实的电话营销过程中，如何建立和维护与客户的长期联系？

分析提示：电话营销时要掌握电话营销的礼仪规范，包括电话预约的基本要领、电话营销的基本礼仪，要注意用我们的声调和语言表达我们的微笑、诚意和修养。电话营销技巧也很重要，电话营销说到底就是人与人交往的过程管理，就是持续不断地追踪客户，与客户建立信任关系，引起客户的兴趣，适时赞美客户，了解客户信息，尽量坚持维护与潜在客户的联系，争取最后真正赢得客户。

小常识

资料

如何在电话中成为被客户喜欢的人

1. 电话礼仪和微笑是让客户接受的前提条件。
2. 不断提高声音感染力。
3. 真诚的赞美是沟通中的润滑剂。
4. 同理心的应用是沟通中的另一润滑剂。
5. 积极倾听更容易让我们成为被客户接受的人。
6. 了解客户性格以适应客户的沟通风格。
7. 寻找共同点以快速拉近与客户的距离。
8. 谈客户感兴趣的话题，客户才会对我们感兴趣。
9. 真正关心客户和家人，客户也才会关心我们。

二、金融行业人员营销礼仪规范

人员营销主要包括上门营销和柜台营销两种方式。这两种营销方式都需要我们的营销人员通过多种努力去感染客户、打动客户、说服客户，最终让客户接受我们的产品。营销过程中，客户对营销人员的第一印象是非常重要的。

第一印象在心理学上称为最初印象、黄金印象，是指人们初次对他人知觉形成的印象，就是和他人初次见面进行几分钟谈话，对方在你身上所发觉的一切现象，包括仪表、礼节、言谈举止，对他人的态度，说话的声调、语调、表情、姿态等诸多方面。在与客户打交道时，营销人员必须注意自己的仪容仪表，在拜访、交谈、握手等环节遵循一定的礼仪规范。

（一）仪容礼仪

营销人员直接与客户打交道，仪容仪表代表公司的形象，每位员工都要自觉地使自己的外表保持整齐、清洁和悦目。

对营销员来说，要给客户留下美好的印象，一般要做到朴素、整洁、自然、大方。身体清洁、脸部清洁、口腔清洁、头发清洁、双手清洁、胡须清洁、发式整齐、制服整齐。

（二）拜访礼仪

拜访是人员营销经常使用的形式，营销人员和客户通过拜访可以达到相互了解、加深感情、增进友谊、沟通信息和产品推销的目的。

（1）事先有约。有约在先，是拜访礼仪中最重要的一条。当有必要去拜访客户时，必须考虑客户是否方便，为此一定要提前预约。

（2）做好准备。拜访都有一定的目的性，事先都应做认真的设想和安排。

（3）遵守时约。约定拜访的时间和人员后，务必认真遵守，不可轻易变更。拜访客户，最好要准时到达。

（4）上门有礼。拜访客户时，不论是办公室还是住所，进门之前都要先敲门或按门铃。敲门的声音不要太大，轻敲两三下即可；与客户相见，要主动问好；如果双方初次见面，应主动递上名片，或略作自我介绍；进门后，随身物品不要随意乱放；在客户家中，未经邀请，不能随意参观住房，不乱触动室内的物品等东西；与客户交谈时，要注意自己的仪态，态度要诚恳大方，言谈要得体，要尽快进入实质性的话题；适时告辞，拜访的时间应根据具体情况而定，辞行时应感谢客户的接待。

（三）交谈礼仪

交谈是表达思想、抒发感情的基本方式，在上门营销或柜台营销过程中的主要活动之一就是与客户交谈。

在拜见顾客和其他一些交际场合中，营销员与顾客交谈时态度要诚恳、热情，措辞要准确、得体，语言要文雅、谦恭，要"说三分，听七分"，给顾客说话的机会。具体要注意以下几个方面：

（1）使用敬语。在任何情况下，都要多使用"请""您"等词语帮助表达，努力营造融洽的谈话氛围，使人感到亲切、轻松、自然。

（2）真诚微笑。真诚、发自内心的微笑是打开客户之门的第一张通行证，它在不知不觉中会消融我们与客户之间因陌生而产生的不信任。

（3）认真的眼神。在与客户交谈时，目光注视是起码的礼仪，既表示对对方的尊重，又表示对交谈内容的关注和兴趣。

（4）言语规范。交谈时，音调要明朗，咬字要清楚，语言要有力，频率不要太快，交谈要口语化，使顾客感到亲切、自然。应尽量使用普通话。

（5）注意聆听。在对方说话时，不要轻易打断或插话，应让对方把话说完。要学会倾听、善于倾听，给客户表现自我的机会，虚心向客户请教。"听"可以获得许多信息。

（6）诚实守信。在推销过程中一定要诚实守信。只有依靠诚实，我们才能更好地与客户相处，获得客户的信任，使客户变成我们的忠诚客户。

（7）正确对待异议。客户的满意度是检验我们工作好坏的最直接的标准。对一些莫名其妙的误解和不公正的指责，既要坚持原则，实事求是，更要讲究方法，不慌不忙、不急不躁，善于和风细雨地化解矛盾，善于化曲解、误解为理解。

（四）握手礼仪

握手是社交场合中运用最多的一种礼节。营销员与顾客初次见面，经过介绍后或介绍的同时，握手会拉近营销员与顾客间的距离。

同 步思考8-2

情境导入：丁先生是某公司的高材生，毕业后分配到一家银行营销部供职。一日，丁先生去某公司开展业务，因在校不拘小节，以穿衣随便为潇洒，所以他这一次和往常一样，很随便地穿了一件衣服就去拜会该公司的老板。守门的警卫见他穿得如此寒酸，立刻拦住他，对他详加盘问，弄得丁先生好不尴尬，费尽口舌，百般解释，才终于放行。丁先生上了楼，刚要自报家门说明要拜会老板，就被秘书颇为礼貌地告知老板不在。丁先生很扫兴地步出公司，刚好遇见昔日同窗好友，遂告知所受"礼遇"，好友上下打量其一番，坦言告诉他，老板就在公司，但请他换件衣服再来。丁先生恍然大悟，自此，不敢再随便穿衣戴帽。

问题：根据仪容礼仪的基本要求，试分析本案例中丁先生的仪容礼仪。如果是你，你会怎么办？

分析提示：仪容主要指一个人的容貌，包括身体、头发、面部、手部及个人卫生等方面。在营销产品过程中，营销人员仪容仪表十分重要，每位营销人员都应做到朴素、整洁、自然、大方。

同 步案例8-2

重视与客户之间的交谈

小李从学校毕业后到了某银行做客户经理，不到两年时间，就成了行里的营销明星。谈及业务做得好的原因，小李自己却并不清楚，于是领导让他说一说每次去跟客户见面时的具体情况，都做了哪些准备工作。

如果第二天要见客户，头一天晚上，小李都会先想好见面要说的内容，将主要要沟通的事项列在本子上，还会先预演一下要说的几句开场白，然后准备一下第二天要穿的职业装，把皮鞋擦干净。与客户见面握手的时候，小李心里都会想着最高兴的事，面带灿烂的笑容，说着最由衷的话，尽量让客户感受到他的亲切和热情。与客户交谈的时候，小李通常会选择坐在客户的左侧边，尽量不与客户对面坐。交谈过程中，小李习惯拿出一本单位统一印发的记事本，拿一支笔在手中，听的过程中，有时口头附和，有时边听边记。有一回，一个客户谈到他的店里下午4点钟左右的时候最忙，因为自己要去接孩子放学，又要卸货，小李若有所思地记录了下来，客户见了很奇怪，就问他为什么连这都要记录？小李不好意思地回答："我先记下来，到时候如果有空的话，就过来帮您的忙。"客户听了很高兴，觉得这个小伙子不错。

问题：你从小李身上找到他业务做得好的原因了吗？

分析提示：交谈是金融营销人员与客户之间直接接触、当面沟通的重要方式，交谈礼仪不仅仅包括当时的语言表达、身体姿态、表情微笑等，还包含了金融营销人员对待交谈的态度、心理状况及反应。牢牢地把握住拜见客户时的机会，将金融营销人员个人的素质展现出来，将金融营销人员对客户的重视表达出来，是一个成功的金融营销人员所应具备的能力。

同 步案例8-3

伟大的推销员乔·吉拉德

乔·吉拉德被誉为伟大的推销员。回忆往事，他常提到下面一则故事。一次推销中，和客户洽谈顺利，正当马上就要签约成交时，对方突然变了卦。

当天晚上，按照客户留下的地址，乔·吉拉德上门求教。客户见他满脸真诚，就实话实说："你的失败是你没有自始至终听我讲话。就在我准备签约前，我提到我的独生子即将上大学，而且提到他的运动成绩和他将来的抱负。我是以他为荣的，但是，你当时却没有任何反应，而且还转过头去用手机和别人通电话！"

这一番话重重地提醒了乔·吉拉德，使他领悟到了"听"的重要性，让他认识到如果不能自始至终地听对方谈话，认同客户的心理感受，就难免会失去自己的客户。

这个小例子，让人们从另外一个角度认识到聆听客户谈话的重要性。

问题：谈谈你对实训案例中乔·吉拉德的做法的认识。

分析提示：营销人员要学会倾听、善于倾听，虚心向客户请教，在与客户营销洽谈中获取有用的信息，通过聆听获得有益的知识，从而不断完善自己、提高自己。

三、网络营销礼仪规范

因特网作为"网上银行"，被越来越多的金融机构作为自己的宣传媒体和营销渠道。但是网络的自由、开放、虚拟等特点要求网络营销应该遵守默认的网络交往礼仪，即网络礼仪。网络营销等商业行为必须遵守网络营销规范才能获得人们的信任，从而达到营销和宣传的目的。

（一）网络营销的基本原则

1. 真诚

真诚是做人的基本道德准则，又是网络营销成功的根本所在。网络营销的显著特点在于虚拟性，可以在未见其人、未闻其声、未知其真实状况下进行交易。因此，在网络中要客观地、事实求实地反映自身产品的特点、优势，才能以诚留客。

2. 公平

公平是法律的基本原则，在网络营销中也同样适用。网络世界给了我们较大的言论自由，但绝不意味着你就可以在网上肆无忌惮、为所欲为。在网络中，机会对于每一个人、每一家企业都是均等的、公平的。

3. 自律

在网络营销过程中，我们一定要经得起一切考验，不能受利益的蒙蔽和驱使，不能做违法的事，要严于律己，共同维护好网络环境。

（二）网络营销礼仪

网络营销具有成本低、环节少、方式新、国际性、全天候性等特点，这就使得目前好多金融企业把网络营销作为良好的宣传媒体和营销渠道。网络营销必须遵循其礼仪要求。

1. 信息要真实

互联网的宣传面相当广泛，每天要有许多人去阅读相关的信息，企业要想提高其在消费者中的知名度，就必须客观地反映自己产品的特点，注意所提供信息的真实性。

2. 主题要明确

互联网的作用主要在于信息的提供，除了充分显示产品的性能、特点等内容外，更重要的是对个别需求进行一对一的营销服务。同时，有需求的客户也可以准确地选择自己要找的信息。

3. 语言要准确

网上公布的信息要便于阅读，语言就必须流畅、精确无误。

4. 内容要简洁

消费者在网上的注意力很容易分散，所以网上的内容应当简明、扼要。

5. 承诺要兑现

目前，金融机构已普遍进入信息网络，客户可以通过金融机构采取更加灵活的付款方式，这就需要我们提供优质的网上服务，兑现承诺。

6. 正确引用其他信息

在网络上转载、复制、引用有版权的文字及图片时，要与版权拥有者联系，在征得对方同意后方可使用；不要随意散发不属于自己的信息；不要任意链接他人站点的内容。

（三）网络广告宣传礼仪

金融广告旨在巩固现有客户和诱使潜在客户意识到金融企业提供的某种服务将有助于达到他所期望的目标。其主要目标是让公众熟悉企业，同时向公众宣传企业所提供的产品和服务。

由于金融行业所提供的产品大多属于服务性产品，具有无形性等特点，又由于金融行业所提供的产品类似程度很高，客户从金融业那里希望得到的不仅是忠告，而且还有安全和理解，因此金融行业广告促销的重点要放在激发顾客的欲望，使之愿意与企业打交道上；要注重宣传企业的信誉，以实例来赢得客户的信赖；可以重点宣传本企业的新产品和新服务，以此来突出本企业的特点和优势；强调企业的形象，以赢得更高的信誉。为此金融行业的网络广告宣传要把握以下几个要点：

1. 要以情感人

广告宣传虽然是对自己企业及产品的一个宣传和促销，但广告语的运用只有从公众的立场出发，体现出对公众的关心、体贴和责任心，以情感人，才能被消费者所接受。

2. 要诚信

金融行业所提出的允诺应当务实，不应提出让顾客产生过度期望而企业无力达到的允诺。金融行业只有实现广告中的诺言，才能取信于顾客。

3. 广告语要凝练

广告语言尽可能用简洁、凝练、生动、适合目标公众的语言习惯，在最短的时间内给公众以艺术享受。

注意运用简明精练的言辞、图像，贴切地把握金融产品内涵的丰富性和多样性。

4. 形式与意图相协调

要注意表现形式和媒体是否与广告意图相协调，如版面设计是否合理，广告媒体选择是否恰当等。

5. 要强调利益

能引起注意的有影响力的广告，应当强调顾客购买、使用产品所得到的利益而不是强调一些技术性细节。广告中所使用的利益诉求，必须建立在充分、明确了解顾客需要的基础上，以确保广告的最大有利影响效果。

6. 要提供有形的线索

金融产品广告应尽可能地使用有形线索（如展示本单位的员工，展示提供服务的场所、设备设施等）作为提示，尽量结合一些可触知的物体来表现金融产品的无形特征，增强促销的效果。

同 步思考8-3

情境导入： 目前各投资银行因为看到同行的理财产品提高了预期收益率，也不得不修改原定的预期收益率，以争抢客户。多家银行的营业厅宣传广告上都是收益率颇为吸引人的理财产品。银行的理财产品宣传广告上常常会忽视风险提示，只字未提潜在风险。此外，有的银行理财产品说明书使用专业难懂的词句，投资者无法完全理解等，使得很多投资者被银行广告宣传所迷惑，给投资者造成不少经济损失。

问题： 根据网络广告宣传礼仪的要点，针对实训案例中各投资银行的理财产品广告宣传的做法，请谈谈你的看法。

分析提示： 网络营销等商业行为必须遵守网络营销规范才能获得人们的信任，从而达到营销和宣传目的。金融企业在网络营销中应时刻注意网络营销的基本原则、网络营销礼仪以及金融行业的金融广告宣传的礼仪规范。

小 常识

资料

全国青少年网络文明公约

要善于上网学习，不浏览不良信息。

要诚实友好交流，不侮辱欺诈他人。

要增强自护意识，不随意约会网友。

要维护网络安全，不破坏网络秩序。

要寓意身心健康，不沉溺虚拟时空。

活 动设计 8-2　模拟操作

课程实训

拜访礼仪规范

——金融行业人员营销礼仪规范练习

以班级为单位，分小组练习金融行业工作人员营销礼仪规范。通过实训活动，让大家对金融行业人员营销礼仪有一个深刻认识，并加以运用。

目标： 通过实训活动，使每位同学能掌握金融行业人员营销礼仪。

任务： 以班级为单位，分小组练习。根据金融行业工作人员营销礼仪要求进行。

要求：

（1）仪容礼仪，做到清洁、整齐、大方。

（2）交谈礼仪，做到事先有约，做好准备，遵守时约，上门有礼。

（3）拜访礼仪，做到使用敬语，真诚微笑，言语规范，注意聆听等。

（4）握手礼仪，要主动热情、自然大方、面带微笑等。

（5）自我检查与小组成员相互观摩结合，教师最后加以点评和提出改进意见。

知 识巩固 ‹‹‹‹‹‹‹‹‹‹‹‹‹‹‹‹‹‹‹‹‹‹‹‹‹‹‹‹‹‹‹‹‹‹‹‹‹‹‹

一、单选题

1. 金融营销是指金融行业以（　　　）为核心。

　　A. 市场需求　　　　　B. 客户需求

　　C. 企业需求

习题库

2. 营销员必备的心理素质是（　　　　）。

  A. 勤奋　　　　　　　　B. 自信

  C. 自律　　　　　　　　D. 高傲

3. 金融产品的营销方式主要是（　　　　）。

  A. 开网店　　　　　　　B. 电话营销

  C. 开实体店

4. 金融营销人员在拜访单位或个人时，应该做到（　　　　）。

  A. 事先有约　　　　　　B. 事先无约

  C. 随时前往　　　　　　D. 不遵守时间

5. 以下属于金融行业的网络广告宣传要把握的要点是（　　　　）。

  A. 大胆　　　　　　　　B. 诚信

  C. 美观　　　　　　　　D. 突出主题

二、多选题

1. 为了实现营销目的，金融行业在其经营过程中所采取的营销行为可以是多种多样的，一般可以概括为（　　　　　　）。

  A. 产品　　　　　　　　B. 价格

  C. 渠道　　　　　　　　D. 促销

2. 金融产品的特征包括（　　　　　　）。

  A. 无形性

  B. 不可分割性

  C. 易被仿效性和价格的一致性

  D. 网络性

3. 金融营销礼仪的基本要求包括（　　　　　　）。

  A. 以盈利为目的　　　　B. 以尊重为前提

  C. 勤奋刻苦　　　　　　D. 积极的工作态度

4. 电话预约的要领是（　　　　　　）。

  A. 以客户的时间为基准

  B. 力求谈话简洁，抓住要点

  C. 考虑到交谈对方的立场

  D. 使对方感到有被尊重、被重视

5. 网络营销的基本原则有（　　　　　　）。

  A. 真诚　　　　　　　　B. 公平

  C. 自律　　　　　　　　D. 超前

三、简答题

1. 开展金融营销有何意义？

2. 金融营销礼仪的基本要求有哪些？

3. 结合营销礼仪的要求，探讨进行电话营销时应注意的问题。

4. 网络营销礼仪的基本原则是什么？

5. 金融产品的基本特性主要包括哪几个方面？

专业能力训练

实训题

以小组为单位，去一家商业银行，在大厅进行接待咨询工作。

目标：通过接待来银行办理业务的客户，掌握营销礼仪规范。

综合实训

任务：按照银行的要求为前来办理业务的客户进行引导，帮助客户顺利办理业务。工作过程中时刻注意营销礼仪的应用。

要求：

（1）熟悉银行业务的工作流程，掌握银行礼仪的工作技巧。

（2）每位同学上交一份实训报告，写出实训期间的心得体会。

（3）自我检查与小组成员之间互相讨论，教师最后加以点评并提出改进意见。

专业能力考核（自评）

一、专业能力自评

专业能力自评表

	能/否	任务名称
通过学习本章，你		掌握金融营销礼仪的基本要求
		掌握金融行业工作人员各类营销礼仪规范
通过学习本章，你还		

注："能/否"栏填"能"或"否"。

二、核心能力自评

核心能力自评表

	核心能力	是否提高
通过学习本章，你的	电话营销能力	
	口头表达能力	
	书面表达能力	
	与人沟通能力	
	解决问题能力	
	团队合作精神	
通过学习本章，你的		
自评人（签名）： 年 月 日		教师（签名）： 年 月 日

注："是否提高"一栏可填写"明显提高""有所提高""没有提高"。

【关键职业概念】

1. 具有金融行业工作人员涉外服务意识和涉外交际能力。

2. 具备金融行业工作人员涉外交际中的规范礼仪。

3. 能够在涉外交往中自觉地遵守国际惯例。

【学习目标】

通过本章学习，应达到以下目标：

● 知识目标：

1. 了解金融行业外事迎送礼仪规范。

2. 了解金融行业涉外服务中的会面会谈礼仪与出行礼仪规范。

3. 重视并了解国际惯例。

● 技能目标：

1. 能根据金融行业涉外礼仪要求进行外事会面会谈接待。

2. 能根据金融行业的相关涉外礼仪知识开展涉外金融服务。

3. 在涉外交往中自觉地遵守国际惯例。

【内容结构】

```
                                                      ┌─ 金融服务中外宾的接待
                              ┌─ 涉外金融服务基本礼仪 ─┤   礼仪规范
                              │                       └─ 掌握涉外金融礼宾次序
金融行业涉外服务礼仪 ─────────┤                           礼仪规范
                              │                       ┌─ 学习涉外金融服务的
                              └─ 涉外金融服务礼仪通则 ─┤   基本原则
                                                      └─ 熟悉主要金融往来国家、
                                                          地区的涉外服务习俗与禁忌
```

【学习内容】

引例

总统的脱帽礼

在《林肯传》中有这样一件事：一天，林肯总统与一位南方的绅士乘坐马车外出，途遇一老年黑人向他鞠躬。林肯点头微笑并摘帽还礼。同行的绅士问道："为什么你要向他摘帽？"林肯沉稳地说："因为我不愿意在礼貌上不如任何人。"可见林肯深受美国人民的热爱是有其原因的。美国曾举行民间测验，要求人们在美国历届总统中挑选一位"最佳总统"时，名列前茅的就是林肯。

问题：在那个有着排外、种族歧视的年代，总统林肯向老年黑人脱帽还礼说明了什么？

分析提示：林肯贵为一国总统，对"下等人"都非常有礼貌，所以任何人不论身份高低贵贱，都要尊重交往对象，在尊重别人的同时也体现了自身文化素质与修养。要想得到别人的尊重，首先要尊重他人。

第一节　涉外金融服务基本礼仪

君子敬而无失，与人恭而有礼，四海之内，皆兄弟也。
——孔子

礼仪的英文是"Etiquette"，其词源来自法文。早期欧洲的贵族们把家族的规则和礼仪要求写在告示牌上，并张挂在他们居住的城堡庭院外，以便宾客注意和遵守。这种告示牌就叫"Etiquette"。《美国传统词典》对礼仪的定义是：由社会习俗或者权威者确定的实践与形式。《韦氏大学词典》的定义是：礼仪是由好的家教或者权威当局认定应该在社会或官方生活中遵守的行为或者程序。

在沟通和交往日益频繁的现代社会中，说服和理解越发重要，作为"第一印象"的礼仪在涉外金融服务中就更是不可或缺。中国经济的繁荣吸引了很多外国投资商来中国投资，在涉外交往活动中遵守国际礼仪，讲究尊卑安排是对交往对象敬重、友好的一种具体体现。

涉外礼仪，又称国际礼仪是涉外交际礼仪的简称，是中国人在长期的国际往来和对外交际中逐步形成的外事礼仪规范，是用以维护自身形象、对交往对象表示尊敬与友好的约定俗成的习惯做法。金融行业工作过程中也会有很多涉外交际和涉外活动，把握好涉外金融礼仪尺度，对于涉外交际的中国人具有指导意义。

（1）尊重交往对象。强调交往中的规范性、对象性、技巧性。在对外交往中不要涉及自身或对方的收入、年龄、婚姻、健康、家庭住址、个人经历、信仰、政见等敏感类话题。

（2）体现自身文化素质与修养。礼仪修养，不仅是人们必备的基本素质，而且是社会交往、商务活动和其他各项事业成功的一个重要条件。在涉外交往中，要意识到自己代表的是自己的国家、民族、所在单位的形象。

（3）展现中国礼仪之邦并促进中外文化交流。中华民族素有礼仪之邦的美誉，礼仪在中华文化的历史演进过程中，起着积极的推动作用。

一、了解涉外金融服务中柜台接待外宾的礼仪规范

同步案例9-1

失败的接待

某银行陈经理一次接待一位重要的外国客户，因为堵车比约定的时间晚到20分钟。见面时自我介绍之后准备递上名片，发现名片用完了，于是尴尬地跟顾客解释："不好意思，名片刚用完，我姓陈，您叫我小陈就好了。"待客户在会客室坐好后，陈经理用左手给顾客递送了业务资料和茶水。这时刚好手机响起，为了不影响顾客阅读文件，于是陈经理躲到桌子下面非常小声地接听电话。

问题：请问陈经理在进行涉外接待的时候有哪些不得体的地方？

分析提示：在接待外宾的过程中，涉外接待礼仪是一项非常重要的工作，就因为这位陈经理在接待外宾时的表现，那家银行失去了这位重要的客户。

这是一个两分钟的世界，你只有一分钟展示给人们你是谁，另一分钟让他们喜欢你。

——英国著名形象设计师罗伯特·庞德

随着国际交往的不断深入，来自不同国家或文化背景的人们进行的交流不断增多，金融行业为外国人提供服务的情况越来越多，这种跨文化交际逐渐成为人们生活中不可或缺的内容。不同的民族和国家的人们有着各具特色的文化，那么在金融服务过程中，怎样才能更好地进行涉外交际服务？怎样才能得到顾客的信任呢？因此，各家金融业千方百计在服务上下工夫，"微笑服务""站立服务""规范化服务"……服务方式层出不穷，真正做到面对客户，"我要微笑""站立服务""一切为客户服务"。而文明优质服务并不是一张笑脸，一声"您好"所能包容的。

在涉外金融服务中，迎来送往是项常见的社交礼节，也是重要的日常性工作，迎送事关第一印象与收尾工程，遵守迎送礼仪，搞好外宾的接待与迎送工作，直接关系到金融工作的成败，接待与迎送礼仪是金融涉外服务的基本礼仪。

（一）涉外金融迎送礼仪

古语有云"有朋自远方来，不亦乐乎"，就是在强调往来中礼仪应用的重要性。迎来送往历来是人们社会交际当中的重要环节，是常见的社交活动。迎来和送往也是金融行业整个外事接待过程中最重要的两个环节。迎来是金融接待工作的开始，是给外宾留下良好第一印象的关键；送往则意味着访问活动的结束，是整个接待工作的最后一环。

1. 涉外金融接待前的准备

对于大多数的日常金融活动而言，迎送礼仪中最重要的问题是确定迎送规格。外宾的接待工作，可谓千头万绪、环环相扣，因此应对每个环节进行认真准备，以求有备而行。这是做好接待工作的基础。

（1）了解外宾的基本情况。外宾到达之前或进行金融服务之前，先了解来宾达到日期和具体时间、来宾人数、姓名、性别、职业或职务、所乘交通工具，并确认是否需要安排食宿。其次了解来宾的来访意图、要求、目的，确认在接待期间，我们需要为他提供哪些帮助。

（2）根据不同国家来宾准备好相应的接待所需物品，例如准备相应的金融资料，办理业务的手续文本等。

（3）重视并规范外宾的接待工作。根据来访的目的、任务和行程，准备好相关资料及场地，安排布置会议室、欢迎标语、领导欢迎词、介绍资料等。准备有纪念意义或有特色的礼品，这对接待重要宾客尤为重要。

（4）了解来访者的文化程度、宗教信仰、生活习惯、饮食爱好和禁忌以及基本的服务用语。

2. 涉外接待的礼仪规范

（1）恭迎来宾。在外宾接待中遵守迎宾礼仪。

（2）接待形式。确定迎接、宴请、会谈、参观、游览和送行等事宜。

（3）接待来宾时，会遇到握手、打招呼、交谈、入座、上茶等事项。在这些小的方面，要注意礼宾顺序，按照其重要程度从主到次排序。

（4）注意接待与被接待双方身份对等，主客身份不能相差太大。尽量避免接待方身份低于被接待方的失礼行为。因此，首先应根据来宾的身份及实际需要来确定迎送人员。如遇特殊情况，迎送人员身份不能与来宾完全对等的时候，也可灵活变通，可安排职位相当的人或由副职出面负责迎送。

3. 涉外金融接待的语言规范

银行是服务用语用得比较多的服务业单位，在柜台服务中，接待外国客人，要强调接待三声："来有迎声，问有答声，去有送声"，常用以下柜台接待用语：

（1）对象（What）——什么事情。

（2）场所（Where）——什么地点。

（3）时间和程序（When）——什么时候。

（4）人员（Who）——谁。

（5）为什么（Why）——原因。

（6）方式（How）——如何。

4. 涉外金融礼仪之谈话技巧

（1）谈话时表情自然，语言得体，可适当做些手势，不要手舞足蹈，不要用手指向他人，使用右手进行服务。

（2）不要询问外宾的收入、家庭财产、账户密码等私人问题。

（3）见到外宾进入应主动上前询问，例如："你好，我是××银行大堂经理，请问有什么可以帮您？"

（4）尊重别人的讲话，别人发言时尽量不要打断，需要发言可以等别人讲完再说。

接待外宾是一项重要的工作，接待人员要严格要求自己，严谨对待。在接待过程中应热情周到、谨言慎行，不掺入任何个人的兴趣和感情，尽可能避免发表不必要的个人意见。对对方可能提出的问题，要事先做必要的准备。严守国家机密，不在外宾面前谈内部问题。

（二）涉外金融会见、会谈与签字仪式的礼仪规范

同 步案例9-2

得体的外交

某银行行长是位非常敬业也十分注重礼节的人。他在生病期间也坚持工作。在一次涉外金融会见活动中，他病得连脚板也肿起来，原来的皮鞋、布鞋

总要留有余地，顾及对方的面子，所谓成功的谈判应该是双方愉快地离开。

——梅茨

都不能穿，只能穿着拖鞋走路。身边的员工非常关心他，让他穿着棉拖鞋参加外事活动，认为外宾是能够理解的。然而他慈祥又严肃地说："不行，穿棉鞋会见外宾是不得体的，我们要讲礼仪嘛！"于是，他特意买了一双加大版的皮鞋用来参加外事活动。

问题：为何在特殊情况下还如此重视涉外接待？

分析提示：因为他知道他代表的是中国国家或金融行业的形象。

1. 涉外金融会见、会谈、签约的概念

会见，国际上一般称接见或拜会。凡身份高的人士会见身份低的，或是主人会见客人，称为接见或召见；凡身份低的人士会见身份高的，或是客人会见主人，称为拜会或拜见。中国统称为会见。接见和拜会后的回访，称回拜。

会见可分为礼节性的、政治性的和事务性的，或兼而有之。一般说来，礼节性拜会，身份低者拜见身份高者，来访者拜见东道主。拜会的时间不要太长，半小时左右即可告辞，除非主人特意挽留。

会谈内容较为正式，政治性或专业性较强，既可以就某些重大的政治、经济、文化、军事问题以及其他共同关心的问题交换意见，也可洽谈公务或就具体业务进行谈判。

2. 涉外金融会见、会谈的准备工作

（1）提出会见、会谈要求，并将要求会见、会谈人的姓名、职务、会见什么人、与什么人会谈，以及会见、会谈的目的告知对方。同时要主动了解对方的具体安排（人员、时间、地点），并通知出席人员。

（2）选择场地、布置会场。通常安排在重要建筑物的宽敞会客厅（室）内进行，抑或在宾客下榻的宾馆的会客室内进行。

（3）准确掌握会见、会谈的时间、地点和双方参加人员名称。

（4）得体的座次排列。会见的座位安排有多种形式，有分宾主各坐一方的，有宾主穿插坐在一起的。通常这样安排：主宾、主人席安排在面对正门位置，客人座位在主人右侧，其他客人按礼宾顺序在主宾一侧就座，主方陪见人在主人一侧按身份高低就座。译员、记录员通常安排在主宾和主人的后面。适用于会场的座次安排主要包括以下几种：

① 相对式。双边会谈时，宾主相对而坐，以正门为准，主人占背门一侧，客人面向正门。主谈人居中。我国习惯把译员安排在主谈人右侧，但有的国家亦让译员坐在后面，一般应尊重主人的安排。其他人按礼宾顺序左右排列。记录员可安排在后面，如参加会谈人数少，也可安排在会谈桌就座。如图9-1所示。

图9-1

② 并列式。并列式排座，即主客双方并排就座，以暗示主客双方"平起平坐"，多适用于礼节性会晤。如图9-2所示。

图9-2

③ 主席式。如图9-3所示。

图9-3

④ 自由式。如图9-4所示。

图9-4

⑤ 小范围的会谈，也有不用长桌，只设沙发，双方座位按会见座位安排。如图9-5所示。

图9-5

（5）拟订文本。

（6）合影准备。如有合影，事先准备好合影背景。

（7）饮品准备（茶水、咖啡或冷饮）。

3. 涉外金融会见、会谈的进行程序

（1）主人在大楼正门或会客厅门口迎接客人（如果主人在会客厅门口迎候，则应由工作人员在大楼门口迎接，引入会客厅）。

（2）会面介绍，宾主握手。介绍时，应先将主人向客人介绍，随后将客人向主人介绍。如客人是贵宾（国家元首），或大家都熟悉的知名人物，就只将主人向客人介绍。介绍主人时要把姓名、职务说清楚。介绍到具体人时，被介绍的人应有礼貌地以手示意。

（3）合影留念。

（4）入座、会见、会谈。

（5）记者采访（在正式谈话开始前采访几分钟，然后离开）。

（6）会见、会谈结束，主人送客人至车前或门口握手告别，目送客人返去后再退回室内。

4. 涉外金融签约礼仪

签约，即合同的签署。它在国际金融商务交往中，标志着有关各方的相互关系取得了更大的进展，双方为消除彼此之间的误会或抵触而达成了一致性见解的重大成果。

涉外签约仪式礼仪

为了体现涉外双方合作的严肃性，在签署合同时，最好郑重其事地举行签约仪式。签约仪式是签署合同的高潮，它的时间不长，但程序却最为规范，气氛最为庄严、隆重而热烈。

（1）签约前的准备。

① 提前准备合同范本。

② 安排好签约地点。

③ 通知参加签约仪式人员。

（2）签约的礼仪规范。

① 签约人服饰要适宜。

② 严格遵守签约程序。签署双边性合同时，应请客方签字人在签字桌右侧就座，主方签字人则应同时就座于签字桌左侧。

签约仪式

③ 签约仪式的其他注意事项。签约仪式摆位如图9-6所示。签约开始后，首先，签字人正式签署合同，双方随行人员鼓掌祝贺；其次，双方签字人交换已签

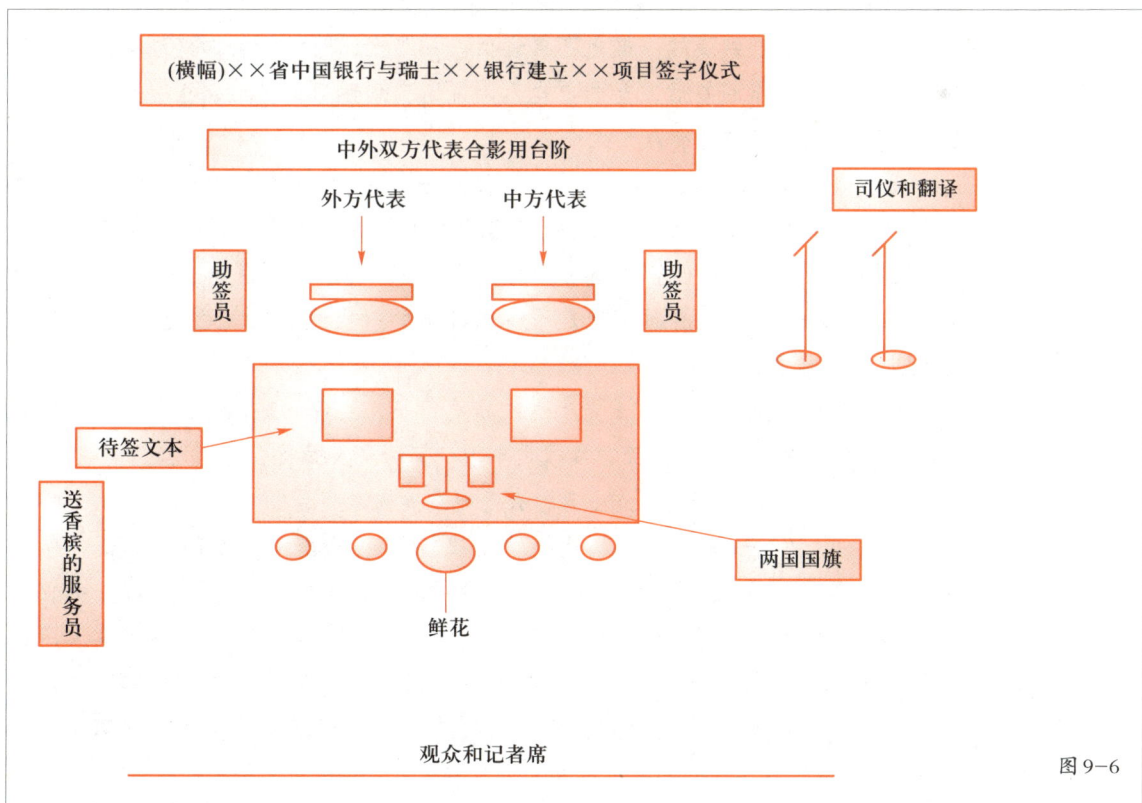

图9-6

署的合同文本，并握手合影留念；再次，双方在准备好的酒桌前开启香槟酒，饮酒祝贺；最后，将已签署的合同提交公证部门或人员进行公证。

二、掌握涉外金融服务中礼宾次序的礼仪规范

同 步案例9-3

王先生为什么没能被提拔？

某银行的王先生年轻、肯干，点子又多，很快引起了部门经理的注意并拟提拔为营销部经理。为了慎重起见，部门经理决定再进行一次考查，恰巧行长要去外省参加一个会议，需要带两名助手，经理选择了公关部小张和王先生。王先生同样也看重这次机会，想寻机表现一下。

出发前，由于司机小李先行出发安排一些事务，尚未回来，所以，他们临时改为搭乘行长驾驶的轿车一同前往。上车时，王先生很麻利地打开了前车门，坐在驾车的行长旁边的位置上，行长看了他一眼，但王先生并没有在意。

车上路后，行长驾车很少说话，经理好像也没有兴致，似在闭目养神。为活跃气氛，王先生寻一个话题："行长驾车的技术不错，有机会也教教我们，如果都自己会开车，办事效率肯定会更高。"行长专注地开车，不置可否，其他人均无应和，王先生感到没趣，便也不再说话。一路上，除了行长向经理询问了几件事，经理简单地作回答后，车内再也无人说话。到达目的地后，王先生悄悄问小张：行长和经理好像都有点不太高兴？

会后返程，车子改由司机小李驾驶，小张由于还有些事要处理，需多住一天，同车返回的还是四人。王先生想这次不能再犯类似的错误了。于是，他打开前车门，请经理上车，经理坚持要与行长一起坐在后排，王先生诚恳地说："经理您如果不坐前面，就是不肯原谅来的时候我的失礼之处。"并坚持让经理坐在前排才肯上车。

回到单位，同事们知道王先生这次是同行长、经理一道出差，猜测着肯定提拔他，都纷纷向他祝贺，然而，提拔之事却一直没有人提及。

问题：被同事看好的王先生为什么没能被提拔？

分析提示：王先生之所以没能被提拔就是犯了礼宾次序问题的错。所谓涉外金融礼宾次序是指国际交往中对出席活动的国家、团体、各国人士的位次按某些规则和惯例进行排列的先后次序。礼宾次序体现东道主对各国宾客所给予的礼遇，在一些国际性的集会上则表示各国主权平等的地位。礼宾次序安排不当或不符合国际惯例，则会引起不必要的争执和交涉，甚至影响国家关系。

（一）涉外金融礼宾次序的排列依据

金融礼宾次序安排是一种无声的语言，随时随地体现尊卑。

礼宾次序范围非常广泛，几乎涉及了生活与金融活动的方方面面，包括迎送、行走、会谈、乘车、宴请、照相、旗帜悬挂等。

礼宾次序的安排，国际上通常有三种方法。一是按身份与职务的高低排列，主要以各国提供的正式名单或正式通知作为确定职务的依据。二是按字母顺序排列。这种排列方法多见于国际会议、体育比赛等。三是按通知代表团组成的日期先后排列。东道国对同等身份的外国代表团，按派遣国通知代表团组成的日期排列，或按代表团抵达活动地点的时间先后排列，或按派遣国决定应邀派遣代表团参加活动的答复时间先后排列。

（二）涉外金融礼宾次序排列应注意的问题

在实际操作时，礼宾次序是一个政策性较强、较敏感的问题。若礼宾次序不符合国际惯例及安排不当，就会引起不必要的误解，甚至损害到两国之间的关系。

（1）席位安排的忌讳。安排宴会的席位时，有些国家忌讳以背向人，特别是安排长桌席位时，主宾席背向群众的一边和正面第一排桌背后主宾的座位，均不宜安排坐人。许多国家，陪同人员和译员一般不上席，为便于交谈，译员坐在主人和主宾的背后。

（2）外事、礼宾部门的指导。为了做到礼宾次序排列的准确无误，重大的、涉外的礼宾次序一定要在外事、礼宾部门的指导下，慎重地、细致地加以安排。

（3）努力做好善后工作。如果由于安排、考虑不周或其他原因而引起礼宾礼序上的风波，组织单位、部门和主管人员一定要努力做好善后工作。主人应作解释，尽量缓解"一人向隅，举桌不欢"的气氛，并使这种情形的影响减少到最小范围和最低程度。

总之，在外事交往工作中，外事接待人员和其他有关成员必须了解礼仪、礼宾方面的基本知识与社交规范、礼节及仪式，遵循外事工作基本原则，掌握和学会礼宾次序的基本要求，以更好地为对外交往做出努力与贡献。

（三）国旗的悬挂方式

在两国或多国的会议、活动中，布置各国国旗是必不可少的事务。国旗代表着各国家的尊严，如果悬挂不当，就会引来相应国家的不满，甚至影响会议或活动的正常开展。国旗的悬挂方式有很多种，国际惯例中国旗的悬挂方式有以下几种：

（1）两国国旗并挂。如图9-7所示。

图9-7

（2）三面以上国旗并列。如图9-8所示。

图9-8

（3）多面国旗并挂，主方在最后，如属国际会议，无主客之分，则按规定的礼宾顺序排列。如图9-9所示。

图9-9

（4）交叉悬挂。如图9-10所示。

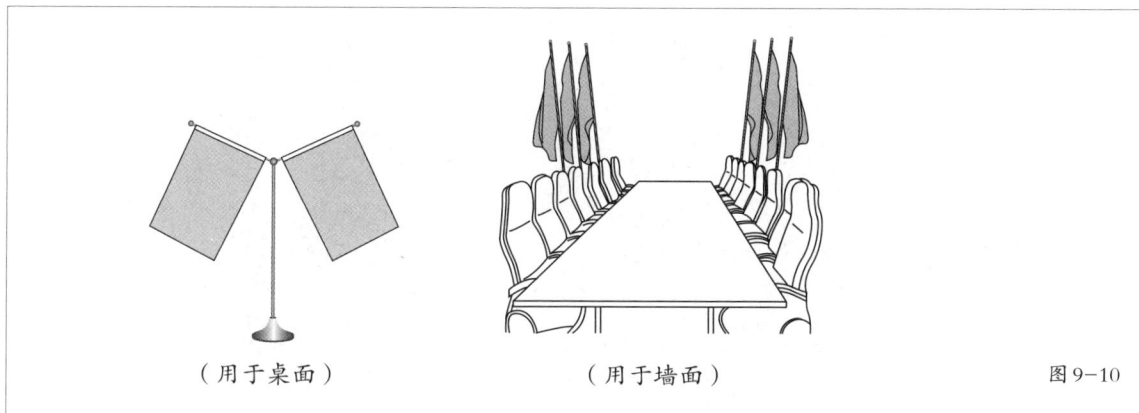

（用于桌面）　　　　　　　（用于墙面）　　　　　　　图9-10

（5）竖挂（双方均为正面）。如图9-11所示。

图9-11

（四）外事接待的礼宾次序

1. 行进中的次序

（1）出入电梯。出入无人值守的电梯，陪同者应先进后出；出入有人值守的电梯，陪同者应后进后出。

（2）出入房门。出入房门时，若无特殊原因，位高者先出入房门；若有特殊情况，如室内无灯而暗，陪同者宜先入。

（3）上下楼梯。一般而言，上楼下楼宜单行行进，以前方为上。男女同行时，尤其当女士穿着短裙时，上下楼宜令女士居后。陪同者引导客人上楼时应行在后，下楼时应行在前。如图9-12所示。

2. 乘坐轿车的位次排列

座位的尊卑，依每排右侧往左侧递减。

（1）公务乘车，上座为后排右座。如图9-13所示。

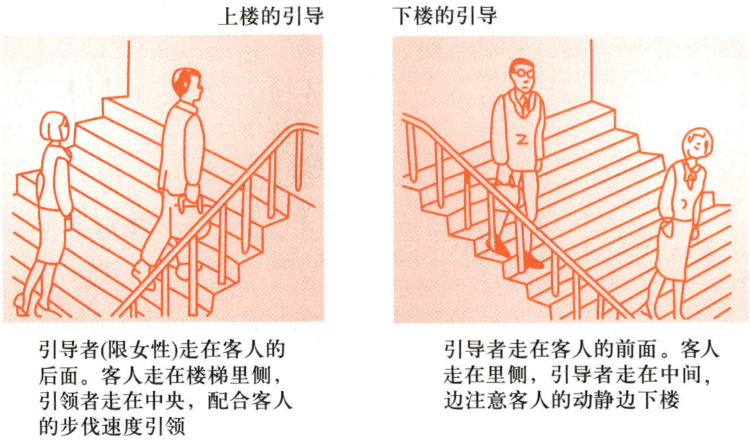

图 9-12

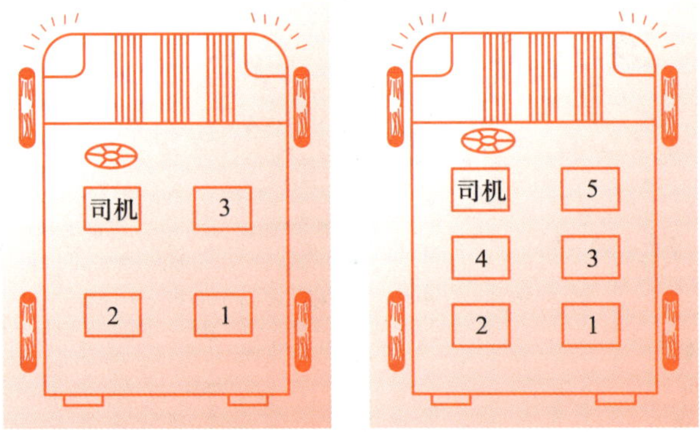

上楼的引导　　　　下楼的引导

引导者(限女性)走在客人的后面。客人走在楼梯里侧，引领者走在中央，配合客人的步伐速度引领

引导者走在客人的前面。客人走在里侧，引导者走在中间，边注意客人的动静边下楼

图 9-13

| 司机 | 3 |
| 2 | 1 |

司机	5
4	3
2	1

（2）主人开车，上座为副驾驶座。如图9-14所示。

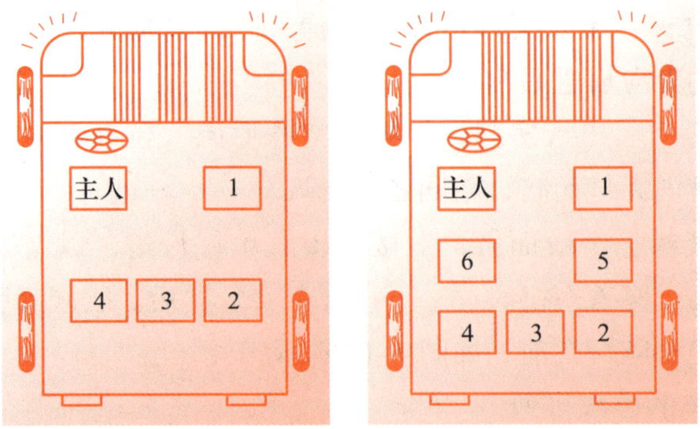

图 9-14

| 主人 | 1 |
| 4 | 3 | 2 |

主人	1
6	5
4	3	2

（3）重要客人。接待高级领导、高级将领、重要企业家时，轿车的上座是司机后面的座位。

（4）上下顺序。上下轿车的先后顺序通常为：尊长、来宾先上后下，秘书或其他陪同人员后上先下。即请尊长、来宾从右侧车门先上，秘书再从车后绕到左侧车门上车。下车时，秘书人员应先下，并协助尊长、来宾开启车门。

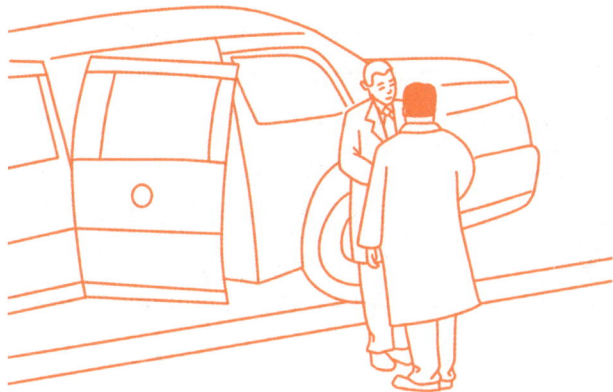

活动设计9-1　模拟操作

涉外金融服务基本礼仪——涉外金融接待

课程实训

以班级为单位，分小组练习金融行业工作人员应有的涉外金融服务基本礼仪。通过实训活动，让大家对金融行业应有的涉外金融接待礼仪有一个深刻认识，并加以运用。

目标：通过实训活动，能根据金融行业涉外礼仪要求进行外事会面会谈接待。帮助学生巩固所学理论知识，加强对所学知识的综合运用。掌握规范的涉外商务礼仪，增长涉外商务接待知识，培养学生的团队合作精神。

任务：以班级为单位，分小组练习。根据金融行业岗位工作人员涉外接待礼仪要求进行。

要求：

（1）制定接待方案。

（2）接待准备工作。

（3）相关人员、乘车安排。

活 动设计9-2　模拟操作

涉外金融服务基本礼仪——涉外金融会议与仪式

课程实训

以班级为单位，分小组练习金融行业工作人员应有的涉外金融服务基本礼仪。通过实训活动，让大家对金融行业应有的涉外金融接待礼仪有一个深刻认识，并加以运用。

目标：通过实训活动，能根据金融行业涉外礼仪要求进行外事会面会谈接待。帮助学生巩固所学理论知识，加强对所学知识的综合运用。掌握规范的涉外商务礼仪，增长涉外商务接待知识，培养学生的团队合作精神。

任务：以班级为单位，分小组（每组5～6人），进行针对涉外金融会议与仪式为主体的模拟实训活动，内容可包含：涉外金融签字仪式、银行交接仪式、金融活动庆典仪式、银行开业仪式、剪彩仪式、涉外洽谈、涉外新闻发布、涉外会展等仪式，要求在模拟的涉外金融商务活动过程中表现所学礼仪知识。

要求：

（1）制定金融会议仪式方案。

（2）活动宣传。

（3）活动准备。

（4）人员介绍。

（5）剪彩。

（6）合影。

（7）结束。

第二节　涉外金融服务礼仪通则

同 步案例9-4

热情的握手礼

案例
热情的握手礼

某银行客户经理小张（男性）在接待两位英国女士时，非常热情地跟对方打招呼，并主动伸出右手跟客人握手。被接待的女士一位不情愿地伸出右手回握，另外一位拒绝了小张的热情。

问题：小张为什么会被拒绝？什么地方做得不对？

分析提示：女式优先原则。

一、涉外金融服务礼仪的基本原则

尊重上级是一种天职，尊重同事是一种本分，尊重下级是一种美德，尊重客户是一种常识，尊重所有人是一种教养。涉外交往礼仪的基本原则如下：

（一）维护国家形象

涉外金融交往活动时，应时刻意识到在外国人眼里，自己是国家、民族、单位组织的代表，自己的言行应当规范得体，堂堂正正。在外国人面前，既不应该表现得畏惧自卑、低三下四，也不应该表现得狂傲自大、放肆嚣张。

（二）信守约定原则

当前，在国际交往活动中，人们将尊重对方，即将对交往对象的重视、恭敬、友好作为涉外礼仪的核心。在一切金融交往中，都必须认真而严格地遵守自己的所有承诺，说话务必要算数，许诺一定要兑现。

同　步案例9-5

泰国银行的招标

泰国某银行为泰国一项金融工程向美国金融公司招标。经过筛选，最后剩下4家候选公司。泰国方派遣代表团到美国亲自去各家公司商谈。代表团到达芝加哥时，那家工程公司由于忙乱中出了差错，又没有仔细了解飞机到达时间，未去机场迎接泰国客人。泰国代表团尽管初来乍到，不熟悉芝加哥，还是自己找到了芝加哥商业中心的一家旅馆。他们打电话给那位局促不安的美国经理，在听了他的道歉后，泰国人同意在第二天11时在经理办公室会面。第二天美国经理按时到达办公室等候，直到下午三四点才接到客人的电话说："我们一直在旅馆等候，始终没有人前来接我们，我们对这样的接待实在不习惯，我们已订了下午的机票飞赴下一目的地，再见吧！"

问题：请分析该工程公司招标项目失败的原因。

分析提示：国与国之间，民族与民族之间有着不同的文化和礼仪习俗。在涉外交往中，对于来宾的接待工作乃是重中之重，必须了解和尊重对方所独有的习俗。美国这家公司工作不够仔细，也没有充分了解交往对象泰国人相关的风俗习惯，以至于泰国某银行人员不能适应，从而使合作之事不了了之。

（三）女士优先原则

在涉外金融社交场合中，男士要照顾、礼让女士，遵循"尊重妇女、女士优先"原则。

（四）尊重原则

为了保证涉外交往的顺利进行，交往人必须尊重和践行不同国家的人民在长期涉外交往过程中形成的规范和准则。对于国际公认的准则、原则与惯例，任何涉外交往的人士都有尊重与遵守的必要，这既是对对方的尊重，也是对自己的保护，更是使得交往成本最低化、交往效益最大化的一个聪明做法。

（五）不卑不亢原则

涉外金融交往是面对全球的跨文化活动，是一种双向互动交流活动。中国传统文化形成的热情好客、宾至如归以及谦逊等美德，在国际交往待人接物中必须有所适"度"。

（六）入乡随俗原则

"十里不同风，百里不同俗"在涉外金融交往中，要真正做到尊重交往对象，就必须了解和尊重对方所独有的风俗习惯。首先，充分地了解与交往对象相关的习俗，即在衣食住行、言谈举止、待人接物等方面所特有的讲究与禁忌。其次，必须充分尊重交往对象所特有的种种习俗，既不能少见多怪，妄加非议，也不能以我为尊，我行我素。

（七）爱护环境原则

不可毁损自然环境；不可虐待动物；不可损坏公物；不可乱堆、乱挂私人物品；不可乱扔、乱丢废弃物品；不可随地吐痰；不可随意吸烟；不可任意制造噪声。

（八）不宜先为原则

在涉外交往中，面对自己一时难以应付、举棋不定，或者不知道到底怎样做才好的情况时，如果有可能，最明智的做法是尽量不要急于采取行动，尤其是不宜急于抢先，冒昧行事。

（九）尊重隐私原则

在国际交往中要遵守的国际惯例，和我国传统礼仪还是有差异的。按照规范性说法，国际交往中不宜随便探讨对方、请教对方的问题有五个，即涉外交往"五不问"：第一，不问收入问题，第二，不问年纪大小，第三，不问婚姻家庭，第四，不问健康状态，第五，不问个人经历。

涉外交往不过问
隐私

同 步案例9-6

饮食文化的差异

英国某世界500强的一位女高管来中国洽谈合作事宜。为了尽地主之谊，潜在合作伙伴中国某公司的人员盛情款待英国贵宾，他们来到一家非常高端的中餐厅为女高管接风洗尘。丰盛的菜肴、舒适的环境使就餐氛围好极了。随后服务员给每位客人上了一道精美器皿盛装的汤羹，东道主邀请客人品尝，称"这是这家餐厅最有特色的一道汤"，客人用过赞不绝口，接连品尝好多口，好奇之余问道"这汤是什么做的啊？"主任打趣道："你猜猜。"女高管猜了半天也没有猜到，卖足了关子，中方人员得意地说："这个是蛇羹。"英国女高管一听，脸色大变，反复追问是什么，主人进而解释道"是蛇做的汤羹，味道鲜美，大补的。"女高管听完呆住了几秒，露出来惊恐的表情，整个人感到非常不舒服，随后呕吐起来，大家慌成一团。中方人员意识到事情不妥，但为时已晚，整个接风草草收场。女高管回到宾馆并未好转，之后大病一场，合作事宜也不了了之。

二、熟悉主要金融往来国家、地区的涉外服务习俗与禁忌

在经济全球化发展的推动下，金融业的竞争日趋激烈，而这个竞争归根结底又是金融服务的竞争，谁的服务好、谁的质量高，谁就能在竞争中取得主动，在竞争中站稳脚跟。这需要业界工作人员具备全心全意为客户服务，一切从客户利益出发的思想，塑造以诚待人、以情动人的服务形象。所谓"知己知彼，百战百胜"，熟悉了各国家、各民族的习俗与特点，才能在涉外交往中得心应手、举止有度。

（一）亚洲国家

在日本鞠躬礼是传统礼节，在金融服务交往过程中日本人通常都习惯于以鞠躬作为见面礼节。向人弯腰行礼，表示恭敬。日本鞠躬礼分为15度鞠躬礼、45度鞠躬礼、90度鞠躬礼。日本人习惯于双脚跪坐，大腿压住小腿，左右脚掌交叠，不过这样坐容易疲劳。日本人在交际应酬中对穿着打扮十分介意。在商务交往、政务活动以及对外的场合，日本人通常要穿西式服装。而在民间交往中，他们有时也会穿着自己的国服。日本人喜好饮茶，茶饮是在正式金融交往活动中的首选饮品。

新加坡是个非常讲礼仪的国家，进行金融活动时所行的见面礼节多为握手礼。在一般情况下，他们对于西式的拥抱或亲吻是不太习惯的。即使男女之间表达情感，若要如此也不受新加坡人的赞许。新加坡人多为华人，在饮食习惯上中餐通常是他们的最佳选择。

韩国人的金融礼仪既保留了自己的民族特点，又受到了西方文化与中国儒家文化的双重影响。在初次见面时，经常交换名片。韩国人不轻易流露自己的感情，公共场所不大声说笑，特别是女性在笑的时候还用手帕捂着嘴，防止出声失礼。韩国人的饮食，在一般情况下以辣和酸为主要特点，主要是米饭、冷面，泡菜、汤是每餐必不可少的，对边吃饭边谈话非常反感。

由于信仰佛教的缘故，泰国人在一般的交际应酬中不喜欢与人握手，在

金融交往过程中他们所用最多的见面礼节，是带有浓厚佛门色彩的合十礼。在一些正式场合，泰国人都讲究穿着本民族的传统服饰，并且以此为荣。

在与印度人进行金融交往时，一定要用右手进行服务或接待，因为印度人认为左手是用来清洁自己身体的，只有右手才能进行交际。如果你有幸到印度人家中去共进晚餐，千万不要对用手抓饭觉得奇怪，因为那就是他们的饮食习惯。荷花与菩提树是印度的国花和国树。

活 动设计9-3 模拟操作

涉外金融服务的注意事项——日本习俗与禁忌

以班级为单位，分小组练习金融行业工作人员应有的涉外金融服务的注意事项。通过实训活动，让大家对金融行业应有的涉外金融服务有一个深刻认识，并加以运用。

目标：通过实训活动，了解各国在涉外金融服务活动中的习俗与禁忌，了解涉外礼仪中的用餐礼仪，帮助学生巩固所学理论知识，培养学生的耐心、细致、严谨的工作态度。

任务：以班级为单位，分小组进行。学生应能针对所学礼仪知识进行涉外活动编排；实训活动目的明确，流程实施过程顺畅；谈吐、举止大方，礼仪展示得体，熟悉用餐程序；专业知识运用正确。

要求：

（1）预订用餐地点。

（2）发送用餐邀请。

（3）提前等候。

（4）入座（位次礼仪）。

（5）点餐。

（6）用餐顺序。根据上菜顺序，小心取食，开胃酒—汤—主食—甜点。

（7）送客。

（二）欧洲国家

英国人非常绅士，在待人接物方面，英国人的所作所为不仅与欧洲其他国家的人大不相同，就是与语言、宗教、文化相仿的美国人、加拿大人、澳大利亚人和新西兰人相比，也有许多显著的不同之处。在人际交往中，英国人不欢迎贵重的礼物，涉及私人生活的服饰、肥皂、香水，带有公司标志与广告的物品。在英国，动手拍打别人、跷起二郎腿、右手拇指与食指构成V形时手背向外，都是失礼的动作。英国人用食指将下眼皮往下微微一扒时，表示自己所做的事被人识破了。当他们用手敲鼻子时，表示秘密；耸动肩部，则表示疑问或者不感兴趣。在穿戴方面，英国人有不少讲究。总的来说，在人际交往中，他们十分注重衣着。一旦出门，他们便会衣冠楚楚，与此同时，他们还极爱以衣帽取人。英国的国花是玫瑰。另有一种说法，认为玫瑰、月季、蔷薇同为英国国花。对于被视为死亡象征的百合花和菊花，英国人则十分忌讳。另外，英国人忌讳当众打喷嚏。

法国人是最爱好社交，善于交际的。他们大都诙谐、幽默，天性浪漫，在交往中爽朗热情、善于雄辩、高谈阔论，但一般纪律性较差。与法国人交际时，必须事先约定，但是也要对他们可能的姗姗来迟事先有所准备。法国人一般以握手为礼，少女和妇女也常施屈膝礼。在男女之间、女士之间见面时，他们还常以亲面颊或贴面来代替相互间的握手。在法国上层社会中，吻手礼也颇为流行。施吻手礼时，注意嘴不要触到女士的手，也不能吻戴手套的手，不能在公共场合吻手，更不得吻少女的手。

德国人严肃而谨慎，注重形式，注重体面，见面与告别时要握手致意。与德国人进行金融交往时一定要重视时间观念，否则会被认为相当无礼。

俄罗斯人素来以热情、豪放、勇敢、耿直而著称于世，他们惯于和初次会面的人行握手礼，但对于熟悉的人，尤其是在久别重逢时，他们则大多要与对方热情拥抱。有时，还会与对方互吻双颊。在俄罗斯，这是常规的见面礼节。

意大利人往往会表现出其许多独特之处。与意大利人打交道时，尤其需要对其国家观念、宗教观念、身份观念和时间观念有一定程度的了解。

（三）美洲国家

美国人在待人接物方面具有下述四个主要的特点：第一，随和友善，容易接近。第二，热情开朗，不拘小节。第三，城府不深，喜欢幽默。第四，自尊心强，好胜心重。美国人平时的穿着打扮不太讲究。尊尚自然，偏爱宽松，讲究着装体现个性，是美国人穿着打扮的基本特征。美国人的饮食习惯一般可以说是因地区而异，因民族而异。就总体而言，其共同特征是：喜食"生""冷""淡"的食物，不刻意讲究形式与排场，而强调营养搭配。美国人对山楂花与玫瑰花非常偏爱。在美国，一说国花是山楂花，一说国花是玫瑰花。另外还流行一种折中的说法——以玫瑰为国花，以山楂为国树。

加拿大人的最大特点是既讲究礼貌，又喜欢无拘无束，不大爱搞繁文缛节。正式场合，他们一般要穿西服、套裙；参加社交活动时，他们往往要穿礼服或时装。

墨西哥人总是表现得既热情、活泼，又不失文雅、礼貌。不管与什么样的人打交道，墨西哥人总能对对方笑脸相向，并且总是表现得积极、主动而友好。

活动设计9-4　模拟操作

涉外金融服务的注意事项——美国习俗与禁忌

以班级为单位，分小组练习金融行业工作人员应有的涉外金融服务的注意事项。通过实训活动，让大家对金融行业应有的涉外金融服务有一个深刻认识，并加以运用。

目标：通过实训活动，能根据金融行业涉外礼仪要求进行外事会面会谈接待。帮助学生巩固所学理论知识，加强对所学知识的综合运用。掌握规范的涉外商务礼仪，增长涉外商务接待知识，培养学生团队合作精神。

任务：以班级为单位，分小组进行。学生应能针对所学礼仪知识进行涉外活动编排；实训活动目的明确，流程实施过程顺畅；谈吐举止大方，礼仪展示得体，明确各国习俗禁忌；专业知识运用得正确。

要求：

（1）制订活动方案。

（2）活动准备。

（3）着装选择。

（4）行见面礼。

（5）谈话。

（6）宴请。

（7）送礼。

（四）大洋洲国家

大洋洲人大部分属移民的后裔，其中特别是英国移民的后裔对其民族、宗教、语言、文化和生活习惯的影响较大，其待人接物的具体做法"英国味道"十足。

在金融社交场合与客人相见时，一般惯用握手施礼；和妇女相见时，要等对方伸出手再施握手礼。忌讳数字13，无论做什么事情，都要设法回避13。

（五）非洲国家

在与非洲国家人士进行金融交往活动时，主要见面礼节是握手礼，或施拥抱礼，不要讨论种族纠纷、宗教矛盾、历史变迁、政权更替等方面的问题。

知 识巩固 <<<<<<<<<<<<<<<<<<<<<<<<<<<<<<<<<<<<<<<<<<<<<<<<<<<<<<<<

一、单选题

1. 陪同外宾出入无人值守的电梯时，陪同者应该（　　）。

    A. 先进先出　　　　　　B. 先进后出

    C. 后进后出　　　　　　D. 后进先出

2. 陪同外宾上下轿车，陪同人员应该（　　）。

    A. 先上先下　　　　　　B. 先上后下

    C. 后上后下　　　　　　D. 后上先下

3. 接待人员到车站、码头或机场迎接远道而来的外宾，根据外宾到达的准确时间，应该（　　）时间到车站、码头或机场等候。

    A. 准点　　　　　　　　B. 提前1小时

    C. 提前15分钟　　　　　D. 晚到10分钟

4. 接待人员将外宾送至宾馆后，应该（　　），临走时应该（　　）。

    A. 久留在宾馆，留下联系电话

    B. 不宜久留在宾馆，留下联系电话

    C. 久留在宾馆，不需留下联系电话

    D. 宜久留在宾馆，不需留下联系电话

5. 与德国人会面或拜访（　　）。

    A. 不需要预约

    B. 可以直接去

    C. 需事先预约

    D. 不一定预约

6. 鞠躬礼是日本最普遍的施礼方式，一般初次见面时的鞠躬礼是（　　）度。

    A. 45　　　　　　　　　B. 30

    C. 15　　　　　　　　　D. 90

7. 泰国人在一般交际应酬时喜欢（　　）。

    A. 拥抱　　　　　　　　B. 亲吻

    C. 合十礼　　　　　　　D. 握手

8. 英国人在生活中奉行（　　）的风俗。

    A. "男士优先"　　　　　B. "女士优先"

    C. "儿童优先"　　　　　D. "老人优先"

习题库

9. 美国感恩节在每年11月的（　　　）。

    A. 第二个星期二

    B. 第二个星期日

    C. 第四个星期日

    D. 第四个星期四

二、多选题

1. 涉外礼仪基本原则有（　　　　　）。

    A. 信守约定原则

    B. 女士优先原则

    C. 尊重隐私原则

    D. 以右为尊原则

2. 会见会谈的会场座次安排主要有（　　　　　）形式。

    A. 相对式　　　　　　B. 并列式

    C. 主席式　　　　　　D. 自由式

3. 在涉外交往中，切忌询问（　　　　　）等问题。

    A. 年龄　　　　　　　B. 个人隐私

    C. 政治倾向　　　　　D. 时尚

4. 与日本人交往时，最好的礼物有（　　　　　）。

    A. 中国的文房四宝

    B. 中国的工艺品

    C. 中国的名人字画

    D. 有狐狸图案的礼品

5. 德国人在人际交往中通常会表现出（　　　　　）特点。

    A. 纪律严明　　　　　B. 讲究信誉

    C. 极端自尊　　　　　D. 待人热情

6. 法国人在人际交往之中大都会表现（　　　　　）特点。

    A. 爱好社交　　　　　B. 天性浪漫

    C. 渴求自由　　　　　D. 尊重妇女

7. 美国人穿着打扮的基本特征为（　　　　　）。

    A. 尊尚自然　　　　　B. 偏爱宽松

    C. 体现个性　　　　　D. 墨守成规

8. 在涉外交往中，切忌询问（　　　　　）等问题。

    A. 年龄　　　　　　　B. 个人隐私

    C. 政治倾向　　　　　D. 时尚

三、判断题

1. 在交往中，礼宾次序的总原则是以右为尊。　　　　　　　　（　　　）

2. 与外国人初次见面交谈时，可以唠家常。　　　　　　　　　（　　　）

3. 与外国人打招呼可以说："您吃了吗？"　　　　　　　　　　（　　　）

4. 按国际惯例，外宾前往参观时，一般都安排相应身份的人员陪同。

　　　　　　　　　　　　　　　　　　　　　　　　　　　　（　　　）

5. 悬挂双方国旗，以右为上，左为下　　　　　　　　　　　　（　　　）

6. 西方的一项体现教养水平的重要标志是女士优先原则。　　　（　　　）

7. 泰国人在一般的交际应酬中所用最多的见面礼节是拥抱礼。　（　　　）

8. 加拿大人忌食动物内脏和脚爪。　　　　　　　　　　　　　（　　　）

9. 墨西哥人忌讳用中国人惯用的手势来比画小孩身高。　　　　（　　　）

10. 英国人最讲究绅士风度和淑女风范。　　　　　　　　　　（　　　）

四、简答题

1. 假如你接待一行外国客户，你负责招待客户喝饮品，你会怎么问？

2. 假如一位外国客户非常满意你的接待，一定要给你赠送礼品以表谢意，你会怎么做？

3. 在涉外交往中应当如何对待中外礼仪与习俗的差异性？

4. 怎样运用涉外通则规范并指导涉外交往活动？

5. 在涉外交往中应如何具体地维护个人形象？

6. 在涉外交往中不宜涉及哪些个人隐私问题？

7. 双排座轿车，哪个座位是上座？

8. 如何安排礼宾次序？

9. "以右为尊"法则在位次、座次排列中应如何具体地运用？

10. 涉外会见会谈的准备工作和操作流程有哪些？

11. 对"女士优先"的交际原则，在实际操作中有何具体要求？

12. 与外国人交往应坚持哪些礼仪基本通则？

13. 你初次去日本的朋友家做客，你会选择什么样的礼物赠送给对方？

14. 在意大利组织当地友人参加派对，友人未准时赴约该怎么办？

专业能力训练　‹‹‹

实训题一

以2～6名同学组成一个学习团队，运用本章课程所学涉外金融服务礼仪

知识完成以下技能训练任务:

（1）电话礼仪：打电话来的某位女士，帮助其达成目的?

（2）"世界贸易展览会"将在广州召开，有120个国家参展，要怎样进行会场各国国旗悬挂?中国的国旗悬挂在什么位置?

（3）公司召开新闻发布会，请就会议的准备进行布置。

综合实训

实训题二

某日，某银行迎来了英国考察团一行6人，为表示尊重，银行也派出6名员工进行陪同。

任务一

（1）如果你是银行负责接待的主管，请你采用长条桌安排一次西式宴请，并为此次宴请确定尊位。

（2）为此次宴请确定主菜。

（3）英国考察团结束行程，请选择礼品赠送客户。

任务二

4～8名同学组成一个学习团队，运用本章课程所学涉外金融服务接待礼仪知识及各国风俗习惯，完成进行不同国家之间的涉外金融接待模拟训练任务。

（1）如何与不同国家的客户行见面礼?

（2）向日本、美国客户敬茶饮的区别是什么?

（3）向不同国家客户馈赠礼物应注意些什么?

专业能力考核（自评）

一、专业能力自评

专业能力自评表

	能/否	任务名称
通过学习本章，你		了解涉外金融迎送规范
		根据涉外金融服务礼宾秩序规范参与并组织各项涉外金融活动
		掌握涉外交往的基本原则
		熟悉主要贸易往来国家涉外金融习俗与禁忌
通过学习本章，你还		

注："能/否"栏填"能"或"否"。

二、核心能力自评

核心能力自评表

	核心能力	是否提高
通过学习本章，你的	信息获取能力	
	口头表达能力	
	书面表达能力	
	与人沟通能力	
	解决问题能力	
	团队合作精神	
通过学习本章，你的		
自评人（签名）：　　年　月　日	教师（签名）：　　年　月　日	

注："是否提高"一栏可填写"明显提高""有所提高""没有提高"。

［1］许湘岳，蒋璟萍，费秋萍．礼仪训练教程［M］．北京：人民出版社，2012.

［2］王华．金融职业礼仪［M］．2版．杭州：浙江大学出版社，2014.

［3］刘瑞璞．男装纸样设计原理与应用［M］．北京：中国纺织出版社，2017.

［4］黄玉萍，王丽娟．现代礼仪实务教程［M］．北京：北京交通大学出版社，2008.

［5］徐晶．现代礼仪实务教程［M］．北京：中信出版社，2007.

［6］林友华．社交礼仪［M］．5版．北京：高等教育出版社，2019.

［7］乔正康，陆永庆．旅游交际礼仪［M］．6版．大连：东北财经大学出版社，2019.

［8］云晓晨．银行礼仪与网点标准化服务培训［M］．北京：中国金融出版社，2011.

［9］徐敬泽．银行个人业务营销技巧［M］．厦门：鹭江出版社，2009.

［10］陈福义，覃业银．礼仪实训教程［M］．北京：中国旅游出版社，2008.

［11］唐树伶，王炎．服务礼仪［M］．2版．北京：清华大学出版社，2012.

［12］徐美萍．现代礼仪［M］．上海：上海大学出版社，2010.

［13］韦克俭，韦卫华，何仁芳，等．现代礼仪教程［M］．2版．北京：清华大学出版社，2016.

［14］吴静，莫创才．社交礼仪实用教程［M］．北京：清华大学出版社，2011.

［15］周思敏．你的礼仪价值百万［M］．北京：中国纺织出版社，2012.

［16］向多佳，李丽萍，舒莉，等．职业礼仪［M］．2版．成都：四川大学出版社，2012.

［17］吕艳芝．公务礼仪标准培训［M］．2版．北京：中国纺织出版社，2016.

［18］伏琳娜，孙迎春．金融服务礼仪［M］．北京：中国金融出版社，2012.

［19］韩强．公务礼仪大全［M］．厦门：鹭江出版社，2012.

［20］蒋佩蓉，李佩仪. 佩蓉谈商务礼仪和沟通［M］. 北京：中华工商联合出版社，2012.

［21］金正昆. 服务礼仪教程［M］. 5版. 北京：中国人民大学出版社，2018.

［22］何冯虚. 银行客户服务技巧运用［M］. 北京：高等教育出版社，2007.

［23］邹翃燕，丁永玲. 现代服务礼仪［M］. 武汉：武汉大学出版社，2010.

［24］贝政新，王志明. 金融营销学［M］. 北京：中国财政经济出版社，2004.

［25］李嘉珊，刘俊伟. 实用礼仪教程［M］. 北京：中国人民大学出版社，2016.

［26］王华. 金融职业礼仪［M］. 北京：中国金融出版社，2006.

［27］贾晓龙. 金融职业礼仪规范［M］. 北京：清华大学出版社，2010.

［28］金正昆. 涉外礼仪教程［M］. 5版. 北京：中国人民大学出版社，2018.

［29］王华. 金融职业服务礼仪［M］. 北京：中国金融出版社，2009.

王华，教授，高级礼仪（礼宾）师，国家茶艺二级技师，高级茶艺裁判员。中南财经政法大学国民经济管理专业（经济学硕士）。现任浙江金融职业学院科研处处长、淑女学院院长、浙江省公共关系协会专家团成员，第十三届全国学生运动会礼仪培训导师。高等职业教育金融专业教学资源库建设项目"金融服务礼仪"课程总负责人，主持浙江省精品课程"商业银行服务礼仪"、浙江省精品在线开放课程"金融服务礼仪"。近年来，在礼仪教学研究和教学改革方面发表论文 10 多篇，主持省级课题 10 多项，主编普通高等教育"十一五"国家级规划教材《金融职业礼仪》，主编"十二五"职业教育国家规划教材《金融服务礼仪》《金融职业礼仪》。

2018 年国家级教学成果二等奖主持人、第六届国家级教学成果二等奖。浙江省省级优秀教师，浙江省第三届最美教师"提名奖"，浙江省优秀礼仪指导教师，浙江省第三届师德先进个人、浙江省金融教育基金会金辉奖、浙江金融职业学院首届"三八红旗手"、优秀教师、品位教师、教学名师等称号。指导学生参加浙江省大学生礼仪大赛获团体二等奖，指导学生参加浙江省高职中华茶艺大赛获团体一等奖、个人一等奖多项，指导学生在全国职业院校技能大赛"中华茶艺技能"比赛中荣获团体二等奖、个人二等奖。

郑重声明

高等教育出版社依法对本书享有专有出版权。任何未经许可的复制、销售行为均违反《中华人民共和国著作权法》，其行为人将承担相应的民事责任和行政责任；构成犯罪的，将被依法追究刑事责任。为了维护市场秩序，保护读者的合法权益，避免读者误用盗版书造成不良后果，我社将配合行政执法部门和司法机关对违法犯罪的单位和个人进行严厉打击。社会各界人士如发现上述侵权行为，希望及时举报，本社将奖励举报有功人员。

反盗版举报电话　（010）58581999　58582371　58582488

反盗版举报传真　（010）82086060

反盗版举报邮箱　dd@hep.com.cn

通信地址　北京市西城区德外大街 4 号
　　　　　高等教育出版社法律事务与版权管理部

邮政编码　100120

防伪查询说明

用户购书后刮开封底防伪涂层，利用手机微信等软件扫描二维码，会跳转至防伪查询网页，获得所购图书详细信息。用户也可将防伪二维码下的 20 位密码按从左到右、从上到下的顺序发送短信至106695881280，免费查询所购图书真伪。

反盗版短信举报

编辑短信"JB，图书名称，出版社，购买地点"发送至10669588128

防伪客服电话

（010）58582300

资源服务提示

欢迎访问职业教育数字化学习中心——"智慧职教"（www.icve.com.cn），以前未在本网站注册的用户，请先注册。用户登录后，可以访问金融专业教学资源库，检索资源或学习本书相关课程。同时，用户可以访问智慧职教 MOOC 学院（mooc.icve.com.cn），搜索本书同名MOOC，进行在线学习。

授课教师如需获得本书配套教辅资源，请登录"高等教育出版社产品信息检索系统"（xuanshu.hep.com.cn/）搜索下载，首次使用本系统的用户，请先注册并进行教师资格认证。

也可电邮至资源服务支持邮箱：songchen@hep.com.cn，申请获得相关资源。

欢迎加入高教社高职金融交流QQ群：424666478